EY新日本有限責任監査法人[編]

引当金の会計実務 第2版

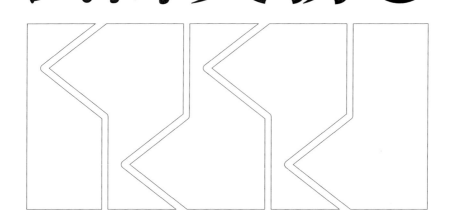

中央経済社

は じ め に

　わが国の会計・決算実務に深く根ざしている「引当金」ですが，包括的な
ルール（会計基準）はなく，いわば実務先行で進められてきている分野といえ
ます。本書では，2014年に刊行した初版に引き続いて，この引当金に関する実
務上の取扱いを分かりやすく，そして掘り下げて示すために，全32のケースを
使って詳細に解説しています。執筆にあたっては，当監査法人所属の経験豊か
な公認会計士を執筆陣に配し，さまざまな引当金に関してその会計処理から開
示までを網羅的に記載しました。

　また，この第2版では，2018年3月に公表され，3月決算企業では2022年3
月期の期首から原則適用となる「収益認識に関する会計基準」（収益認識会計
基準）との関係を追記しています。製品保証引当金，返品調整引当金，ポイン
ト引当金といった，売上に対応する形でこれまで計上されてきた引当金は，収
益認識会計基準の適用後には重要な財務的影響が生じる可能性があります。本
書では，これまでの実務上の取扱いに加えて，収益認識会計基準適用後の会計
処理のポイントを示すことで，将来的な決算への影響をご理解いただけるよう
に解説しています。

　以上の点を含めて，本書では明文の定めのないわが国の引当金の会計処理を
可能な範囲で整理しました。

　まず，第Ⅰ部では，引当金に関する制度上の取扱いをまとめたうえで，個々
の引当金に関する会計基準等の定めを解説しています。また，引当金に関する
国際財務報告基準（IFRS）の取扱いにも紙面を割いています。続く第Ⅱ部では，
多くの引当金を個別に取り上げ，計上のタイミングや金額の測定，さらには実
務上のポイントや開示事例分析を示して，実務に直結するように内容を丁寧に
説明しています。ここで関連する引当金に関しては，収益認識会計基準との関
係も，この第Ⅱ部で記載しています。さらに，巻末には補論として，引当金の
会計処理への影響を理解するために必要な範囲で，収益認識会計基準のエッセ
ンスをまとめています。本書が引き続き皆様の経理実務の一助となれば，執筆

者一同このうえない幸せです。

最後になりますが，本書の初版に引き続いて，出版までの過程で多大なるご尽力をいただいた中央経済社の末永芳奈氏に，この場を借りて心より御礼申し上げます。

2019年6月

EY 新日本有限責任監査法人
執筆者一同

目　　次

第 I 部 ｜ 引当金をめぐる基本事項

第1章　日本基準の定め　　2

1　概要 ……………………………………………………………… 2

(1)　引当金に関する会計基準 ……………………………………… 2

(2)　その他法令上の定め …………………………………………… 3

2　引当金の計上（発生の認識） ………………………………… 6

3　引当金の測定（当初測定および事後測定） ……………… 7

(1)　当初測定 ………………………………………………………… 7

(2)　事後測定 ………………………………………………………… 8

4　引当金の取崩し（消滅の認識） ……………………………… 8

5　連結および企業結合時における取扱い …………………… 9

(1)　連結財務諸表作成における取扱い …………………………… 9

(2)　企業結合時における取扱い …………………………………… 9

6　実務における引当金 …………………………………………… 10

7　収益認識会計基準適用による影響 ………………………… 10

第2章　日本の会計基準において定めがある主なもの　　12

1　役員退職慰労引当金 …………………………………………… 12

2　退職給付引当金 ………………………………………………… 17

3　株式給付引当金 ………………………………………………… 25

4　貸倒引当金 ……………………………………………………… 29

5　投資損失引当金 ………………………………………………… 34

2 目　次

6	工事損失引当金 ………………………………………………	39
7	債務保証損失引当金 …………………………………………	47

第3章　表示・開示 　53

1	貸借対照表における表示 ……………………………………	53
(1)	資産の部における表示区分および表示方法 ………………	53
(2)	負債の部における表示区分および表示方法 ………………	55
2	損益計算書における表示 ……………………………………	58
(1)	引当金繰入額の表示区分および表示方法 …………………	58
(2)	引当金戻入額の表示区分および表示方法 …………………	64
3	各財務諸表における引当金に関する注記事項 ……………	65
(1)	引当金の計上基準の注記 ……………………………………	65
(2)	引当金に係る会計上の変更に関する注記 …………………	66
(3)	引当金明細表の作成 …………………………………………	68
(4)	偶発債務に関する注記 ………………………………………	70
(5)	後発事象に関する注記 ………………………………………	71
4	会社法における引当金の表示・開示 ……………………	72
(1)	概要 ……………………………………………………………	72
(2)	本表における表示 ……………………………………………	73
(3)	注記表および附属明細書 ……………………………………	75

第4章　国際財務報告基準（IFRS）での定め　77

1	概要 ……………………………………………………………	77
2	引当金の計上（発生の認識） ……………………………	78
(1)	引当金の認識要件 ……………………………………………	78
(2)	現在の債務 ……………………………………………………	78
3	引当金の算定（当初測定および事後測定） ……………	79
(1)	引当金の最善の見積り ………………………………………	79
(2)	期待値法と最頻値法 …………………………………………	79
(3)	引当金の現在価値への割引 …………………………………	79

目　次　3

(4)	引当金の事後測定	80
4	引当金の取崩し（消滅の認識）	80
5	表示・開示	80
6	具体的な適用事例	82
(1)	不利な契約	82
(2)	リストラクチャリング引当金	82
7	日本基準との相違（まとめ）	82

第Ⅱ部　引当金別　会計上の論点と実務ポイント

従業員等への給付関連の引当金

1 賞与引当金　　86

1	概要	86
2	事例分析	87
3	会計処理等	89
4	実務上のポイント	91
	■賞与引当金繰入額と（従業員）賞与	91
	■実務上差異が生じている可能性があるケース	91

2 役員賞与引当金　　94

1	概要	94
2	事例分析	96
3	会計処理等	97
4	実務上のポイント	99
	■四半期決算での会計処理	99
	■税効果会計上の取扱い	99

4 目　次

3 役員退職慰労引当金　101

1　概要 ……………………………………………………………………… 101
2　事例分析 ………………………………………………………………… 101
3　会計処理等 ……………………………………………………………… 104
4　実務上のポイント ……………………………………………………… 107
　■功労加算金の取扱い …………………………………………………… 107
　■役員年金の取扱い ……………………………………………………… 107
　■役員退職慰労金規程等の廃止に伴う打切支給の取扱い …………… 107
　■役員報酬開示との関係 ………………………………………………… 107

4 退職給付引当金　109

1　概要 ……………………………………………………………………… 109
2　事例分析 ………………………………………………………………… 109
3　会計処理等 ……………………………………………………………… 113
4　実務上のポイント ……………………………………………………… 118
　■後加重 …………………………………………………………………… 118
　■未認識項目の費用処理方法・年数の変更 …………………………… 118
　■税効果会計上の取扱い ………………………………………………… 119
　■未認識項目に係る繰延税金資産の回収可能性 ……………………… 122
　■退職給付に係る資産（前払年金費用）と退職給付に係る負債（退職
　　給付引当金）の相殺表示の可否 ……………………………………… 123

5 株式給付引当金　124

1　概要 ……………………………………………………………………… 124
2　事例分析 ………………………………………………………………… 125
3　会計処理等 ……………………………………………………………… 128
4　実務上のポイント ……………………………………………………… 129
　■対象範囲 ………………………………………………………………… 129
　■配当金を原資として取得した株式の取扱い ………………………… 129

目　次　5

　　■信託が市場価格以外の価格で株式を取得した場合 ……………………… 130
　　■四半期財務諸表および事業年度と勤務対象期間が相違する場合の
　　　取扱い ………………………………………………………………………… 131
　　■一部が現金支給される場合の会計処理 …………………………………… 132
　　■役員向け日本版ESOPにおけるスキーム終了時の取扱い …………… 132
　　■税務上の取扱いと税効果会計 ……………………………………………… 133
　　■表示・開示 …………………………………………………………………… 134
5　日本版ESOPにおけるその他の引当金
　　（従業員持株会発展型における債務保証損失に対応する引当金）……… 135

6　厚生年金基金解散損失引当金　　　　　　　　　　　　　　　　137

1　概要 ……………………………………………………………………………… 137
2　事例分析 ………………………………………………………………………… 139
3　会計処理等 ……………………………………………………………………… 140
4　実務上のポイント ……………………………………………………………… 141

評価性引当金

7　貸倒引当金（一般事業会社（銀行業・保険業以外））　　　142

1　概要 ……………………………………………………………………………… 142
2　事例分析 ………………………………………………………………………… 142
3　会計処理等 ……………………………………………………………………… 144
4　実務上のポイント ……………………………………………………………… 149
　　■一般債権の貸倒実績率 ……………………………………………………… 149
　　■債務超過の子会社に対する貸倒引当金 …………………………………… 150
　　■ゴルフ会員権等の会計処理 ………………………………………………… 150
　　■特別損失で表示する貸倒引当金繰入額の取扱い ………………………… 152
　　■連結会社間の貸倒引当金の相殺消去と税効果会計 ……………………… 152
　　■後発事象との関係 …………………………………………………………… 154

6 目 次

8 貸倒引当金（銀行業・保険業） 156

1 概要 …………………………………………………………………… 156
2 事例分析 …………………………………………………………… 159
3 会計処理等 ………………………………………………………… 160
4 実務上のポイント ………………………………………………… 164

9 投資損失引当金 166

1 概要 …………………………………………………………………… 166
2 事例分析 …………………………………………………………… 167
3 会計処理等 ………………………………………………………… 170
4 実務上のポイント ………………………………………………… 173
　■判定のフロー ……………………………………………………… 173
　■回復可能性の判断の合理性 …………………………………… 173
　■他の引当金との混同の有無 …………………………………… 173
　■税効果会計上の取扱い ………………………………………… 173
　■連結財務諸表上ののれんとの関係 …………………………… 175

売上や製品・サービスに関連する引当金

10 製品保証引当金 177

1 概要 …………………………………………………………………… 177
2 事例分析 …………………………………………………………… 177
3 会計処理等 ………………………………………………………… 182
4 実務上のポイント ………………………………………………… 185
　■保証内容の明確化 ……………………………………………… 185
　■無償保証と有償保証の区分 …………………………………… 185
　■有償保証契約の会計処理 ……………………………………… 185
　■損益計算書表示区分 …………………………………………… 185
　■保険会社やサプライヤーからの補填が見込まれる場合 ………… 186
5 収益認識会計基準の影響 ………………………………………… 186

目　次　7

11 完成工事補償引当金 190

1 概要 190
2 事例分析 190
3 会計処理等 193
4 実務上のポイント 197
　■実態の把握 197
　■見積計算の方法 198
5 収益認識会計基準の影響 198

12 返品調整引当金 200

1 概要 200
2 事例分析 201
3 会計処理等 205
4 実務上のポイント 207
　■返品調整引当金の範囲 207
　■返品後に廃棄による損失が生じるケース 208
　■税効果会計上の取扱い 208
5 収益認識会計基準の影響 209

13 売上値引引当金・売上割戻引当金 213

1 概要 213
2 事例分析 214
3 会計処理等 216
4 実務上のポイント 219
　■引当金の範囲 219
　■一定基準を超えることが確実なリベートの会計処理 220
　■会計期間とリベート計算期間が異なる場合 220
　■協賛金や報奨金の会計処理 220
5 収益認識会計基準の影響 220

8 目　次

不利な契約に関連する引当金

14 工事損失引当金・受注損失引当金 224

1 概要 224
2 事例分析 225
3 会計処理等 229
4 実務上のポイント 231
■引当金計上の時期 231
■引当金計上の要件 232
■実行予算の管理体制 232
■工事契約や受注制作のソフトウェア以外の受注契約 233
5 収益認識会計基準の影響 233

15 不利な契約に係る引当金（転貸損失引当金等） 235

1 概要 235
2 事例分析 236
3 会計処理等 238
4 実務上のポイント 240
■不利な契約の網羅的な確認 240
■将来の営業損失との関係 241
■損益計算書表示区分 241

訴訟・法令違反等に関連する引当金

16 訴訟損失引当金 242

1 概要 242
2 事例分析 242
3 会計処理等 244
4 実務上のポイント 246

目　次　9

- ■偶発債務との関係……………………………………………………… 246
- ■控訴等を行った場合の取扱い………………………………………… 247
- ■後発事象との関係……………………………………………………… 248
- ■法律専門家への確認…………………………………………………… 249

17 独占禁止法等の違反に関連する引当金　250

1　概要……………………………………………………………………… 250
2　事例分析………………………………………………………………… 251
3　会計処理等……………………………………………………………… 255
4　実務上のポイント……………………………………………………… 256
- ■不服申立等を行う場合の取扱い……………………………………… 256
- ■複数の国・地域で引当金を計上している場合……………………… 257
- ■税効果会計上の取扱い………………………………………………… 257

関係会社に関連する引当金

18 債務保証損失引当金　258

1　概要……………………………………………………………………… 258
2　事例分析………………………………………………………………… 258
3　会計処理等……………………………………………………………… 262
4　実務上のポイント……………………………………………………… 264
- ■債務保証損失引当金の計上検討の対象とする範囲………………… 264
- ■債務保証損失引当金の流動・固定分類……………………………… 265
- ■債務保証損失引当金以外の引当金との関係………………………… 265
- ■債務保証損失引当金の計上額と債務保証注記金額との関係……… 266

19 関係会社に関する引当金　267

1　概要……………………………………………………………………… 267
2　事例分析………………………………………………………………… 268

10 目　次

3	会計処理等	271
4	実務上のポイント	277
	■連結財務諸表での取扱い	277
	■負担する損失範囲の検討	277

環境対策およびリサイクルに関連する引当金

20 環境対策引当金　279

1	概要	279
2	事例分析	280
3	会計処理等	283
4	実務上のポイント	284
	■資産除去債務との関係	284
	■微量 PCB の取扱い	285
	■PCB 処理期限の延期による税効果会計上の取扱い	285
	■PCB 処理の中小企業者等軽減制度の取扱い	285

21 リサイクル費用引当金　287

1	概要	287
2	事例分析	288
3	会計処理等	290
4	実務上のポイント	291
	■回収率の見直し	291
	■税効果会計上の取扱い	292

リストラクチャリングに関連する引当金

22 事業構造改善引当金　293

1	概要	293

目　次　11

2	事例分析	295
3	会計処理等	299
4	実務上のポイント	300

■他の基準で定められている項目を含める場合 …………………… 300
■引当金の対象範囲 ………………………………………………… 300

23 店舗閉鎖損失引当金・移転費用引当金・本社移転損失引当金等　302

1	概要	302
2	事例分析	302
3	会計処理等	305
4	実務上のポイント	306

■移転・閉鎖の決定と固定資産の減損の関係 …………………… 306
■引当金に含めることができないと考えられる項目 ……………… 306

24 リストラクチャリングに係る割増退職金に関する引当金　308

1	概要	308
2	事例分析	309
3	会計処理等	310
4	実務上のポイント	311

■期末日までに募集が完了しているケース …………………… 312
■期末日までに募集が開始されているが，完了していないケース …… 312
■期末日までに機関決定がなされているが，募集が開始されていないケース ………………………………………………… 312
■期末日までに機関決定がなされていないケース ………………… 313

12 目　次

将来の物品・サービス提供に関連する引当金

25 ポイント引当金　314

1　概要 314
2　事例分析 316
3　会計処理等 319
4　実務上のポイント 323
　■業種別の原価率の設定 323
　■他社との提携 323
　■複数の単価の設定 324
　■税務上の取扱い 325
5　収益認識会計基準の影響 325

26 株主優待引当金　332

1　概要 332
2　事例分析 333
3　会計処理等 334
4　実務上のポイント 338
　■引当金計上の要否の判断 338
　■実績割合の算出方法 338
　■実態の把握 338
　■他社が発行する株主優待 339
　■税効果会計上の取扱い 339

27 商品券・旅行券等に対する引当金　340

1　概要 340
2　事例分析 341
3　会計処理等 343
4　実務上のポイント 345

目　次　13

■実態の把握……………………………………………………… 345

■過去の使用実績等の把握……………………………………… 346

■見積計算の方法………………………………………………… 346

5　収益認識会計基準の影響……………………………………… 346

その他

28 災害損失引当金　353

1　概要……………………………………………………………… 353

2　事例分析………………………………………………………… 354

3　会計処理等……………………………………………………… 356

4　実務上のポイント……………………………………………… 357

■被害状況の把握………………………………………………… 357

■引当金の認識範囲……………………………………………… 357

■具体的な計算方法……………………………………………… 358

■保険契約等……………………………………………………… 359

■見積差額の取扱い……………………………………………… 359

29 偶発損失引当金　361

1　概要……………………………………………………………… 361

2　事例分析………………………………………………………… 362

3　会計処理等……………………………………………………… 364

4　実務上のポイント……………………………………………… 365

30 修繕引当金・特別修繕引当金　367

1　概要……………………………………………………………… 367

2　事例分析………………………………………………………… 367

3　会計処理等……………………………………………………… 370

4　実務上のポイント……………………………………………… 373

14 目　次

■毎期継続的に行われる修繕に関する引当金計上 ························· 373
■修繕引当金等の計上の対象 ··· 374
■複数の資産に対して引当金を計上している場合 ··················· 374
■法人税法の取扱いとの関係 ··· 375

31 利息返還損失引当金　　　　　　　　　　　　376

1　概要 ·· 376
2　事例分析 ·· 377
3　会計処理等 ·· 379
4　実務上のポイント ·· 381

32 睡眠預金に対する引当金　　　　　　　　　　　382

1　概要 ·· 382
2　事例分析 ·· 384
3　会計処理等 ·· 385
4　実務上のポイント ·· 387

補論　収益認識会計基準の概要 ·· 388
参考文献 ·· 397

【凡例】

略称	正式名称
開示府令	企業内容等の開示に関する内閣府令
財務諸表等規則または財規	財務諸表等の用語，様式及び作成方法に関する規則
財務諸表等規則ガイドラインまたは財規ガイドライン	「財務諸表等の用語，様式及び作成方法に関する規則」の取扱いに関する留意事項について
連結財務諸表規則または連結財規	連結財務諸表の用語，様式及び作成方法に関する規則
連結財務諸表規則ガイドラインまたは連結財規ガイドライン	「連結財務諸表の用語，様式及び作成方法に関する規則」の取扱いに関する留意事項について
四半期財務諸表等規則または四半期財規	四半期財務諸表等の用語，様式及び作成方法に関する規則
四半期財務諸表等規則ガイドラインまたは四半期財規ガイドライン	「四半期財務諸表等の用語，様式及び作成方法に関する規則」の取扱いに関する留意事項について
四半期連結財務諸表規則または四半期連結財規	四半期連結財務諸表の用語，様式及び作成方法に関する規則
四半期連結財務諸表規則ガイドラインまたは四半期連結財規ガイドライン	「四半期連結財務諸表の用語，様式及び作成方法に関する規則」の取扱いに関する留意事項について
中間財務諸表等規則または中間財規	中間財務諸表等の用語，様式及び作成方法に関する規則
中間連結財務諸表規則または中間連結財規	中間連結財務諸表の用語，様式及び作成方法に関する規則
注解18	「企業会計原則注解」【注18】
減損会計基準	「固定資産の減損に係る会計基準」
役員賞与会計基準	企業会計基準第4号「役員賞与に関する会計基準」

16 凡 例

略称	正式名称
棚卸資産会計基準	企業会計基準第9号「棚卸資産の評価に関する会計基準」
金融商品会計基準	企業会計基準第10号「金融商品に関する会計基準」
工事契約会計基準	企業会計基準第15号「工事契約に関する会計基準」
資産除去債務会計基準	企業会計基準第18号「資産除去債務に関する会計基準」
企業結合会計基準	企業会計基準第21号「企業結合に関する会計基準」
連結会計基準	企業会計基準第22号「連結財務諸表に関する会計基準」
過年度遡及会計基準	企業会計基準第24号「会計上の変更及び誤謬の訂正に関する会計基準」
退職給付会計基準	企業会計基準第26号「退職給付に関する会計基準」
収益認識会計基準	企業会計基準第29号「収益認識に関する会計基準」
減損適用指針	企業会計基準適用指針第6号「固定資産の減損に係る会計基準の適用指針」
企業結合・事業分離等適用指針	企業会計基準適用指針第10号「企業結合会計基準及び事業分離等会計基準に関する適用指針」
工事契約適用指針	企業会計基準適用指針第18号「工事契約に関する会計基準の適用指針」
過年度遡及適用指針	企業会計基準適用指針第24号「会計上の変更及び誤謬の訂正に関する会計基準の適用指針」
退職給付適用指針	企業会計基準適用指針第25号「退職給付に関する会計基準の適用指針」

凡　例　17

略称	正式名称
回収可能性適用指針	企業会計基準適用指針第26号「繰延税金資産の回収可能性に関する適用指針」
税効果適用指針	企業会計基準適用指針第28号「税効果会計に係る会計基準の適用指針」
収益認識適用指針	企業会計基準適用指針第30号「収益認識に関する会計基準の適用指針」
退職給付制度移行取扱い	実務対応報告第2号「退職給付制度間の移行等の会計処理に関する実務上の取扱い」
日本版 ESOP 取扱い	実務対応報告第30号「従業員等に信託を通じて自社の株式を交付する取引に関する実務上の取扱い」
引当金論点整理	「引当金に関する論点の整理」
持分法実務指針	会計制度委員会報告第9号「持分法会計に関する実務指針」
金融商品実務指針	会計制度委員会報告第14号「金融商品会計に関する実務指針」
金融商品 Q&A	金融商品会計に関する Q&A
引当金研究資料	会計制度委員会研究資料第3号「我が国の引当金に関する研究資料」
収益認識研究報告	会計制度委員会研究報告第13号「我が国の収益認識に関する研究報告（中間報告）－ IAS 第18号「収益」に照らした考察－」
インセンティブ報酬研究報告	会計制度委員会研究報告第15号「インセンティブ報酬の会計処理に関する研究報告」
偶発事象研究報告	会計制度委員会研究報告第16号「偶発事象の会計処理及び開示に関する研究報告」

18 凡 例

略称	正式名称
租特法準備金・役退取扱い	監査・保証実務委員会実務指針第42号「租税特別措置法上の準備金及び特別法上の引当金又は準備金並びに役員退職慰労引当金等に関する監査上の取扱い」
債務保証取扱い	監査・保証実務委員会実務指針第61号「債務保証及び保証類似行為の会計処理及び表示に関する監査上の取扱い」
投資損失引当金取扱い	監査委員会報告第71号「子会社株式等に対する投資損失引当金に係る監査上の取扱い」
後発事象取扱い	監査・保証実務委員会報告第76号「後発事象に関する監査上の取扱い」
追加情報取扱い	監査・保証実務委員会実務指針第77号「追加情報の注記について」
工事進行基準監査取扱い	監査・保証実務委員会実務指針第91号「工事進行基準等の適用に関する監査上の取扱い」
法法	法人税法
法令	法人税法施行令
法基通	法人税基本通達
改正法附則	「所得税法等の一部を改正する法律」（平成30年法律第7号）附則
IFRS第15号	国際財務報告基準（IFRS）第15号「顧客との契約から生じる収益」

　本書で取り扱われる業種については，別途指定のない限り，証券コード協議会による業種別分類項目（中分類）を利用しています。

第 I 部

引当金をめぐる
基本事項

日本基準の定め

1 概要

(1) 引当金に関する会計基準

　日本において，引当金という表示科目が制度として初めて出現したのは1934年公表の商工省財務諸表準則においてである[1]。以降，引当金は実務として定着し，1982年の企業会計原則の一部修正では，注解18が制定されている。注解18は，引当金の認識および測定の要件，すなわち引当金をいつ，どのように計上するかを定めたものであり，以下のように示されている。

- 将来の特定の費用または損失であること
- その発生が当期以前の事象に起因するものであること
- 発生の可能性が高いこと
- 金額が合理的に見積可能なこと

　注解18の要件のとおり，引当金は，適正な期間損益計算の観点から，費用または損失が見越計上されることにより生じるもの，すなわち，将来事象に係る見積額であり，費用または損失が計上された場合の相手勘定として貸借対照表に計上される貸方項目である。
　このように，引当金については，企業会計原則注解において一定の定めがあるものの，現在に至るまで包括的な会計基準は設定されておらず，制度上明確

1　『引当金会計制度論　日本における引当金会計制度の史的変遷』横山和夫著，森山書店，PP.19〜20

第1章　日本基準の定め　3

な定義や範囲についても示されていない（引当金論点整理7項）。

　一方で，役員退職慰労引当金，退職給付引当金（連結財務諸表上は退職給付に係る負債），株式給付引当金[2]，貸倒引当金，投資損失引当金，工事損失引当金，債務保証損失引当金については，個別の会計基準等において，その取扱いが定められている[3]。これら個別の会計基準等についての取扱いは，後記「第2章　日本の会計基準において定めがある主なもの」にて解説する。

（2）　その他法令上の定め

①　会社法

　会社計算規則第6条第2項において，退職給付引当金，その他の将来の特定の費用または損失の発生に備えて，その合理的な見積額のうち，当期の負担に属する金額を費用または損失として計上すべき引当金について，期末日の時価または適正な価格を付すことができる旨の規定がある。

　しかし，その定義，要件または範囲については特段の規定がないため，「株式会社の会計は，一般に公正妥当と認められる企業会計の慣行に従うものとする」とする会社法第431条の規定，または会社計算規則の「用語の解釈及び規定の適用に関しては，一般に公正妥当と認められる企業会計の基準その他の企業会計の慣行をしん酌しなければならない」（会社計算規則3条）とする規定に従うことになる。

　したがって，引当金の計上に関して，会社法上も，一般に公正妥当と認められる会計基準に基づく取扱いがなされる。

②　税法
i　法人税法

　貸倒引当金については，法人税法上に別途規定があるが（法法52条），課税

2　日本版 ESOP 取扱い第12項の定めに従い，従業員に割り当てられたポイントに対応する引当金を指している。なお，日本版 ESOP 取扱いでは，当該引当金について，「株式給付引当金」という科目名は特に示されていない。

3　このほかに，役員賞与会計基準において役員賞与引当金に関する定めが，租特法準備金・役退取扱いにおいて利息返還損失引当金および負債計上を中止した項目に係る引当金に関する定めが設けられているが，これらについては後記第Ⅱ部の「② 役員賞与引当金」，「③ 利息返還損失引当金」および「② 商品券・旅行券等に対する引当金」でそれぞれ解説している。

所得の計算のために行われる引当金の計上は，会計上の引当金の計上とは目的を異にし，直接関連しないため，税法において計上が求められることのみを理由として，会計上も引当計上が認められる関係にはない。

　なお，本書初版では，ここで税法上の引当金として，貸倒引当金のほかに返品調整引当金についても紹介していたが，当該引当金は平成30年度税制改正により，廃止となった。

　このような返品調整引当金の廃止は，収益認識会計基準において，返品調整引当金の計上が認められなくなることから，損金経理を要件とする返品調整引当金の損金への算入も実質的に行えなくなることに対応したものである（収益認識適用指針84項から89項参照）。

　ただし，2018年4月1日において返品調整引当金制度の対象事業を営む法人については一定の経過措置が認められていることに留意が必要である（改正法附則25条）。

　上記取扱いについての詳細は，後記「第Ⅱ部 [12] 返品調整引当金 5 収益認識会計基準の影響」を参照されたい。

ii　租税特別措置法

　海外投資等損失準備金（租税特別措置法55条）など同法の規定により計上される準備金の中には，前記「（1）引当金に関する会計基準」にて示した引当金の要件（注解18）を満たすと考えられるものがある。このような準備金は，制度会計上引当金として取り扱われる（租特法準備金・役退取扱い1）。

　これらの準備金を引当金として取り扱う場合の留意事項として，以下の4点が列挙されている（租特法準備金・役退取扱い1(2)）。

- ●当該引当額は，租税特別措置法の規定にかかわらず，当該会社の状況に応じた必要額が計上されなければならない。
- ●租税特別措置法の規定にかかわらず，その設定目的である特定の費用または損失が発生するまでに取り崩すことは妥当でない。
- ●「準備金」を「引当金」として計上する場合は，引当金の名称をもって掲記されるべきである。
- ●当該「引当金」の繰入額および取崩し時の過不足額は，損益計算書において適切に表示することが必要である。

また，租税特別措置は何らかの政策目的の実現のため，一定の要件に該当する場合において税負担を軽減または加重することを目的とするものであるため，必ずしも，制度会計上の引当金の性格に合致しないものも存在する。これらについては，会計上の引当金として取り扱われず，任意積立金として会計処理される。

なお，このような租税特別措置法上の準備金の取扱いは，会社法においても同様である（会社計算規則119条１項）。

③　特別法

公共性の高い特定の業種について，税法以外の特別の法令により，準備金または引当金の計上が強制される場合がある。これらの準備金または引当金のうち，前記「（1）引当金に関する会計基準」にて示した注解18における引当金の要件に合致するものについては，他の引当金同様，負債の部に計上される（租特法準備金・役退取扱い２）。

一方で，電気事業法により計上が求められる渇水準備引当金（「電気事業法等の一部を改正する法律」（平成26年法律第72号）附則16条３項，電気事業法１項）などのように，一般的な引当金の性格とは異なる，いわゆる利益留保性を有するものも含まれている。特殊な状況下において，公共の利益の観点から定められるこれらの準備金または引当金は，一般的な引当金とは異なるものであるといえ，特別法上の規定に従って処理されることになる。

また，このような利益留保性を有するもののうち，純資産の部の項目として計上することが適当であると認められるものは，純資産の部に計上できると規定されており（財規63条２項，65条２項，連結財規43条２項），それ以外のものについては，負債の部の固定負債の区分の次に別の区分を設けて記載することが求められる（財規54条の３第１項，財規ガイドライン54の３－１，連結財規45条の２第１項）。しかし，財務諸表等規則第63条第２項および第65条第２項において規定される純資産の部に計上できるものとは，「その性格が資本準備金及び利益準備金と同様のものに限られ」，「現在，第２項が適用される準備金は存在しない」[4]ため，実務上は負債の部の区分の次に別の区分を設けて記載することとなる。

4　『新版　財務諸表規則逐条詳解』松土陽太郎・藤田厚生・平松朗著，中央経済社，P.556

6　第Ⅰ部　引当金をめぐる基本事項

　なお，このような特別法上の引当金または準備金の取扱いは，会社法においても同様である（会社計算規則119条1項）。

2 ▌引当金の計上（発生の認識）

　引当金をいつ，どのように計上するかについて，現行制度上，注解18にその定めがあることについては，前記「1　概要（1）引当金に関する会計基準」において述べたとおりであるが，その4つの認識要件について，具体的内容は定められていない。

　よって，注解18に照らし，将来の費用または損失と考えられるもののうち，当期の負担に属する金額が当期の費用または損失として引当金に繰り入れられ，その残高が貸借対照表の負債の部または資産の部に計上される。

　引当金の計上は，一定の合理性を必要とするものの，会社による見積りによって行われる。特に，費用または損失の発生可能性がどの程度であるか，金額をどのように見積るかについては，その判断に一定の幅が存在する。

　このため，どの時点において発生の可能性が高いといい得るか，その見積金額は合理的といい得るかの判断は非常に困難である。また，引当金の計上には必ず費用または損失の計上が伴うことから，期間損益計算に影響を与える。

　したがって，引当金の発生可能性および見積金額の合理性の判断は，慎重になされるべきものといえる。

　なお，引当金の計上については，会計方針の変更との関係に留意が必要である。会計方針の変更とは，複数の会計処理の原則および手続が認められている場合において，一定の方法から別の方法に変更する場合をいう。このような変更を行った場合，原則として遡及的に会計方針の変更の影響を反映することになる（過年度遡及会計基準6項）。

　一方で，従来注解18の要件を満たさないため，発生時の費用処理としていたものについて，当期に将来の特定の費用または損失の発生の可能性が高まり，注解18の要件を満たすことになったことにより，新たに引当金を計上するケースは，新たな事実の発生に伴う新たな会計処理の原則および手続の採用であり，会計方針の変更には該当しない。また，従来，重要性が乏しいため，発生時の費用処理としていたものを，当期に重要性が増したことにより，新たに引当金を計上した場合も，会計方針の変更ではなく，会計処理の対象となる会計事象等の重要性が増したことに伴う本来の会計処理の原則および手続への変更であ

ると考えられる（過年度遡及適用指針18項）。

　したがって，いずれのケースにおいても，従来の重要性の判断に誤りがない限り，遡及的に会計方針の変更の影響を反映することは行わず，変更の影響額は変更した事業年度の関連する費用または収益に含めて処理されることとなる。

3 ▌引当金の測定（当初測定および事後測定）

（１） 当初測定

① 引当金の測定に関する定め

　引当金の計上時にその金額がどのように決定されるかについては，現行の制度会計上，包括的な引当金の測定に関する定めはない（引当金論点整理56項）。前記のとおり，注解18において合理的な見積りが求められていることから，実務上は，引当金の計上時点において入手可能な情報に基づき，最善の見積りを行うべく，さまざまな手法が用いられ，その金額が測定されている。

② 引当金の測定に関する実務の特徴

ⅰ　現在価値への割引

　一般的に引当金の計上に際しては，発生の可能性が高まった場合に，将来において発生すると考えられる費用または損失の全額が計上され，退職給付引当金（連結財務諸表上は退職給付に係る負債）のように個別の会計基準等による定めがあるものを除き，引当金の使用までに１年以上要すると予想される場合でも，時の経過による価値の変化は考慮されず，負債を現在価値に割り引くことを求める定めはない（引当金論点整理68項）。

ⅱ　見積りの前提となる環境変化への対応

　引当金の見積りにおいては，原則として，現在の状況が将来においても継続するという前提のもとに金額が決定されるものと考えられる。同じく将来の支出について貸借対照表の負債の部に計上される資産除去債務が，環境変化を予測し，生起し得る複数の将来キャッシュ・フローを考慮するプロセスを明示的に要求されている（資産除去債務会計基準６項(1)）こととは異なる点である。しかし，明示的ではないものの，引当金の計上においても，外部環境等の変化に応じてより合理的な見積りを行うべきことは資産除去債務と同様であると考えられる（金融商品実務指針111項参照）。

（2） 事後測定

　見積計上されるという引当金の特性から，いったん計上された引当金についても，会計期間末においてその見積額の見直しが必要となる。たとえば，貸倒引当金の見積りにおける得意先の与信状況の変化などのように，見積りのための前提となる事実に変更が生じた場合，これに対応して期末において計上するべき引当金の額が洗い替えられる。引当金の額と引当計上すべき金額との間に生じた差額は，その性質により，営業損益または営業外損益として認識することとなる。すなわち，会計上の見積りの変更による影響額として過年度遡及は行われない（過年度遡及会計基準55項なお書き）。

　そして，このような変更には，為替の影響も含まれると考えられる。最終的な円貨での引当額の算定の過程において為替の影響も考慮されるため，実務上，別途為替に関する影響額を為替差損益としては認識せず，引当金の洗替えとして認識する（工事契約適用指針27項から29項参照）[5]。

4 ┃引当金の取崩し（消滅の認識）

　計上された引当金の取崩しには，2つのパターンが想定される。まず1つ目は事象が発生した場合である。たとえば，貸倒引当金について，得意先の倒産などにより，売掛金の回収ができなくなった場合などがこれに当たる。このような場合は目的取崩し（目的使用）と呼ばれるが，引当金が取り崩され，実際に発生した費用または損失と，引当計上された見積額との差額が，取り崩した期の損益として処理される。

　2つ目のパターンは，いったん引当計上された引当金が注解18の要件を満たさなくなった場合である。たとえば，債務保証損失引当金において，被保証会社の業績の改善などにより，損失の発生可能性が低下した場合などがこれに当たる。引当金は，注解18の要件に照らし，引当金を使用する可能性が低くなった場合には取り崩され，その期の収益または利益として処理されるが，このような目的取崩し以外のケースを目的外取崩し（目的外使用）という。

5　収益認識会計基準の適用により，工事契約適用指針は廃止されるが，引当金の換算に係る趣旨に変更はないものと考えられる。

5 ┃ 連結および企業結合時における取扱い

（1） 連結財務諸表作成における取扱い

　連結財務諸表の作成にあたって，親子会社間における資産と負債の相殺消去が行われるが（連結会計基準31項），引当金についても，対子会社，対親会社に関する計上分が調整されることになる（連結会計基準（注10)(3)）。

　また，親子会社間の引当金の計上基準は原則として統一することが求められるが，合理的な理由がある場合などは統一しないことも認められる（監査・保証実務委員会実務指針第56号「親子会社間の会計処理の統一に関する監査上の取扱い」5項(1)）。

（2） 企業結合時における取扱い

　取得による企業結合において，被取得企業の資産および負債は企業結合日における時価をもって計上される（企業結合会計基準28項）。よって，引当金についても，企業結合日において取得企業により計上の要否および計上額の妥当性が判断されると考えられる。

　また，企業結合契約において，被取得企業に対するリストラクチャリングが明確にされている場合など，取得後に発生することが予測される特定の事象に対応する費用または損失が取得の対価の算定に反映されている場合，その費用または損失は負債として計上されることになる（企業結合会計基準30項）。このような負債を「企業結合に係る特定勘定」といい（企業結合・事業分離等適用指針62項），一定の要件を満たした場合に計上されるが（企業結合・事業分離等適用指針63項，64項），その中には企業結合日時点で注解18における引当金計上の要件を満たしていないものも含まれる。このような企業結合に係る特定勘定が，企業結合日後，注解18の要件を満たした場合，引当金として計上されることになる（企業結合・事業分離等適用指針66項ただし書き）。

　一方，共通支配下の取引により企業集団内を移転する資産および負債は，引当金も含め，移転直前に付されていた適正な帳簿価額により計上される（企業結合会計基準41項）。

10　第Ⅰ部　引当金をめぐる基本事項

6 ▎実務における引当金

　注解18において，引当金の具体的な項目として，製品保証引当金，売上割戻引当金，返品調整引当金，賞与引当金，工事補償引当金，退職給与引当金（退職給付引当金），修繕引当金，特別修繕引当金，債務保証損失引当金，損害補償損失引当金，貸倒引当金の11項目を例示している。

　なお，実務においては，上記以外にも注解18の要件に照らして認識された引当金が広く計上されている。

　たとえば，2017年4月から2018年3月までに決算を迎えた東証一部上場会社（日本基準適用会社に限る。）1,912社の有価証券報告書について調査したところ，1,907社において，名称の異なる335もの引当金（比較情報として計上されているケースを含む。）が連結貸借対照表または貸借対照表に計上されており，実務において計上される引当金が多様であることが見てとれる。

　これらの引当金のうち，引当金論点整理，引当金研究資料において取り上げられているものを中心に，その実務上の取扱いを，後記第Ⅱ部において解説する。

7 ▎収益認識会計基準適用による影響

　2021年4月1日以後開始する連結会計年度および事業年度の期首から原則適用される[6]収益認識会計基準は引当金の計上にも影響を与える。

　主に影響を受けるのは売上や製品・サービスに関連する引当金であり，本書で具体的に取り上げている引当金項目のうち，製品保証引当金（第Ⅱ部 ⑩），完成工事補償引当金（第Ⅱ部 ⑪），返品調整引当金（第Ⅱ部 ⑫），売上値引引当金・売上割戻引当金（第Ⅱ部 ⑬），工事損失引当金・受注損失引当金（第Ⅱ

6　2018年4月1日以後開始する連結会計年度および事業年度の期首から早期適用できる（収益認識会計基準82項）。また，2018年12月31日に終了する連結会計年度および事業年度から2019年3月30日に終了する連結会計年度および事業年度までにおける年度末に係る連結財務諸表および個別財務諸表から適用することができる。この適用にあたって，早期適用した連結会計年度および事業年度の翌年度に係る四半期（または中間）連結財務諸表および四半期（または中間）個別財務諸表においては，早期適用した連結会計年度および事業年度の四半期（または中間）連結財務諸表および四半期（または中間）個別財務諸表について本会計基準を当該年度の期首に遡って適用しなくてはならないとされている（収益認識会計基準83項）。

部 [14]），ポイント引当金（第Ⅱ部 [25]）および商品券・旅行券等に対する引当金（第Ⅱ部 [27]）がこれに該当すると考えられる。

どのような影響があるかの詳細については，後記第Ⅱ部の各節の記載を参照されたい。

第 I 部　引当金をめぐる基本事項

第2章

日本の会計基準において定めがある主なもの

1 ┃役員退職慰労引当金

（1）　概要

　役員退職慰労引当金は，会社の役員（取締役・監査役・執行役等）の将来の退職慰労金の支払いに備えて，役員退職慰労金の支給に関する内規等に基づいて計上される引当金である。

　役員退職慰労金の性格は，報酬の後払い，退職後の生活保障や期間中の功労報奨であり，在任期間中の役務の提供の対価を功績に応じて退任時に精算する役員報酬の後払いとして位置付けられている。

　役員退職慰労金の支給は，指名委員会等設置会社以外の場合には，定款に定めがないときは，株主総会決議（指名委員会等設置会社においては執行役について報酬委員会決議）が必要とされている（会社法361条，387条，404条3項，409条）。定款に定めを設けている会社は実務上ほとんどないと思われることから，役員退職慰労金を支給するためには，通常，株主総会の承認を得ることが必要であると考えられる。

　したがって，株主総会での承認決議前の段階では法律上は債務ではないが，会計上は注解18に示される引当金の要件を満たす場合に引当金の計上が必要となる。具体的な取扱いについては，租特法準備金・役退取扱いにおいて定められている。

（2）　引当金の計上（発生の認識）

　後記の注解18の要件を踏まえ，次の事項を満たす場合には，役員退職慰労引当

金を計上しなければならないとされている（租特法準備金・役退取扱い3(1)②）。

---

① 役員退職慰労金の支給に関する内規に基づき支給見込額が合理的に算定されること
② 当該内規に基づく支給実績があり，このような状況が将来にわたって存続すること（設立間もない会社等のように支給実績がない場合においては，内規に基づいた支給額を支払うことが合理的に予測される場合を含む。）

また，注解18における引当金の要件は，以下のとおりである。

---

i 将来の特定の費用または損失であること
ii その発生が当期以前の事象に起因するものであること
iii 発生の可能性が高いこと
iv 金額が合理的に見積可能なこと

　これらに照らして，役員退職慰労金は，役員の退職時に支給され，退職する役員の在任期間中の役務の提供に起因すると考えられることから，注解18のiとiiの要件は満たすと考えられる。注解18の要件のうち，iiiの発生可能性を具体的に示しているのが，前記②の「内規に基づく支給実績」があり，さらに「将来にわたって存続する」と見込まれることである。また，注解18におけるivの合理的な見積りの要件を具体的に示しているのが，前記①の「内規に基づいて支給見込額の合理的な算定」ができることである。役員退職慰労引当金は，発生可能性の検討および合理的な見積りにおいて，取締役会等で承認された内規の存在が前提とされている。

（3） 引当金の算定（当初測定および事後測定）

　役員退職慰労引当金の金額は，内規に基づいて支給されると見込まれる金額のうち当事業年度末までに発生していると見込まれる金額である（具体的な算定方法については，後記「第Ⅱ部 ③ 役員退職慰労引当金 3 会計処理等（1）計算（見積）方法」参照）。

14 第Ⅰ部 引当金をめぐる基本事項

（4） 引当金の取崩し（消滅の認識）

役員退職慰労引当金を計上していた企業が，引当金の計上対象の役員に対し退職慰労金を支給する場合および役員退職慰労金制度を廃止する場合に，引当金の取崩しが生じる。

① 退職慰労金を支給する場合

役員退職慰労引当金を計上していた企業が，引当金の計上対象の役員に対し退職慰労金を支給する場合には，当該役員に対し前事業年度末までに計上されていた引当金を取り崩し，実際支給額との差額を当期の費用として計上する。

② 役員退職慰労金制度を廃止する場合

役員退職慰労引当金を計上していた企業が，役員退職慰労金制度を廃止する場合には，廃止時点までの内規に基づく要支給額を，ⅰ制度廃止時に株主総会で承認決議を行うケースと，ⅱ制度廃止時点では株主総会の承認決議を行わず当該役員の退任時に承認決議を行うケースが考えられる。それぞれの場合の会計処理は次のとおりである（租特法準備金・役退取扱い3(1)③。図表Ⅰ－2－1参照）。

ⅰ 制度廃止時に株主総会で承認決議を行うケース

制度廃止時に株主総会で承認決議を行い，当該役員の退任時まで支給を留保する場合には，退任時に支払うという条件付き債務であることから，長期未払金等の科目で計上する。

ⅱ 当該役員の退任時点で株主総会の承認決議を行うケース

制度廃止時点で株主総会の承認決議を行わず，当該役員の退任時に承認決議を行う場合には，法律上の債務となっていないことから，引き続き役員退職慰労引当金として表示する。

図表Ⅰ－2－1 役員退職慰労金制度を廃止する場合の会計処理

株主総会の承認決議時点	貸借対照表の表示
制度廃止時	未払金，長期未払金等
退職時	役員退職慰労引当金

第2章　日本の会計基準において定めがある主なもの　15

（5）　表示・開示

　役員退職慰労引当金は貸借対照表の負債の部に計上する（財規49条1項11号，52条1項6号等）。流動負債に計上するか，固定負債に計上するかは，当該引当金を1年内に使用することが見込まれるか否かで判断するが，1年内にその一部の金額の使用が見込まれるものであっても，1年内の使用額を正確に算定できないものについては，その全額を固定負債として記載するとされており（財規ガイドライン52－1－6本文），一般的には固定負債に計上されるケースが多いと思われる。ただし，その全部または大部分が1年内に使用されることが確実に見込まれる場合には，その全部または1年内の使用額を適当な方法によって算定し，その金額を流動負債として記載する（財規ガイドライン52－1－6ただし書き）。

　損益計算書においては，役員退職慰労引当金の支給見積額のうち各事業年度の負担相当額は，原則として営業費用に計上する（租特法準備金・役退取扱い3(1)①）。

（6）　その他

①　執行役員の取扱い

　指名委員会等設置会社の執行役は，会社法上役員として取り扱われるが，指名委員会等設置会社以外における執行役員は，会社法上の機関に当たらず，退職慰労金の支払いに関する株主総会の承認決議は必要とされない。

　指名委員会等設置会社以外における執行役員の制度は企業によってさまざまな形態があり，制度設計において執行役員が，i 従業員としての地位を失っておらず通常の従業員の退職給付制度に含めて取り扱われる場合と，ii 従業員に対するものとは別の内規を定めて運用している場合がある。i の従業員と同じ制度の場合には，退職給付引当金として会計処理される。ii の従業員と別の制度とされている場合で引当金の要件を満たす場合には，支給見込額を退職給付引当金または役員退職慰労引当金に含めて開示する方法と，執行役員退職慰労引当金に区分表示する方法が考えられる。他の科目に含めた場合で重要性があるときには，その旨を注記することが望ましい（租特法準備金・役退取扱い3(1)④）。これらをまとめたものが，図表I－2－2である。

16　第Ⅰ部　引当金をめぐる基本事項

	引当金の要件	会計処理	留意点
従業員の退職給付制度に含めて取り扱われる場合	引当金の要件を満たす場合	退職給付引当金として会計処理	―
従業員と別の制度とされている場合	引当金の要件を満たす場合	退職給付引当金または役員退職慰労引当金に含めて開示	重要性がある場合には，執行役員に対するものを含めている旨を注記
		執行役員退職慰労引当金として開示	―
	引当金の要件を満たさない場合	支出時に費用処理	―

図表Ⅰ-2-2　執行役員の退職慰労金の会計処理

② 役員退職慰労引当金に係る繰延税金資産の回収可能性の判断

　法人税法上，役員に対する退職給与は，不当に高すぎないことおよび損金経理をすることの2つの条件を満たす場合に損金算入が認められる（法法34条2項，法令70条2号，法基通9-2-28）。

　役員退職給与が高すぎるか否かは，退職の事情や業務に従事した期間，同業種同規模の他社の支給状況等に照らして判断され，相当額を超える部分は損金不算入となる。また，損金経理は，株主総会の決議等により退職給与が確定した日に損金とするのが原則であるが，実際に支給した時に損金経理をした場合にも損金算入が認められる。なお，役員退職慰労引当金を計上した時点では損金とはならないことから，将来減算一時差異が生じる。

　ここで，役員退職慰労引当金に係る将来減算一時差異について，退職給付引当金や建物の減価償却超過額のように将来回収見込年度が長期となる将来減算一時差異に該当しないことが明らかにされている（回収可能性適用指針106項本文）。したがって，役員在任期間の実績や内規などに基づいて役員の退任時期を合理的に見込んでスケジューリングを実施し，役員の退任時に将来減算一時差異が解消され税金負担額を軽減できる範囲内で繰延税金資産を計上することが必要である。役員の退任時期が合理的に見込むことができない場合には，役員退職慰労引当金に係る一時差異はスケジューリング不能な将来減算一時差

異として取り扱われる（回収可能性適用指針37項）。

　なお，スケジューリング不能な将来減算一時差異とされた役員退職慰労引当金に関して，税務上の損金算入の時期を個別に特定できない場合であっても，将来的にいずれかの時点では税務上の損金に算入される。このため，回収可能性適用指針第21項ただし書きの定めによる「一定の要件を満たしたスケジューリング不能差異に係る繰延税金資産に回収可能性があるものと判断する取扱い」を用いる場合，将来のいずれかの時点で回収できることを企業が合理的な根拠をもって説明する場合，当該将来減算一時差異に係る繰延税金資産には回収可能性があるものと判断される（回収可能性適用指針37項なお書き，106項また書き）。

2 ┃ 退職給付引当金

（1）　概要

　退職一時金や退職年金といった形で，退職以後に従業員に支給される給付である退職給付は，企業会計において，労働の対価として支払われる賃金の後払いであると考えられ，基本的に勤務期間を通じた労働の提供に伴って発生するものと捉えられている（退職給付会計基準53項，54項）。

　このため，退職給付という将来の特定の費用的支出であり，労働という当期以前の事象に起因し，退職という発生の可能性が高い事象に伴うものであって，会計基準によって合理的に金額を算定できることから，注解18の要件を満たし，引当金として計上されてきた。

　しかし，2012年に国際的な会計基準を参考とした会計基準の改正が行われたことにより，個別財務諸表上は，当面の間，退職給付引当金として引き続き計上されるものの，連結財務諸表上は，未認識数理計算上の差異および未認識過去勤務費用（以下，本節においてこれらをまとめて「未認識項目」という。）を，税効果を調整のうえ，純資産の部に計上する（連結財務諸表上の非支配株主持分も含む。）とともに，退職給付債務と年金資産の差額である積立状況を示す額を「退職給付に係る負債」として計上することとされた（退職給付会計基準55項）。

　このように退職給付引当金は，個別財務諸表と連結財務諸表で表示が異なり，連結財務諸表上は，「引当金」ではなく，「負債」として計上される。また，退

職給付引当金（および退職給付に係る負債）は，退職給付債務から年金資産を控除するなどして表示される項目であるため，場合によっては，借方残高となることがあるなど，常に貸方残高となる他の引当金とは性格が異なることに留意が必要である。

（2） 引当金の計上（発生の認識）

① 個別財務諸表

退職給付引当金（または前払年金費用）は，退職給付債務から年金資産を控除し，未認識項目を加減算することによって算定され，図表Ⅰ－2－3のように示すことができる。

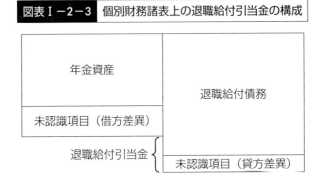

図表Ⅰ－2－3 個別財務諸表上の退職給付引当金の構成

未認識項目は，借方差異（不利差異）と貸方差異（有利差異）に分けられ，借方差異は，金額が多くなれば，その分退職給付引当金残高を減少させる。逆に，貸方差異は，金額が多くなればその分退職給付引当金残高を増加させる。

また，退職給付費用の発生は事業年度を通じて認識され，退職給付引当金を構成する項目を増減させるものとして図表Ⅰ－2－4に示すものがある。

図表Ⅰ-2-4 退職給付費用の内訳

項目	内容	影響
勤務費用	1期間の労働の対価として発生したと認められる退職給付（退職給付会計基準8項）	退職給付債務の増加
利息費用	期首時点の退職給付債務について，期末までの時の経過により発生する計算上の利息（退職給付会計基準9項）	退職給付債務の増加
期待運用収益（費用のマイナス項目）	年金資産の運用により生じると合理的に期待される計算上の収益（退職給付会計基準10項）	年金資産の増加
未認識数理計算上の差異の費用処理額	年金資産の期待運用収益と実際の運用成果との差異，退職給付債務の数理計算に用いた見積数値と実績との差異および見積数値の変更等により発生した差異である数理計算上の差異を（一定の年数で）費用処理した額（退職給付会計基準11項，24項）	未認識項目の減少
未認識過去勤務費用の費用処理額	退職給付水準の改訂等に起因して発生した退職給付債務の増加または減少部分である過去勤務費用を（一定の年数で）費用処理した額（退職給付会計基準12項，25項）	未認識項目の減少

② 連結財務諸表

退職給付に係る負債（または退職給付に係る資産）は，退職給付債務から年金資産を控除することで算定され，図表Ⅰ-2-5のようになる。

図表Ⅰ-2-5 連結財務諸表上の退職給付に係る負債の構成

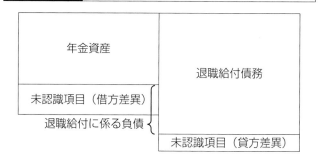

20 第Ⅰ部　引当金をめぐる基本事項

退職給付費用の発生は連結会計年度を通じて認識される。その内訳は，前記「① 個別財務諸表」と同じになる。

なお，連結財務諸表上は，未認識項目を，税効果を考慮のうえ，退職給付に係る負債として計上するが，その後，個別財務諸表と同様に（一定の年数で）費用処理（組替調整）することとなる（退職給付会計基準15項）。

（3）　引当金の算定（当初測定および事後測定）

①　当初測定

退職給付債務および年金資産は，期首時点の計算基礎に基づいて予測計算を行い，勤務費用，利息費用，期待運用収益を計上する。また，未識別項目は，平均残存勤務期間以内の一定の年数で按分した額を毎期費用処理する。

当該取扱いは，個別財務諸表と連結財務諸表において差異はない。

それぞれの計算は，以下のとおりである。

ⅰ　勤務費用

勤務費用は，退職給付見込額（退職により見込まれる退職給付の総額）のうち，当期に発生したと認められる額を割り引いて計算する（退職給付会計基準17項）。

期末までに発生したと認められる退職給付見込額は，以下のいずれかの方法を選択適用して計算し，いったん採用した方法は，原則として継続して採用しなければならない（退職給付会計基準19項）。

- 退職給付見込額について全勤務期間で除した額を各期の発生額とする方法（期間定額基準）
- 退職給付制度の給付算定式に従って各勤務期間に帰属させた給付に基づき見積った額を，退職給付見込額の各期の発生額とする方法（給付算定式基準）

なお，給付算定式基準を採用した場合，勤務期間の後期における給付算定式に従った給付が，初期よりも著しく高い水準（著しく後加重）となるときには，当該期間の給付が均等に生じるとみなして補正した給付算定式に従わなければならない（退職給付会計基準19項(2)なお書き）。

ⅱ　利息費用

利息費用は，期首の退職給付債務（退職給付見込額のうち，期末までに発生

していると認められる額を割り引いて計算した額）に，安全性の高い債券の利回りを基礎として決定した割引率を乗じて計算する（退職給付会計基準21項，16項，20項）。

ⅲ　期待運用収益

期待運用収益は，期首の年金資産の額に合理的に期待される長期期待運用収益率を乗じて計算する（退職給付会計基準23項）。

ⅳ　未認識項目の費用処理

未認識項目は，各年度の発生額について，発生年度に費用処理する，または平均残存勤務期間以内の一定の年数に基づいて，定額法または定率法により費用処理する（退職給付適用指針35項，36項，42項）。

②　事後測定

期末において退職給付債務と年金資産の実績値を計算し，前記「① 当初測定」の予測値との差異を数理計算上の差異として把握する。当該数理計算上の差異は前記「① 当初測定 ⅳ 未認識項目の費用処理」のとおり，発生年度に費用処理する，または定額法，定率法により費用処理するが，翌期から費用処理する（損益計算においては遅延認識できる）ことが認められている（退職給付会計基準（注7））。

他方，過去勤務費用は当期の発生額を翌期から費用処理する方法は認められていない。

個別財務諸表上，未認識数理計算上の差異（数理計算上の差異のうち，費用処理されていない金額）については，貸借対照表には計上せず，これを除いた退職給付債務と年金資産の差額を退職給付引当金または前払年金費用として計上する。一方，連結財務諸表上は，未認識数理計算上の差異を退職給付に係る負債または退職給付に係る資産として計上するとともに，税効果を調整のうえ，退職給付に係る調整額（その他の包括利益）を通じて退職給付に係る調整累計額（純資産の部）に計上する（退職給付会計基準24項）。

③　簡便法

従業員数が300人未満の小規模企業等において，高い信頼性をもって数理計算上の見積りを行うことが困難である場合または退職給付に係る財務諸表項目に重要性が乏しい場合には，前記「① 当初測定」および「② 事後測定」の取

扱い（原則法）によらず，期末の自己都合要支給額等をもって退職一時金制度の退職給付債務とするなど，簡便な方法で引当金を計上することが認められている（退職給付会計基準26項，退職給付適用指針47項）。

この方法による場合には，予測計算は行わないため未認識項目は生じない。

（4）　引当金の取崩し（消滅の認識）

退職給付引当金は，従業員の退職給付という将来の費用に備えて計上されるものであるので，引当金の目的取崩しとしては，退職給付の支出が考えられる。また，目的外の取崩しとしては，退職給付制度の終了等が考えられる。

ただし，退職給付引当金は，退職給付債務と年金資産の差額であることから，従業員の退職により退職給付債務が減少しても，年金資産から退職給付が支出される場合には，退職給付債務の減少とともに年金資産が減少するため，貸借対照表上，退職給付引当金の金額は変わらない。

また，退職金規程等の廃止や厚生年金基金の解散といった退職給付制度の廃止，あるいは退職給付制度間の移行または制度の改訂により，退職給付債務がその減少相当額の支払等を伴って減少する「退職給付制度の終了」においては，退職給付制度の終了した部分に係る退職給付債務と，その減少相当額の支払等との差額に未認識項目の終了部分に対応する金額を加えた金額を，原則として特別損益に計上する（企業会計基準適用指針第1号「退職給付制度間の移行等に関する会計処理」10項）。

（5）　表示・開示

①　個別財務諸表の表示・開示

ⅰ　貸借対照表の表示

負債の場合は「退職給付引当金」の科目をもって固定負債に計上し，資産の場合は「前払年金費用」等の適当な科目をもって固定資産（投資その他の資産）に計上する（退職給付会計基準39項(3)，財規32条1項12号，52条1項6号，3項）。

ⅱ　損益計算書の表示

原則として売上原価または販売費及び一般管理費に「退職給付費用」の科目をもって計上する。ただし，新たに退職給付制度を採用したときまたは給付水準の重要な改訂を行ったときに発生する過去勤務費用を発生時に全額費用処理する場合などにおいて，当該金額が重要であると認められるときには，その金

額を特別損益として計上することができる（退職給付会計基準28項）。

　また，退職給付制度の終了損益は，原則として特別損益に計上する（企業会計基準適用指針第1号「退職給付制度間の移行等に関する会計処理」10項）。

iii　注記

　以下の注記を行う。なお，②〜⑨について連結財務諸表において注記している場合には，記載を要しない（退職給付会計基準30項，39項(2)，(5)，財規8条の13）。

---

①　退職給付の会計処理基準に関する事項
②　企業の採用する退職給付制度の概要
③　退職給付債務の期首残高と期末残高の調整表
④　年金資産の期首残高と期末残高の調整表
⑤　退職給付債務および年金資産と貸借対照表に計上された退職給付引当金および前払年金費用の調整表
⑥　退職給付に関連する損益
⑦　年金資産に関する事項
⑧　数理計算上の計算基礎に関する事項
⑨　その他の事項

　なお，連結財務諸表を作成する場合，個別財務諸表において，未認識数理計算上の差異および未認識過去勤務費用の会計処理の方法が連結財務諸表と異なる旨を，重要な会計方針の注記のその他財務諸表作成のための基本となる重要な事項に注記する（退職給付会計基準39項(4)，財規8条の2第10号，財規ガイドライン8の2-10の2）。

②　連結財務諸表の表示・開示

i　連結貸借対照表の表示

　退職給付債務が年金資産よりも大きい場合は「退職給付に係る負債」等の適当な科目をもって固定負債に計上し，退職給付債務が年金資産よりも小さい場合は「退職給付に係る資産」等の適当な科目をもって固定資産（投資その他の資産）に計上する。

　未認識項目については，税効果を調整のうえ，純資産の部におけるその他の包括利益累計額に「退職給付に係る調整累計額」等の適当な科目をもって計上

24　第Ⅰ部　引当金をめぐる基本事項

する（退職給付会計基準27項，連結財規30条１項４号，38条１項６号，43条の
２第１項５号）。

ii　連結損益計算書の表示・開示

　個別財務諸表（前記「①　個別財務諸表の表示・開示　ii　損益計算書の表示」
参照）と同じとなる。

　このため，原則として退職給付費用は，売上原価または販売費及び一般管理
費に計上し，新たに退職給付制度を採用するなどにより，過去勤務費用を発生
時に全額費用処理する場合などにおいて，当該金額が重要であると認められる
ときには，その金額を特別損益として計上することが認められる（退職給付会
計基準28項）。

　また，退職給付制度の終了損益は，原則として特別損益に計上する（企業会
計基準適用指針第１号「退職給付制度間の移行等に関する会計処理」10項）。

iii　連結包括利益計算書

　当期に発生した未認識項目および当期に費用処理された組替調整額について
は，その他の包括利益に「退職給付に係る調整額」等の適当な科目をもって，
一括して計上する（退職給付会計基準29項，連結財規69条の５第１項４号）。

iv　注記

　以下の注記を行う（退職給付会計基準30項，連結財規15条の８）。

- ●退職給付の会計処理基準に関する事項
- ●企業の採用する退職給付制度の概要
- ●退職給付債務の期首残高と期末残高の調整表
- ●年金資産の期首残高と期末残高の調整表
- ●退職給付債務および年金資産と貸借対照表に計上された退職給付に係る負債お
  よび退職給付に係る資産の調整表
- ●退職給付に関連する損益
- ●その他の包括利益に計上された数理計算上の差異および過去勤務費用の内訳
- ●貸借対照表のその他の包括利益累計額に計上された未認識数理計算上の差異お
  よび未認識過去勤務費用の内訳
- ●年金資産に関する事項
- ●数理計算上の計算基礎に関する事項
- ●その他の事項

3 株式給付引当金

(1) 概要

　従業員への福利厚生を目的として行われる従業員等に信託を通じて自社の株式を交付する取引（いわゆる「株式交付信託」。以下，本節において「日本版ESOP」という。）は，大きく以下の２つの形態に分けられる。

- 従業員持株会に信託を通じて自社の株式を交付する取引（以下，本節において「従業員持株会発展型」という。）（日本版ESOP取扱い3項）
- 受給権が付与された従業員に信託を通じて自社の株式を付与する取引（以下，本節において「株式給付型」という。）（日本版ESOP取扱い4項）

　このうち，株式給付型については，あらかじめ制定された株式給付規程などに基づきポイントが付与され，退職等の一定の要件を満たしたときに信託から株式が交付される形となる（図表Ⅰ-2-6参照）。

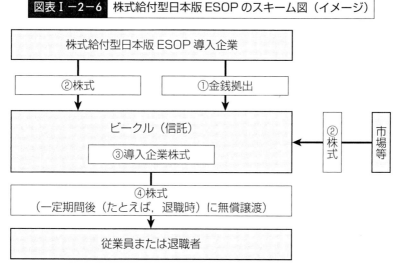

図表Ⅰ-2-6　株式給付型日本版ESOPのスキーム図（イメージ）

（出典）「日本版ESOPの会計処理と開示の考え方」『旬刊経理情報』2010年9月20日号，吉田剛著，中央経済社を一部修正

26 第Ⅰ部 引当金をめぐる基本事項

このポイントは一般的に従業員の勤務に応じて付与されることになるが，当該ポイントに対応して計上されるのが本節で対象とする株式給付引当金[1]である。以下では，日本版 ESOP 取扱い[2]の定めに従い，株式給付型日本版 ESOP における株式給付引当金の会計処理等を確認する[3]。

（2） 引当金の計上（発生の認識）

株式給付型日本版 ESOP を導入している企業では，事業年度末（および四半期会計期間末）などにおいて，給付の対象となっている従業員に株式給付規程等に従ってポイントを付与する。

このポイントの付与に伴い，将来の従業員への自社株式の支給義務を負債として認識することになる（日本版 ESOP 取扱い12項）。

（3） 引当金の算定（当初測定および事後測定）

株式給付引当金（繰入額）の算定は，以下の算式で行われる。

> 繰入額＝ポイントに対応した株式数×単価

この「単価」は，信託が日本版 ESOP 導入企業の株式を取得したときの株価を用いることとされている。また，信託による日本版 ESOP 導入企業の株式の取得が複数回にわたって行われている場合には，上記の「単価」の算定に関して，平均法または先入先出法を会計方針として選定し，選択した方法に基づいて行うこととされている（日本版 ESOP 取扱い12項）。

1 　日本版 ESOP 取扱いでは，引当金の科目名については特に明示されていないが（日本版 ESOP 取扱い12項，［設例 3］，［設例 4］参照），本節では便宜的に「株式給付引当金」という名称を用いている。なお，実際の事例分析については，後記「第Ⅱ部 ⑤ 株式給付引当金 2 事例分析（2）科目名」を参照のこと。

2 　当該実務対応報告は，実務上ばらつきが見られる日本版 ESOP の会計処理に関して，現行の実務を踏まえたうえで，当面の取扱いを示したものであるとされている（日本版 ESOP 取扱い23項，24項）。

3 　日本版 ESOP 取扱いでは，株式給付型における株式給付引当金のほか，従業員持株会発展型における債務保証の履行に伴う損失に対する引当金についても定めが設けられている（日本版 ESOP 取扱い 8 項(3)）。当該引当金については，後記「第Ⅱ部 ⑤ 株式給付引当金 5 日本版 ESOP におけるその他の引当金」でまとめて記述している。

第2章　日本の会計基準において定めがある主なもの　27

（4）　引当金の取崩し（消滅の認識）

　株式給付引当金は，信託から従業員に株式が交付された時点で取り崩される。取り崩される金額は，交付された株式数に単価（信託が日本版 ESOP 導入企業の株式を取得したときの株価）を乗じて算出される。なお，信託による日本版 ESOP 導入企業の株式の取得が複数回にわたって行われている場合には，繰入の際と同様，会計方針として選定した平均法または先入先出法に基づいて取崩額の算定が行われる（日本版 ESOP 取扱い13項）。

　ここまで説明した一連の会計処理を簡単な設例で見てみることとする。

設例 I－2－1　株式給付引当金の会計処理

［前提条件］

①　A 社は，退職時に株式が交付される株式給付型日本版 ESOP を導入することを決定し，X1期の期首に1,000を信託に拠出した。

②　A 社は，信託に対して自己株式として保有していた100株（8/株，帳簿価額合計800）を処分した。処分時の A 社株式の時価は10/株であった。

③　A 社は，X1期の期末において，株式給付型日本版 ESOP の対象となる従業員に10ポイント（1ポイントは1株と交換される。以下同じ。）を付与した。

④　A 社は，X2期の期末において，株式給付型日本版 ESOP の対象となる従業員に15ポイントを付与した。また，X2期において退職した従業員が付与されていたポイント残高は3ポイントであり，3株が信託から交付された。

⑤　税効果会計は考慮しない。

［会計処理］

①　信託設定時

＜A社＞

（借）　信　　託　　口	（※）1,000	（貸）　現　　　　　金	（※）1,000

（※）　1,000…前提条件①参照

＜信託＞

（借）　現　　　　　金	（※）1,000	（貸）　信　託　元　本	（※）1,000

（※）　1,000…前提条件①参照

28　第Ⅰ部　引当金をめぐる基本事項

② 自己株式の信託への処分時

＜A社＞

（借）現　　　　　　金	(※1)1,000	（貸）自　己　株　式	(※2)800
		自己株式処分差益	(※3)200

（※1）　1,000＝株価10×100株
（※2）　800…前提条件②参照
（※3）　差額により算出

＜信託＞

（借）A　社　株　式	(※)1,000	（貸）現　　　　　　金	(※)1,000

（※）　1,000＝株価10×100株

③ X1期期末

＜A社＞

（借）株式給付引当金繰入額	(※)100	（貸）株式給付引当金	(※)100

（※）　100＝信託の株式取得単価10×10株（10ポイントに対応する株数）

＜信託＞

仕訳なし(※)

（※）　ポイントの付与に対応する仕訳は信託では計上されない。

＜調整仕訳(※)（信託B/S合算後）＞

（借）信託元本（信託）	1,000	（貸）信　託　口（A社）	1,000
（借）自己株式（A社）	1,000	（貸）A社株式（信託）	1,000

（※）　信託口勘定と信託元本を相殺するとともに，信託で保有するA社株式を自己株式に振り替える（日本版ESOP取扱い14項(1)）。

④ X2期期末

＜A社＞

（借）株式給付引当金繰入額	(※)150	（貸）株式給付引当金	(※)150

（※）　150＝信託の株式取得単価10×15株（15ポイントに対応する株数）

第2章　日本の会計基準において定めがある主なもの　29

＜信託＞

| （借）　A社株式交付費用 | （※）30 | （貸）　A　社　株　式 | （※）30 |

（※）　30＝信託の株式取得単価10×3株（3ポイントに対応する株数）

＜調整仕訳（※）（信託B/S合算後）＞

（借）　信託元本（信託）	1,000	（貸）　信　託　口（A社）	1,000
（借）　自己株式（A社）	970	（貸）　A社株式（信託）	970
（借）　株式給付引当金（A社）	30	（貸）　A社株式交付費用（信託）	30

（※）　信託口勘定と信託元本を相殺するとともに，信託で保有するA社株式を自己株式に振り替え（日本版ESOP取扱い14項(1)），また，交付した株式に対応する引当金を取り崩す。

（5）　表示・開示

　引当金（負債）の表示区分および引当金繰入額の表示区分（損益計算書）について，日本版ESOP取扱いでは明文の定めはない。

　この点については，後記「第Ⅱ部　⑤　株式給付引当金　4　実務上のポイント（8）表示・開示」で解説する。

4 ▎貸倒引当金

（1）　概要

　受取手形，売掛金，貸付金その他の債権は，取得価額または償却原価法に基づいて算定された価額から貸倒引当金を控除した金額で貸借対照表に計上される（金融商品会計基準14項）。貸倒引当金は，回収不能となるリスクに備え，貸倒れによる損失を見積って貸借対照表に計上される評価性引当金である。

（2）　引当金の計上（発生の認識）

　債権は，貸倒れによる損失を合理的に見積ることができる場合に，当該貸倒見積高を算定し貸倒引当金に計上する。

　貸倒見積高を算定するにあたっては，債務者の財政状態および経営成績等に応じて，債権を一般債権，貸倒懸念債権および破産更生債権等の3種類に区分

30　第Ⅰ部　引当金をめぐる基本事項

する。3種類の債権の定義は，図表Ⅰ－2－7のとおりである（金融商品会計基準27項）。

　債権の貸倒見積高を算出する方法の詳細は後記「（3）引当金の算定（当初測定および事後測定）」で解説するが，貸倒懸念債権や破産更生債権等の場合には，通常，個々の債権ごとに見積る方法（個別引当法）がとられ，一般債権の場合には，通常，債権をまとめて過去の貸倒実績率により見積る方法（総括引当法）がとられる。貸倒引当金の計上および取崩しは，引当の対象となった債権の区分ごとに行われる（金融商品実務指針122項）。

図表Ⅰ－2－7　債権の区分

区分	定義
一般債権	経営状態に重要な問題が生じていない債務者に対する債権
貸倒懸念債権	経営破綻の状態には至っていないが，債務の弁済に重要な問題が生じているかまたは生じる可能性の高い債務者に対する債権
破産更生債権等	経営破綻または実質的に経営破綻に陥っている債務者に対する債権

（3）　引当金の算定（当初測定および事後測定）

　貸倒見積高は，債権区分ごとに，次のような方法で算定される。

①　一般債権

　一般債権については，債権全体または同種・同類の債権ごとに，債権の状況に応じて求めた過去の貸倒実績率等の合理的な基準により貸倒見積高を算定する（金融商品会計基準28項(1)）。

　貸倒実績率は，ある期における債権残高を分母として，当該債権の翌期以降における貸倒損失額を分子として算定する。貸倒損失の過去のデータから貸倒実績率を算定する期間（算定期間）は，一般的には，債権の平均回収期間が妥当とされているが，通常の売上債権のように平均回収期間が1年を下回る場合は1年を算定期間とする。また，当期末に保有する債権に適用する貸倒実績率を算定するにあたっては，当期を含む過去2～3算定期間に係る貸倒実績率の

平均値をとるとされている（金融商品実務指針110項）。

② 貸倒懸念債権

貸倒懸念債権については，債権の状況に応じて，「財務内容評価法」または「キャッシュ・フロー見積法」のいずれかの方法により貸倒見積高を算定する（金融商品会計基準28項(2)）。

i 財務内容評価法

財務内容評価法は，債権額から担保，保証および清算配当等による回収見込額を控除した残額について，債務者の財政状態および経営成績を考慮して貸倒見積高を算定する方法である（金融商品実務指針113項(1)，114項）。以下の式はこの方法による算定方法のイメージである。

$$
貸倒見積高 = \left(債権額 - \begin{array}{l} 担保・保証・清算配当等 \\ による回収見込額（B） \end{array} \right) \times \begin{array}{l} 債務者の支払能力 \\ を反映（A） \end{array}
$$

なお，一般事業会社においては，債務者の支払能力（上記計算式の(A)）を判断する資料の入手は困難な場合も多いことから，貸倒懸念債権と認定した初年度は，債権額から担保等による回収見込額（上記計算式の(B)）を控除した残額の50％を引き当て，次年度以降に毎期見直す等の簡便法も認められる（金融商品実務指針114項）。

ii キャッシュ・フロー見積法

キャッシュ・フロー見積法は，債権の元本の回収および利息の受取りによるキャッシュ・フローを当初の約定利率等で割り引いた金額の総額（将来キャッシュ・フローの現在価値）と債権の帳簿価額の差額を貸倒見積高とする方法である（金融商品実務指針113項(2)）。以下の式はこの方法による算定方法のイメージである。

$$
貸倒見積高 = 債権額 - \begin{array}{l} 入金可能と見込まれる時期と金額を反映した \\ 将来キャッシュ・フローの現在価値 \end{array}
$$

将来キャッシュ・フローの現在価値は，入金可能と判断した時期と金額を反映した将来キャッシュ・フローの見積額を，債権の発生当初の約定利子率または取得当初の実効利子率で割り引いて算定する（金融商品実務指針115項）。

③ 破産更生債権等

破産更生債権等については，債権額から担保，保証および清算配当等による回収見込額を減額して算定する（金融商品会計基準28項(3)）。以下の式はこの方法による算定方法のイメージである。

> 貸倒見積高＝債権額－担保・保証・清算配当等による回収見込額

破産更生債権等の貸倒見積額の考え方は，貸倒懸念債権における財務内容評価法による貸倒見積高と基本的に同じであるが，債権額から担保等による回収見込額の控除後の残額をすべて貸倒見積高とする点が異なっている。

（4） 引当金の取崩し（消滅の認識）

貸倒引当金は，引当の対象となる債権の回収可能性がほとんどないと判断されたことによる貸倒損失額の債権からの直接減額に際し，当該貸倒損失額と対象債権に係る貸倒引当金残高のいずれか少ない金額まで貸倒引当金の取崩しが行われる（金融商品実務指針123項）。なお，貸倒引当金の繰入および取崩しは，引当の対象となった債権の区分ごとに行われる（金融商品実務指針122項）。

また，当事業年度末における貸倒引当金のうち貸倒損失と相殺した後の残高は取崩しが必要となる（金融商品実務指針125項）。ただし，当期繰入額と相殺することから，繰入額と取崩額の金額の大小により処理に違いが生じる。

まず，繰入額が取崩額より大きい場合には，相殺した差額を繰入額算定の基礎となった対象債権の割合等の合理的な按分基準によって，営業債権に係る部分は営業費用，営業外債権に係る部分は営業外費用に計上する（図表Ⅰ－2－8参照）。

図表Ⅰ－2－8　繰入額が取崩額より大きい場合

逆に，取崩額が大きい場合には，図表Ⅰ－2－9のとおり，差額を営業費用もしくは営業外費用から控除するか，または営業外収益に計上する（金融商品実務指針125項）。

なお、前記のとおり、貸倒引当金の繰入および戻入は債権の区分ごとに行われるため、たとえば、一般債権（営業債権）に係る貸倒引当金戻入額（営業外収益に表示）と貸倒懸念債権（営業外債権）に係る貸倒引当金繰入額（営業外費用に表示）を相殺して表示するように、全債権をまとめて相殺して表示することはできないと考えられる。

（5） 表示と開示

貸倒引当金は、貸借対照表において流動資産に係る貸倒引当金と固定資産（投資その他の資産）に係る貸倒引当金に区分し、原則として、各資産科目別に控除科目として計上するが、各資産科目に対する控除科目として一括して計上する方法と、各資産の金額から直接控除し、控除した金額を科目別または一括して注記する方法が認められている（財規20条、34条、会社計算規則78条）[4]。

また、過去の実績等に基づいて貸倒見積高を算定し、当期の費用と見込まれる金額は、販売等の収益に対応する費用として当期の損益計算書に計上する。営業債権に係る部分は営業費用、営業外債権に係る部分は営業外費用に計上する。

なお、損益計算書の表示において、特に貸倒損失の場合および貸倒償却された債権が回収された場合の損益計算書の表示については、以下の点に注意が必要である。

① 貸倒損失の会計処理

債権の回収可能性がほとんどないと判断された場合には、貸倒損失額を債権から直接減額する。貸倒損失額は前期末の貸倒引当金と相殺するが（金融商品

---

[4] なお、後記「第Ⅱ部 [7] 貸倒引当金（一般事業会社（銀行業・保険業以外））2 事例分析（2）科目名」の記載にあるとおり、実務的には、各資産科目に対する控除科目として一括して計上する方法を採用する会社が多いとの分析結果が出ている。

34　第Ⅰ部　引当金をめぐる基本事項

実務指針123項），両者の金額の大小により処理に違いが生じる。

　まず，前期の貸倒引当金残高が貸倒損失額より大きい場合には，貸倒損失額まで貸倒引当金と相殺され，貸倒損失は計上されない（図表Ⅰ－2－10参照）。

図表Ⅰ－2－10　前期の貸倒引当金残高が貸倒損失額より大きい場合

前期の貸倒引当金　＞　貸倒損失　⇒　貸倒損失は計上されない
　　　100　　　　　　　　80

　逆に，前期の貸倒引当金残高より貸倒損失額が大きい場合には，図表Ⅰ－2－11のとおり，貸倒引当金と相殺しきれない金額が，貸倒損失として計上される。

図表Ⅰ－2－11　前期の貸倒引当金残高より貸倒損失額が大きい場合

前期の貸倒引当金　＜　貸倒損失　⇒　　　　貸倒損失20計上
　　　100　　　　　　　120　　　　　（営業費用または営業外費用）

　当該貸倒損失が営業上の債権に係るものである場合には営業費用，営業外の債権に係るものである場合には営業外費用に計上される（金融商品実務指針123項）。過年度の見積差額について，前期損益修正として特別損失とする会計処理は認められない。

②　貸倒償却した債権を回収した場合

　貸倒償却した債権から，残存する帳簿価額を上回る回収があった場合には，原則として，回収した期間に営業外収益として認識する（金融商品実務指針124項）。

5 ┃ 投資損失引当金

（1）　概要

　株式等への投資については，金融商品会計基準に基づいて，実質価額が著しく低下している場合等において減損処理が行われる。しかし，こうした減損処

理が行われない場合であっても，一定の場合に市場価格のない子会社株式およ
び関連会社株式（以下，本節において「子会社株式等」という。）に対して投
資損失引当金等の評価性引当金を計上することがわが国の会計慣行として定着
していたとされており，投資損失引当金についての実務上の取扱いが，投資損
失引当金取扱いで定められている。なお，後記「第Ⅱ部 ⑨ 投資損失引当
金 2 事例分析（4）近年の傾向」に記載のとおり，投資損失引当金を計上し
ている会社は減少傾向にあるという分析結果が出ている。

（2） 引当金の計上（発生の認識）

　金融商品会計基準では，子会社株式等を含む株式の減損について，時価を把
握することが極めて困難と認められる株式（いわゆる「市場価格のない株式」）
とそれ以外（いわゆる「市場価格のある株式」）に分けて，図表Ⅰ－2－12に
記載された場合に減損処理することを求めている（金融商品会計基準20項，21
項）。

図表Ⅰ－2－12 株式について減損処理が必要な場合

株式の区分	減損が必要な場合
市場価格のある株式	時価が著しく下落し，回復する見込みがあると認められる場合ではないとき
市場価格のない株式	発行会社の財政状態の悪化により実質価額が著しく低下したとき

　「市場価格のない株式」については，「発行会社の財政状態の悪化により実質
価額が著しく低下した場合」に減損処理が必要となるが，この判定における
「財政状態の悪化」とは，一般に公正妥当と認められる会計基準に準拠して作
成した財務諸表を基礎に，原則として資産等の時価評価に基づく評価差額等を
加味して算定した1株当たり純資産額が，当該株式を取得した時の1株当たり
純資産額と比較して相当程度下回っている場合をいう。また，「実質価額が著
しく低下した場合」とは，株式の実質価額が取得価額に比べて50％程度以上低
下した場合をいう（金融商品実務指針92項）。こうした場合には，減損処理が
必要となる。

「市場価格のない株式」については，減損処理の要否の判断にあたり，通常は回復可能性の判定は求められていない。しかし，子会社や関連会社の場合には，財務諸表を実質ベースで作成することや，事業計画を入手することが可能であることから，回復可能性の判定が可能であり，回復可能性が十分な証拠によって裏付けられる場合には，減損処理しないことが認められている（金融商品実務指針285項，金融商品 Q&A Q33）。

このとき，金融商品会計基準に従い減損処理しなかった場合でも，以下のいずれかに該当する場合には，投資損失引当金の計上が容認されている（投資損失引当金取扱い2(1)）。

①　子会社株式等の実質価額がある程度低下した場合

子会社株式等の実質価額が著しく低下する状況ではないことから減損処理は行わないが，子会社株式等の実質価額がある程度低下したときに，健全性の観点から引当金を計上する場合である。ただし，この場合には，実質価額の回復可能性が客観的に確実であるにもかかわらず引当金を計上する等の過度に保守的な会計処理とならないように留意することが必要とされている。

②　子会社株式等の実質価額が著しく低下したが，回復可能性が見込めると判断して減損処理を行わなかった場合

子会社や関連会社等の場合には，回復可能性の判定が可能であり，回復可能性が十分な証拠によって裏付けられる場合には，減損処理しないことが認められている。しかし，回復可能性の判断は，あくまでも将来の予測に基づいて行われるものであり，回復可能性の判断を万全に行うのは実務上困難な場合がある。そこで，健全性の観点から，回復可能性のリスクに備え引当金を計上することが認められている。こうした場合の例として，回復可能性の判断根拠となる再建計画等が外部の要因に依存する度合いが高い場合等が挙げられている。

（3）　引当金の算定（当初測定および事後測定）

投資損失引当金の計上額は，子会社等の実質価額の低下に相当する金額であり，以下のように取得価額から実質価額を控除した金額となる。

$$投資損失引当金計上額＝取得価額－実質価額$$

実質価額は，前記「（1）概要」で述べたとおり，一般に公正妥当と認められる会計基準に準拠して作成した財務諸表を基礎に，原則として資産等の時価評価に基づく評価差額等を加味して算定した1株当たり純資産額をいう。ただし，資産等の時価評価等による影響額に重要性がない場合には，時価評価前の財務諸表を用いて算定することが認められている（投資損失引当金取扱い2(2)）。

（4） 引当金の取崩し（消滅の認識）

投資損失引当金の取崩しが生じるのは，子会社等の財政状態が改善し実質価額が回復した場合と，子会社等の財政状態が悪化して減損処理が必要になる場合である（投資損失引当金取扱い2(3)）。

① 子会社等の財政状態が改善した場合

子会社等の財政状態が改善し実質価額が回復した場合には，回復に見合う額の投資損失引当金を取り崩す。ただし，子会社等の事業計画等により財政状態の回復が一時的と認められる場合には，取り崩してはならないとされている。

② 子会社等の財政状態が悪化した場合

一方，子会社等の財政状態が悪化して減損が必要となる場合には，以下の2つのケースが想定される。

ⅰ 子会社株式等の実質価額がある程度低下していたが，子会社等の財政状態の悪化によって著しい低下となったケース

ⅱ 子会社株式等の実質価額が著しく低下したものの回復可能性が見込めると判断していたが，回復可能性が見込めないこととなったケース

いずれのケースにおいても，引当金を取り崩して，当該子会社株式等を減損処理する。

（5） 表示・開示

投資損失引当金は子会社株式等に対する評価性引当金であることから，貸借対照表の資産の部（投資その他の資産）に控除項目として計上する。

（6） その他

① 子会社株式等が市場価格のある株式の場合

市場価格のある株式の場合には，「時価が著しく下落したとき」で，「回復する見込みがあると認められる場合ではない」ときには，減損処理が必要である。

「時価が著しく下落」とは，株式の時価が取得原価に比べて50％程度以上下落した場合をいうが，状況に応じ個々の企業において，「著しく下落した」の判定するための合理的な基準（一般的には30％～50％）を設けることが認められている（金融商品実務指針284項）。また，「回復する見込みがあると認められる場合ではない」とは，回復する見込みがない場合と回復する見込みが不明な場合をいう。

こうした場合に，市場価格のある子会社株式等についても減損処理が必要であるが，市場価格のない子会社株式等と同様に，「時価の著しい下落」にまでは至っていない場合や，「回復可能性があると認められる場合」において，時価の下落期間および実質価額等を考慮して，投資損失引当金を計上することが認められている（投資損失引当金取扱い3⑴）。

② 特定のプロジェクトのために設立した会社等の株式

子会社や関連会社でない場合でも，特定のプロジェクトのために設立された会社について当該会社の経営に参画することにより，中長期の事業計画等を入手することが可能なケースが想定される。こうしたケースで，事業計画等において開業当初の累積損失が一定期間経過後に解消されることが合理的に見込まれており，その後の業績が事業計画等を大幅に下回っていない場合には，回復可能性等を判定し，減損処理の対象としないことが考えられる（金融商品実務指針285項，金融商品 Q&A Q33）。この場合に，回復可能性の判断を万全に行うことは実務上困難な場合があることから，投資損失引当金を計上することが認められている（投資損失引当金取扱い3⑵）。

第2章　日本の会計基準において定めがある主なもの　39

6 工事損失引当金

（1）　概要

　工事契約を履行することによって最終的に損失が見込まれる場合の会計処理については，現行工事契約会計基準で定められている[5]。最終的に損失となる原因はさまざまであり，たとえば，工事契約の締結以後に生じた施工者に起因する設計変更，工事の進捗遅延による経費の増加，想定外の資材価格の高騰等のほか，営業政策の観点から赤字覚悟で受注するケースも想定される。工事契約について，工事原価総額等が工事収益総額を超過する可能性が高く，かつ，その金額を合理的に見積ることができる場合には，損失が見込まれる金額を基礎として工事損失引当金を計上しなければならない（工事契約会計基準19項）。

　なお，工事契約会計基準は，土木，建築，造船や一定の機械装置の製造のほか，受注制作のソフトウェアについても適用範囲としており（工事契約会計基準4項，5項），こうした契約に伴う損失についても受注損失引当金の計上等，同様の取扱いが必要となる。

（2）　引当金の計上（発生の認識）

　注解18における引当金の要件は，以下のとおりである。

---

① 　将来の特定の費用または損失であること
② 　その発生が当期以前の事象に起因するものであること
③ 　発生の可能性が高いこと
④ 　金額が合理的に見積可能なこと

　工事契約会計基準では，工事原価総額等が工事収益総額を超過する可能性が

---

[5]　2018年3月に公表された収益認識会計基準が適用されることに伴い，工事契約会計基準は廃止される。収益認識会計基準は，2021年4月1日以後開始する連結会計年度および事業年度の期首から原則適用されるが（早期適用に係る定めが設けられている。早期適用に係る詳細は後記「補論 収益認識会計基準の概要 5 収益認識会計基準の適用時期」参照），収益認識会計基準の適用によって，会計基準の定めが大きく変わることは想定されていない。なお，詳細については，後記「第Ⅱ部 ⑭ 工事損失引当金・受注損失引当金 5 収益認識会計基準の影響」をご参照いただきたい。

40　第Ⅰ部　引当金をめぐる基本事項

高く，かつ，その金額を合理的に見積ることができる場合には，工事契約の全体より見込まれる工事損失から，当該工事に関してすでに計上されている損益の額を控除した残額（今後見込まれる損失の額）を工事損失引当金として計上しなければならないとしている。

　工事損失は，工事契約を締結し，当該契約から損失が見込まれるような状況になったという過去の事象に起因して発生する将来の損失であり，前記の注解18の①と②の要件を満たしている。したがって，発生の可能性が高く（注解18の③の要件参照），かつ，その金額を合理的に見積ることができる場合（注解18の④の要件参照）には，今後見込まれる工事損失の額を工事損失引当金として計上しなければならない（工事契約会計基準19項）。

　なお，工事損失引当金は，工事契約に係る収益認識基準が工事進行基準か工事完成基準かにかかわらず，また，工事の進捗の程度にかかわらず，引当金の要件を満たす場合には計上が必要である（工事契約会計基準20項）。

（3）　引当金の算定（当初測定および事後測定）

　工事損失引当金の金額は，工事収益総額から工事原価総額等を差し引いた金額をもとに算定される。工事原価総額等には，直接工事原価のほか，販売直接経費がある場合には，その見積額も含める（工事契約会計基準19項）。

　なお，工事原価等の見積りに関して，受注時に算出されるデータは，短期間で見積金額を概括的に算定することから金額の信頼性や合理性に欠ける場合が多く，このようなデータに基づいて工事損失引当金の会計処理をすることは適切ではないとされている。一方，受注後に作成される実行予算は，合理的な見積りになっている場合が多いと考えられている。したがって，工事損失引当金の計上の要否の判断や，会計処理を行うために必要な工事収益総額および工事原価総額を合理的に見積ることが可能になるのは，通常は，施工者が工事契約について最初の実行予算等を策定した時点とされており，こうした実行予算等を基礎として，工事損失引当金を算定することになると考えられる。また，その後の見直しについても，実行予算等の合理的な見積データによるべきである（工事契約適用指針22項，23項）。

（4）　引当金の取崩し（消滅の認識）

　工事損失引当金は，対象となった工事の完成時および工事損失の金額の見直

第2章　日本の会計基準において定めがある主なもの　41

しにより不要となった時に当該金額を取り崩す。

　具体的な会計処理は，設例Ⅰ−2−2のとおりであり，この設例ではX2年に工事原価が当初の想定より増加し工事収益を超過すると見込まれたことから工事損失引当金を計上し，工事が完成したX3年に当該引当金を取り崩している。

設例Ⅰ−2−2　工事損失引当金の計上と取崩しの会計処理

［前提条件］

① 工事契約で取り決めた工事収益総額は1,000であり，建設に3年を要しX3年度末に完成予定である。

② X1年度末およびX2年度末における工事原価総額の見積額は，それぞれ900および1,120となったが，工事契約の見直しは行われなかった。

③ 税効果会計は考慮しない。

④ 施工者は決算日における工事進捗度を原価比例法により算定している。各年度末における工事収益総額等は次のとおりである。

	X1年度	X2年度	X3年度
工事収益総額	1,000	1,000	1,000
過年度に発生した工事原価の累計	−	270	896
当期に発生した工事原価	270	626	224
完成までに要する工事原価	630	224	−
工事原価総額	900	1,120	1,120
工事利益	100	△120	△120
決算日における工事進捗度	(※1)30%	(※2)80%	100%

(※1) 30% = 270 ÷ 900

(※2) 80% = (270 + 626) ÷ 1,120

［会計処理］

① X1年度の会計処理

＜工事原価の計上＞

(借) 工 事 原 価	(※)270	(貸) 諸 勘 定	(※)270

(※) 270…前提条件④参照

42　第Ⅰ部　引当金をめぐる基本事項

＜工事収益の計上＞

| （借）工　事　未　収　入　金 | （※）300 | （貸）工　事　収　益 | （※）300 |

（※）　300＝工事収益総額1,000×工事進捗度30%

②　X2年度の会計処理

＜工事原価の計上＞

| （借）工　事　原　価 | （※）626 | （貸）諸　　勘　　定 | （※）626 |

（※）　626…前提条件④参照

＜工事収益の計上＞

| （借）工　事　未　収　入　金 | （※）500 | （貸）工　事　収　益 | （※）500 |

（※）　500＝工事収益総額1,000×工事進捗度80%－X1年度計上工事収益300

＜工事損失引当金の計上＞

| （借）工　事　原　価 | （※）24 | （貸）工事損失引当金 | （※）24 |

（※）　24＝見積工事損失△120（＝1,000－1,120）
　　　　　 －X1年度計上利益30（＝300－270）
　　　　　 －X2年度計上損失△126（＝500－626）

③　X3年度の会計処理

＜工事原価の計上＞

| （借）工　事　原　価 | （※）224 | （貸）諸　　勘　　定 | （※）224 |

（※）　224…前提条件④参照

＜工事収益の計上＞

| （借）工　事　未　収　入　金 | （※）200 | （貸）工　事　収　益 | （※）200 |

（※）　200＝工事収益総額1,000－X1年度計上工事収益300－X2年度計上工事収益500

＜工事損失引当金の戻入＞

| （借）工事損失引当金 | （※）24 | （貸）工　事　原　価 | （※）24 |

（※）　24…②の＜工事損失引当金の計上＞の仕訳の戻し

（5） 表示・開示

　工事損失引当金の残高は，貸借対照表の流動負債に計上されるが，同一の工事契約に関する棚卸資産と工事損失引当金が計上される場合には，相殺して表示することが認められている（工事契約会計基準21項）。

　工事損失引当金は，正常な利益を獲得することを目的とする企業行動において，投資額を回収できないような事態が生じた場合に将来に損失を繰り延べないための会計処理であり，棚卸資産の簿価切下げと同様の趣旨と考えられる。しかし，棚卸資産会計基準は，必ずしも工事損失の会計処理を念頭に置いて定められたものでなく，棚卸資産の評価に切放し法を選択した場合の会計処理は，工事損失引当金の残高を毎期算定し直す工事損失引当金の会計処理と必ずしもなじまないと考えられる。また，工事の進捗に従って，棚卸資産の種類が多岐にわたる場合には，工事損失引当金から棚卸資産への振替えが実務上の負担となる懸念もある。こうしたことから，工事損失引当金と棚卸資産の総額での計上を原則としつつ，同一の工事契約に関して棚卸資産と工事損失引当金が計上される場合には，相殺して表示することが認められている。

　なお，同一の工事契約に関する棚卸資産と工事損失引当金がともに計上され，これらを相殺した場合にも，総額で計上した場合と同じ情報が提供される必要があることから，次の注記が求められる（工事契約会計基準22項(4)）[6]。

> ● 総額で表示した場合には，その旨と当該棚卸資産の額のうち工事損失引当金に対応する金額
> ● 相殺表示した場合には，その旨と相殺表示した棚卸資産の額

　工事損失引当金の繰入額は，損益計算書の売上原価（工事原価）に計上する（工事契約会計基準21項）。また，工事損失引当金の取崩額は繰入額と相殺して売上原価（工事原価）に計上される。

6　収益認識会計基準の適用に伴う財務諸表等規則等の改正によって，当該注記事項は廃止されている。なお，詳細については，「第Ⅱ部 ⑭ 工事損失引当金・受注損失引当金 5 収益認識会計基準の影響 （3）表示および開示」を参照のこと。

44　第Ⅰ部　引当金をめぐる基本事項

（6）　その他（為替変動により工事損失が発生する場合）

　海外で工事を受注する場合には，工事収益の通貨と工事原価の通貨が一致せず，為替相場の変動が工事損失の金額や工事損失引当金の計上に影響を及ぼす可能性がある。こうした場合には，為替相場の変動に応じて，工事損失引当金計上の要否の判断が必要となり，結果として，工事損失引当金の繰入や戻入の処理が必要となる場合がある（工事契約適用指針27項から29項）。具体的な判断と会計処理は，設例Ⅰ－2－3のとおりである。この設例では，円高によりX1年度に工事収益より工事原価が超過する可能性が高いとして工事損失引当金を計上したが，X2年度に円安の進行により工事損失が発生しないと見込まれたことから工事損失引当金を戻し入れている例である。

設例Ⅰ－2－3　為替変動により工事損失が発生する場合

［前提条件］
①　工事契約で取り決めた工事収益総額は10百万米ドルであり，建設に3年を要し完成はX3年度末の予定である。
②　工事原価総額の見積額は900百万円であり，最終の工事原価総額も同額であった。
③　工事の対価は，X3年度末に一括で支払われる。
④　税効果会計は考慮しない。
⑤　施工者は決算日における工事進捗度を原価比例法により算定している。各年度末における工事収益総額等は次のとおりである。

	X1年度	X2年度	X3年度
工事収益総額（百万米ドル）	10	10	10
過年度に発生した工事原価の累計（百万円）	－	360	720
当期に発生した工事原価（百万円）	360	360	180
完成までに要する工事原価（百万円）	540	180	－
工事原価総額（百万円）	900	900	900
決算日における工事進捗度	（※1）40%	（※2）80%	100%

（※1）　40%＝360百万円÷900百万円

第2章　日本の会計基準において定めがある主なもの　45

（※2）　80％＝（360百万円＋360百万円）÷900百万円

⑥　各期の工事収益は，期中平均相場により換算し，将来分の工事収益は決算日の為替相場で換算している。各期の為替相場は以下のとおりである。

会計期間	期中平均相場 （円/米ドル）	決算日の為替相場 （円/米ドル）
X1年度	85	80
X2年度	100	110
X3年度	120	130

［会計処理］（単位：百万円）

①　X1年度の会計処理

＜工事原価の計上＞

（借）工　事　原　価　（※）360　（貸）諸　　勘　　定　（※）360

（※）　360百万円…前提条件⑤参照

＜工事収益の計上＞

（借）工　事　未　収　入　金　（※）340　（貸）工　事　収　益　（※）340

（※）　340百万円＝工事収益総額10百万米ドル×工事進捗度40％×期中平均相場85円/米ドル

＜工事損失引当金計上＞

（借）工　事　原　価　（※）60　（貸）工事損失引当金　（※）60

（※）　工事損失の発生が見込まれるか否かの判断

	外貨 （百万米ドル）	換算レート （円/米ドル）	円貨 （百万円）
工事収益総額 　過年度の累計 　当期分 　将来分	－ 4 6	 85 80	－ 340 480
計			820
工事原価総額			900
見積工事損失			△80

工事損失引当金60百万円＝見積工事損失80百万円－（340百万円－360百万円）

46　第Ⅰ部　引当金をめぐる基本事項

＜工事未収入金の期末為替換算＞

（借）為替差損 （※）20	（貸）工事未収入金 （※）20

（※）　20百万円＝10百万米ドル×40％×X1年度末の為替相場80円/米ドル－340百万円

②　X2年度の会計処理

＜工事原価の計上＞

（借）工事原価 （※）360	（貸）諸勘定 （※）360

（※）　360百万円…前提条件⑤参照

＜工事収益の計上＞

（借）工事未収入金 （※）400	（貸）工事収益 （※）400

（※）　400百万円＝（工事収益総額10百万米ドル×工事進捗度80％
　　　　　　　－X1年度計上工事収益4百万米ドル）×期中平均相場100円/米ドル

＜工事損失引当金の戻入＞

（借）工事損失引当金 （※）60	（貸）工事原価 （※）60

（※）　工事損失の発生が見込まれるか否かの判断

	外貨 （百万ドル）	換算レート （円/米ドル）	円貨 （百万円）
工事収益総額 　過年度の累計 　当期分 　将来分	 4 4 2	 85 100 110	 340 400 220
計			960
工事原価総額			900
見積工事利益			60

　　　工事損失が見込まれないこととなったため，前年度に計上した工事損失引
　当金の戻入を行う。

＜工事未収入金の期末為替換算＞

（借）工事未収入金 （※）160	（貸）為替差益 （※）160

（※）　160百万円＝10百万米ドル×80％×X2年度末の為替相場110円/米ドル
　　　　　　　－（10百万米ドル×40％×X1年末の為替相場80円/米ドル＋400百万円）

③ X3年度の会計処理

＜工事原価の計上＞

| （借） | 工　事　原　価 | （※）180 | （貸） | 諸　　勘　　定 | （※）180 |

（※）　180百万円…前提条件⑤参照

＜工事収益の計上＞

| （借） | 工　事　未　収　入　金 | （※）240 | （貸） | 工　事　収　益 | （※）240 |

（※）　240百万円＝（工事収益総額10百万米ドル－X1年度計上工事収益4百万米ドル
　　　　　　　　　　－X2年度計上工事収益4百万米ドル）×期中平均相場120円/米ドル

＜工事未収入金の入金＞

| （借） | 現　　　　　　金 | （※1）1,300 | （貸） | 工　事　未　収　入　金 | （※2）1,120 |
| | | | | 為　替　差　益 | （※3）180 |

（※1）　1,300百万円＝10百万米ドル×入金時（期末）の為替相場130円/米ドル

（※2）　1,120百万円＝10百万米ドル×80％×X2年度の決算日の為替相場110円/米ドル
　　　　　　　　　　　＋240百万円

（※3）　180百万円＝1,300百万円－1,120百万円

7 ┃ 債務保証損失引当金

（1）　概要

　会社が債務保証を行っている主たる債務者の財政状態の悪化等により，債務不履行となる可能性があり，その結果，会社（保証人）が当該債務保証を履行し，その履行に伴う求償債権が回収不能となる可能性が高い場合で，かつ，これによって生ずる損失額を合理的に見積ることができる場合に計上される引当金が債務保証損失引当金である（債務保証取扱い4(1)）。

（2）　引当金の計上（発生の認識）

　注解18のいわゆる4要件[7]のうち，「発生可能性が高いこと」という要件を満たしていると認められるケースとして，以下の場合が挙げられる。

7　4要件については，前記「第1章 日本基準の定め　1　概要（1）引当金に関する会計基準」参照のこと。

48　第Ⅰ部　引当金をめぐる基本事項

- ●主たる債務者が法的，形式的な経営破綻の状態にある場合
- ●上記のような事実は発生していないものの深刻な経営難の状態にあり，再建の見通しがない状況にあると認められるなど，実質的に経営破綻に陥っている場合
- ●経営難の状態にあり，今後経営破綻に陥る可能性が高いと認められる場合

　また，保証債務の履行に伴う求償債権の回収可能性を判断するには，個々の主たる債務者の財政状態等について，以下の事項等を考慮し総合的に判断することが必要であるとされている（債務保証取扱い4(1)）。

- ●主たる債務者の状況
- ●財政状態の悪化の原因
- ●再建計画による業績の回復可能性
- ●親会社等の支援状況
- ●銀行等の金融機関からの融資の状況
- ●今後の資金繰りの見通し
- ●担保の状況およびその処分見込み
- ●他の保証人の負担能力

（3）　引当金の算定（当初測定および事後測定）

①　当初測定

　債務保証損失引当金の金額は，以下の算式で算定される（債務保証取扱い4(2)）。

$$
債務保証損失引当金 = 債務保証総額 - \left(\begin{array}{c} 債務者の \\ 返済可能額 \end{array} + \begin{array}{c} 求償債権に係る \\ 回収見込額(*) \end{array} \right)
$$

（*）　担保により保全される額など

　損失見込額は，主たる債務者の財政状態，担保価値の評価，プロジェクトの損益の見込み，他の保証人の負担能力の評価等を総合的に判断して算定するが，その損失見積額には幅が生ずる場合が少なくないとされている。このような場合，その幅の中から最も合理的な金額を算定して引当金を計上するものとされている（債務保証取扱い4(2)）。

第2章　日本の会計基準において定めがある主なもの　49

　なお，前記「（2）引当金の計上（発生の認識）」に記載した「発生可能性」の要件を満たしたときでも，損失金額を合理的に見積ることができない場合には，注解18のいわゆる4要件を満たしていないことになり，債務保証損失引当金は計上されない。このケースも含め，損失の発生可能性の程度と，金額の見積りの可否，さらに注記との関係を図表Ⅰ-2-13にまとめている（債務保証取扱い4(3)）。

図表Ⅰ-2-13　損失の発生可能性と金額の見積りの可否による取扱いの違い		
損失の発生可能性	金額見積り可能	金額見積り不可能
高い	引当金を計上	債務保証金額を注記
		発生の可能性が高いが金額の見積りが不可能な旨，その理由および主たる債務者の財政状態等を注記(＊)
ある程度予想される	債務保証金額を注記	同左
	発生の可能性がある程度予想される旨および主たる債務者の財政状態等を注記	同左
低い	債務保証金額を注記	同左

（＊）　損失の発生可能性が高いが金額を合理的に見積ることができないケースは，通常稀であるとされている。なお，このような場合には，金額の見積りが不可能な理由を注記することが求められる（追加情報取扱い11項）。

②　事後測定

　前記「（2）引当金の計上（発生の認識）」に記載した計上要件を満たし，前記「① 当初測定」の算式に従い当初認識時の引当金の額を算定した場合に，その後の各期末における引当金の額についても，前記「① 当初測定」に記載した算式で同様に算定される（債務保証取扱い4(2)）。

　なお，決算期ごとに，主たる債務者の財政状態等に対応した引当金額の見積りの変更の要否を検討する必要がある点に留意が求められる（債務保証取扱い4(2)なお書き）。

50　第Ⅰ部　引当金をめぐる基本事項

（4）　引当金の取崩し（消滅の認識）

　引当金を計上した保証先の債務不履行により保証を履行した場合，または履行を請求された場合には，債務保証損失引当金の目的取崩しとなる（債務保証取扱い4(4)④）。この場合の具体的な会計処理については，後記「（5）表示・開示　③　履行時の取扱い」を参照のこと。

　なお，債務保証取扱いでは明示されていないが，これまで債務保証損失引当金を計上していた保証債務について，主たる債務者の財政状態が改善したことなどにより，損失の発生可能性が高いとはいえなくなった場合には，引当金を目的外取崩しによって戻し入れることになると考えられる。

（5）　表示・開示

①　損益計算書の表示
ⅰ　当初認識時
　債務保証損失引当金の当初認識時には，その金額，発生事由等に応じて，臨時性，巨額性といった特別損失の要件を満たしているかを検討し，原則として，営業外費用または特別損失に計上する（債務保証取扱い4(4)①）。
ⅱ　事後測定
　引当金の当初認識後に判明した引当金の過不足は，過年度遡及会計基準第55項に従い，過去の引当金額が最善の見積りであったとされる場合において，基本的に営業外収益または営業外費用として計上される。なお，実績が確定した場合の見積金額との差額についても，同様に処理される（債務保証取扱い4(4)①なお書き）。

②　貸借対照表の表示
　負債計上される債務保証損失引当金は，ワンイヤールールにより，期末日後1年内に履行が見込まれるものは流動負債に，それ以外のものは固定負債に表示される（債務保証取扱い4(4)②）。

③　履行時の取扱い
　保証債務の履行請求時には，未払金が計上されるとともに，同額を求償債権として未収入金に計上する。また，当該求償債権に関しては，貸倒引当金を計

第2章　日本の会計基準において定めがある主なもの　51

上するか，回収不能額を直接減額する（債務保証取扱い4⑷③）。

　また，上記の履行請求時，または履行時に債務保証損失引当金は取り崩されるが，前記の貸倒引当金に係る繰入額（または貸倒損失）が同時に計上される。これらは一連の会計処理と考えられるため，当該債務保証損失引当金の目的取崩額と貸倒引当金繰入額または貸倒損失は，相手先ごとの相殺後の純額で表示する（債務保証取扱い4⑷④）。

　保証債務の履行請求時に，同額で貸倒引当金を計上した場合の会計処理例は，以下のとおりである。

（借）　未　収　入　金	×××	（貸）　未　　払　　金	×××
（借）　債務保証損失引当金	×××	（貸）　債務保証損失引当金戻入額(※)	×××
（借）　貸倒引当金繰入額(※)	×××	（貸）　貸　倒　引　当　金	×××

（※）　これら繰入額と戻入額は相手先ごとに相殺表示される。

④　債務保証注記との関係

　債務保証損失引当金を負債計上した場合，偶発債務として貸借対照表に注記される金額からは，当該引当金の額を控除する必要がある点に留意する（債務保証取扱い4⑷⑤）。

⑤　持分法適用会社に対する債務保証損失引当金

　持分法適用会社に対して，投資会社の個別財務諸表上で債務保証損失引当金を計上している場合，連結財務諸表上は見合いの負債（「持分法適用に伴う負債」）が計上されているため，引当金は戻し入れる。ただし，持分法上の債務超過額を戻入額が上回っている場合，持分法上の欠損負担額が不足している可能性があり，個別財務諸表上の引当金の全額が戻し入れられないこともある（持分法実務指針21項なお書き）。

⑥　関連当事者との取引に関する開示

　企業会計基準適用指針第13号「関連当事者の開示に関する会計基準の適用指針」第8項また書きでは，債務保証損失引当金の期末残高や繰入額も関連当事者との取引に関する開示の対象とされている。

52 第 I 部 引当金をめぐる基本事項

このため，会社法計算書類においては子会社を含む関連当事者を主たる債務者とする当該引当金等について，有価証券報告書（連結財務諸表）においては連結子会社を除く関連当事者を主たる債務者とする当該引当金等について，それぞれ重要性がある場合に関連当事者との取引に関する開示の対象となる。

第**3**章

表示・開示

1 ┃ 貸借対照表における表示

　注解18において，引当金は期末における残額を，資産の部または負債の部に記載することを求められている。

（1）　資産の部における表示区分および表示方法

　引当金のうち，資産評価に係る引当金のことを評価性引当金といい，売掛金や貸付金の回収不能見込額について設定される貸倒引当金がその代表的な例である。このような評価性引当金は，資産の部の控除項目として財務諸表本表（貸借対照表）の流動資産または投資その他の資産の区分にて表示され，個別財務諸表，連結財務諸表，四半期財務諸表または四半期連結財務諸表（以下，本章において「各財務諸表」という。）における表示区分に相違はない。

　各財務諸表における表示方法について，財務諸表等規則，連結財務諸表規則，四半期財務諸表等規則および四半期連結財務諸表規則の規定をまとめると図表Ⅰ－3－1のとおりとなる。

　なお，本章の事例調査では，2017年4月から2018年3月に決算を迎えた東証一部上場会社（日本基準適用会社に限る。以下，本章において「対象会社」という。）1,912社の有価証券報告書を母集団としている。対象会社について，連結貸借対照表または貸借対照表の資産の部における引当金の開示状況を調査したところ，貸倒引当金のほかに図表Ⅰ－3－2の引当金が，流動資産または投資その他の資産の区分に計上されていた。

54　第Ⅰ部　引当金をめぐる基本事項

図表Ⅰ－3－1	資産の部における引当金の表示方法

表示方法	参照条文等
当該各資産科目に対する控除科目として，当該各資産科目別に引当金の設定目的を示す名称を付した科目をもって掲記	財規20条1項本文，34条，連結財規24条，31条，四半期財規31条，38条，四半期連結財規36条，43条
引当金を，各資産科目に対する控除科目として一括して控除	財規20条1項1号，34条，連結財規24条，31条，四半期財規31条，38条，四半期連結財規36条，43条
引当金を，資産の金額から直接控除し，その控除残高を各資産の金額として表示(＊)	財規20条1項2号，34条，連結財規24条，31条，四半期財規31条，38条，四半期連結財規36条，43条

（＊）　各資産科目別に引当金の額を注記する必要がある（財規20条2項，34条，連結財規24条，31条，四半期財規31条，38条，四半期連結財規36条，43条）。
　　なお，連結財務諸表を作成している場合，資産から直接控除した引当金の額は記載を要しない（財規20条3項）。

図表Ⅰ－3－2	資産の部に計上されている引当金の科目名

科目名	
投資損失引当金	生産物回収勘定引当金
関係会社投資損失引当金	探鉱投資引当金
投資評価引当金	海外投資等損失引当金
投資等損失引当金	関係会社投資等損失引当金

　また，連結財務諸表作成会社のうち，会計監査人を設置している会社（特例財務諸表提出会社）[1]は会社法の要求水準に合わせた財務諸表の様式によることができる（財規1条の2，127条1項）。原則的な取扱いによる場合と，会社法の要求水準によった場合との比較については，後記図表Ⅰ－3－14（P.74参照）のとおりであり，基本的に両者の間に差異はない。

1　財務諸表等規則第2条に定められる別記事業を営む会社については，取扱いが異なる（財規1条の2）。

第3章 表示・開示 55

（2） 負債の部における表示区分および表示方法

① 負債の部における表示区分

　前記「（1）資産の部における表示区分および表示方法」において述べた評価性引当金以外の引当金は，貸借対照表の負債の部に計上される。引当金を負債の部に計上する場合，どの区分にどのようなものを表示するかについての規定は，各財務諸表について相違はない。各財務諸表における表示区分に関する規定をまとめると，図表Ⅰ－3－3のとおりとなる。

図表Ⅰ－3－3 負債の部における引当金の表示区分

	内容	表示区分	参照条文等
ⅰ	通常，1年以内に使用が見込まれる場合	流動負債	財規47条4号，連結財規36条，四半期財規43条，四半期連結財規48条
ⅱ	通常，1年を超えて使用が見込まれる場合	固定負債	財規51条，連結財規36条，四半期財規43条，四半期連結財規48条
ⅲ	ⅱのうち，1年内にその一部の金額の使用が見込まれるが，使用額を正確に算定できない場合	固定負債	財規ガイドライン52－1－6本文，連結財規ガイドライン38－1－5本文，四半期財規ガイドライン45－1－3本文，四半期連結財規ガイドライン50－1－3
ⅳ	ⅲのうち，その全部または大部分が1年内に使用されることが確実に見込まれる場合	流動負債	財規ガイドライン52－1－6ただし書き，連結財規ガイドライン38－1－5ただし書き，四半期財規ガイドライン45－1－3ただし書き，四半期連結財規ガイドライン50－1－3

56　第Ⅰ部　引当金をめぐる基本事項

②　負債の部における表示方法

ⅰ　負債の部における表示方法の規定

　引当金を負債の部に掲記する場合の表示方法を各財務諸表についてまとめたものが図表Ⅰ－3－4となる。

ⅱ　財務諸表等規則における表示規則

　図表Ⅰ－3－4に記載のとおり，財務諸表等規則において，引当金は当該引当金の設定目的を示す名称を付した科目，すなわち引当金の内容がわかる科目名によって表示することが求められており，重要性による表示の省略規定はない。

図表Ⅰ－3－4　各財務諸表の負債の部における引当金の表示方法

種類	表示方法	参照条文等
財規	当該引当金の設定目的を示す名称を付した科目をもって掲記する。	財規49条4項，52条3項
連結財規	（原則）当該引当金の設定目的を示す名称を付した科目をもって掲記する。	連結財規37条4項本文，38条3項
	（容認）金額が少額なもので，他の項目に属する負債と一括して表示することが適当であると認められるものについては，適当な名称を付した科目をもって一括して掲記する。	連結財規37条4項ただし書き，38条3項
四半期財規	（原則） 引当金として表示する。 （別掲規定）	四半期財規44条1項4号，3項，45条1項3号，3項
四半期連結財規	負債および純資産の合計額の1％を超えるものがある場合には，当該引当金の設定目的を示す名称を付した科目をもって掲記する。	四半期連結財規49条1項4号，3項，50条1項3号，3項

図表Ⅰ－3－5　負債の部における引当金の表示の比較（財規と会社法）

原則的な表示	会社法の要求水準に合わせた場合の表示
当該引当金の設定目的を示す名称を付した科目をもって掲記する（財規49条4項，52条3項）。	原則として「引当金」という科目を適当な項目に細分化することが求められる（会社計算規則75条2項1号ニ，75条2項2号ハ）。

なお，特例財務諸表提出会社は会社法の要求水準に合わせた財務諸表の様式によることができる（財規1条の2，127条1項）。原則的な取扱いによる場合と，会社法の要求水準によった場合との比較については，図表I-3-5のとおりである。

iii　連結財務諸表規則における表示規則

連結財務諸表規則においても，引当金は当該引当金の設定目的を示す名称を付した科目，すなわち引当金の内容がわかる科目名によって表示することが求められている。一方で，財務諸表等規則と異なり，重要性による一括掲記が認められている。この規定は，金額が少額な他の引当金との一括掲記を認める趣旨のものであり，一般的には，「その他の引当金」等の科目により掲記することができると考えられる[2]。

対象会社の有価証券報告書を分析したところ，連結財務諸表において「その他の引当金」[3]の科目をもって引当金を表示している会社が1,912社中69社あった。

iv　四半期財務諸表等規則および四半期連結財務諸表規則における表示規則

四半期財務諸表等規則と四半期連結財務諸表規則には，引当金の負債の部における表示について，同様の規定がある。負債および純資産の合計額の1％を超えるものがある場合には，当該引当金の設定目的を示す名称を付した科目，すなわち引当金の内容がわかる科目名によって掲記することとなる。前記「iii　連結財務諸表規則における表示規則」にて記載した連結財務諸表規則のような金額が少額な他の引当金との一括掲記に関する規定はないが，負債および純資産の合計額の1％以下の引当金については，当該負債を示す名称，すなわち「引当金」として表示することになる。

なお，対象会社が，連結会計年度または事業年度内において提出した第1四半期報告書について事例調査を行ったところ，貸借対照表または連結貸借対照表において，流動負債もしくは固定負債またはその双方に「引当金」の科目名で引当金を計上している会社は1,912社中163社であった。

2　『連結財務諸表規則逐条詳解』平松朗・金子裕子・柳川俊成・大橋英樹著，中央経済社，PP.517〜518

3　「その他の引当金」として掲記する方法以外に，同一の表示区分に他の引当金が掲記されていない場合，重要性のない引当金を「引当金」として一括掲記している事例が数件見受けられた。

58　第Ⅰ部　引当金をめぐる基本事項

2 ▐ 損益計算書における表示

　注解18において，引当金は当期の負担に属する金額を当期の費用または損失
として繰り入れることが求められている。

（1）　引当金繰入額の表示区分および表示方法

①　規則における引当金繰入額の表示

　引当金の繰入額の表示について，財務諸表等規則および連結財務諸表規則に
は，その設定目的および引当金繰入額であることを示す名称を付した科目を
もって別に掲記する旨の規定があるが（財規98条，連結財規66条1項），四半
期財務諸表等規則および四半期連結財務諸表規則には特段の規定はない。引当
金繰入額は，費用または損失の性質により計上区分が決定され，損益計算書の
各区分に計上される引当金の代表的な例は図表Ⅰ－3－6のとおりである。

②　売上原価に含まれる引当金繰入額の表示方法

ⅰ　財務諸表等規則における表示規則

　個別財務諸表上，売上原価は期首たな卸高と当期商品仕入高または当期製品
製造原価の合計から期末たな卸高を控除する形式で表示される（財規75条1
項）。一方で，引当金繰入額は，その設定目的および引当金繰入額であること
を示す名称を付した科目，すなわちどのような引当金に対する繰入額であるか
がわかるような科目名をもって区分掲記する旨の規定がある（財規98条）[4]。

　前記「第1章　日本基準の定め　2　引当金の計上（発生の認識）」において述
べたとおり，引当金はその計上過程において見積りが行われ，その判断には一
定の幅がある。このような見積りに基づき期間損益計算に算入される引当金繰
入額について，財務諸表等規則第98条により，適切に開示することを求めたも
のと考えられる。この趣旨から考えると，財務諸表等規則第75条第1項に沿っ
た表示を行ったうえで，売上原価に含まれる引当金繰入額を何らかの形で明ら
かにすることが望ましいといえる。

　そこで，財務諸表等規則第98条の趣旨に対応する方法として，製造原価明細

---

　[4]　個別財務諸表上，売上原価に含まれる工事損失引当金については，その金額を注記する
　　　旨の規定が別途存在する（財規76条の2第1項）。ただし，連結財務諸表作成会社では注
　　　記が免除される（財規76条の2第2項）。

第3章 表示・開示　59

図表Ⅰ-3-6	損益計算書の各区分に計上される引当金の代表的な例

計上区分	計上される費用または損失の性質	引当金繰入額の例
売上原価	売上高に対応する商品等の仕入原価または製造原価 （企業会計原則　第二　三　C）	工事損失引当金繰入額，工場従業員に対する賞与引当金繰入額
販売費及び一般管理費	企業の営業活動から生ずる費用 （企業会計原則　第二　二　A）	営業債権に対する貸倒引当金繰入額，従業員への賞与引当金繰入額（売上原価に含まれるものを除く。）
営業外費用	営業活動以外から生ずる費用または損失（企業会計原則　第二　二　B）	営業外債権である貸付金等に対する貸倒引当金繰入額，投資損失引当金繰入額（特別損失に含まれるものを除く。），債務保証損失引当金繰入額（特別損失に含まれるものを除く。）
特別損失	臨時的に発生する費用または損失（企業会計原則注解【注12】）(＊1)	災害損失引当金繰入額，訴訟損失引当金繰入額(＊2)(＊3)

（＊1）　企業会計原則注解【注12】には，特別損失の例として臨時的なもののほか，前期損益修正項目が挙げられているが，過年度遡及会計基準の適用により，過年度に計上された引当金の見積不足額は，原則として販売費及び一般管理費または営業外費用として計上することが求められるようになったため，表中には記載していない（過年度遡及会計基準55項なお書き）。

（＊2）　企業会計原則注解【注12】では，特別損失に属する項目でも，金額の僅少なもの，または毎期経常的に発生するものは，営業外費用に含めて計上することができる旨の定めがある。

（＊3）　特別損失に計上される引当金繰入額は，臨時的かつ巨額に発生したという一般的な特別損失の計上要件を満たすものに限られる（企財審査NEWS第6-1号2参照）。

書または売上原価明細書において，内訳として引当金繰入額を掲記することが考えられる。

　個別財務諸表では，当期製品製造原価の内訳を記載した製造原価明細書を損益計算書に添付することが求められる（財規75条2項）。また，売上原価を財務諸表等規則第75条第1項の規定に沿って記載することが困難な場合，その内訳を売上原価明細書として損益計算書に添付することになる（財規77条）。

　以下は売上原価明細書において，引当金繰入額を掲記している事例である。

60　第Ⅰ部　引当金をめぐる基本事項

会社名：日本通運㈱（2018年３月31日：有価証券報告書）

【売上原価明細書】		前事業年度 （自 平成28年４月１日 至 平成29年３月31日）		当事業年度 （自 平成29年４月１日 至 平成30年３月31日）	
区分	注記 番号	金額（百万円）	構成比 （%）	金額（百万円）	構成比 （%）
人件費		246,162	25.0	244,551	23.8
（うち賞与引当金繰入額）		(12,282)		(13,297)	
（うち退職給付費用）		(15,950)		(13,513)	
経費					
利用運送費		103,553		128,359	
傭車費		187,732		196,334	
～略～					

　なお，連結財務諸表を作成している会社では，連結財務諸表上，連結財務諸表規則第15条の２第１項に規定されるセグメント注記を記載している場合，製造原価明細書の作成を要しないこととされているため，一部の会社では製造原価明細書においても，内訳として引当金繰入額が掲記されないこととなる（財規75条２項）。一方，売上原価明細書については，作成を要しない旨の定めは設けられていないため，作成が必要となる点に留意が必要である。

　また，特例財務諸表提出会社の場合，会社法の要求水準に合わせた財務諸表の様式によることができる（財規１条の２，127条１項）。原則的な取扱いによる場合と，会社法の要求水準によった場合との比較については，図表Ⅰ－３－７のとおりである。

ⅱ　連結財務諸表規則における表示規則

　連結財務諸表上，売上原価は売上原価等の名称をもって一括掲記することとされている（連結財規52条）。一方で，財務諸表等規則第98条と同様の規定により，引当金繰入額は，その設定目的および引当金繰入額であることを示す名称を付した科目，すなわちどのような引当金に対する繰入額であるかがわかるような科目名をもって区分掲記することが求められる（連結財規66条１項）。

　なお，連結財務諸表には，個別財務諸表のように製造原価明細書や売上原価明細書を添付することが求められていないことから，売上原価に含まれる引当

第3章 表示・開示 61

図表Ⅰ−3−7	売上原価に含まれる引当金繰入額の表示の比較（財規と会社法）

原則的な表示	会社法の要求水準に合わせた場合の表示
売上原価は，期首たな卸高と当期商品仕入高または当期製品製造原価の合計から期末たな卸高を控除する形式で表示される（財規75条1項）。ただし，売上原価明細表等での内訳の記載など，何らかの方法で売上原価に含まれる引当金繰入額を明確にすることが望ましい（財規98条参照）。	引当金繰入額が必ずしも区分掲記を求められていないため，この場合には，売上原価明細書等において，内訳として引当金繰入額を掲記しないことも考えられる。

金繰入額を明らかにする方法としては，注記が考えられる[5]。

　また，連結財務諸表規則には，引当金繰入額の金額が少額な場合，他の科目と一括して表示することが適当な科目については，適当な名称を付した科目をもって一括して掲記できる旨の規定も存在する（連結財規66条2項）。よって，少額な引当金繰入額については，他の引当金繰入額と一括して「その他の引当金繰入額」といった科目により掲記することができると考えられる[6]。

ⅲ　四半期財務諸表等規則および四半期連結財務諸表規則における表示規則

　四半期財務諸表等規則および四半期連結財務諸表規則において，売上原価は売上原価を示す名称を付した科目をもって掲記することが求められている（四半期財規59条，四半期連結財規67条）。四半期財務諸表等規則および四半期連結財務諸表規則には，財務諸表等規則および連結財務諸表規則と異なり，引当金繰入額について区分掲記を求める規定はない。

③　**販売費及び一般管理費に含まれる引当金繰入額の表示方法**

　販売費及び一般管理費の表示方法には2通りの方法があり，その内容は以下のとおりである。

5　売上原価に含まれる工事損失引当金については，その金額を注記する旨の規定が別途存在する（連結財規52条の2）。

6　『連結財務諸表規則逐条詳解』平松朗・金子裕子・柳川俊成・大橋英樹著，中央経済社，PP.653〜654

62　第Ⅰ部　引当金をめぐる基本事項

> ⅰ　適当と認められる費目に分類し，当該費用を示す名称を付した科目，すなわち
> 　費用の内容がわかるような科目名によって掲記する方法（財規85条1項本文，連
> 　結財規55条1項本文，四半期財規61条1項本文，四半期連結財規69条1項本文）
> ⅱ　販売費の科目もしくは一般管理費の科目または販売費及び一般管理費の科目
> 　に一括して掲記し，その主要な費目および金額を注記する方法（財規85条1項
> 　ただし書き，連結財規55条1項ただし書き，四半期財規61条1項ただし書き，
> 　四半期連結財規69条1項ただし書き）

　また，上記ⅰ，ⅱの方法により，各財務諸表の販売費及び一般管理費に計上

図表Ⅰ-3-8　販売費及び一般管理費に計上される引当金繰入額の表示方法

種類	ⅰ　本表に区分掲記する場合	ⅱ　本表に一括掲記する場合
個別財務諸表	本表にて区分掲記する（財規85条1項本文，98条）。	主要な費目として注記において表示する（財規85条1項ただし書き，2項，98条参照）。
連結財務諸表	本表にて区分掲記する（連結財規55条1項本文，66条1項）。ただし，金額が少額な場合，他の引当金と一括して表示することもできる(＊1)（連結財規66条2項）。	金額が少額であるものを除き，主要な費目として注記において表示する（連結財規55条1項ただし書き，2項）。
四半期財務諸表(＊2)	当該費用を示す名称を付した科目をもって掲記する（四半期財規61条1項本文）。	金額が少額であるものを除き，主要な費目として注記において表示する（四半期財規61条1項ただし書き，2項）。
四半期連結財務諸表(＊2)	当該費用を示す名称を付した科目をもって掲記する（四半期連結財規69条1項本文）。	金額が少額であるものを除き，主要な費目として注記において表示する（四半期連結財規69条1項ただし書き，2項）。

（＊1）　『連結財務諸表規則逐条詳解』平松朗・金子裕子・柳川俊成・大橋英樹著，中央経
　　　済社，PP.653〜654
（＊2）　第1，第3四半期報告書においては，販売費及び一般管理費を一括掲記し，その費
　　　目およびその金額を注記しないことが認められている（四半期財規61条3項，四半期
　　　連結財規69条3項）。

第3章　表示・開示　63

される引当金繰入額の取扱いは図表Ⅰ－3－8のとおりとなる。

　なお，特例財務諸表提出会社の場合，会社法の要求水準に合わせた財務諸表の様式によることができる（財規1条の2，127条1項）。原則的な取扱いによる場合と，会社法の要求水準によった場合との比較については，図表Ⅰ－3－9のとおりである。ただし，会社法の要求水準によった場合でも，財務諸表本表において販売費及び一般管理費として一括掲記した場合の内訳の注記については，引き続き記載が求められる点に留意が必要である。

| 図表Ⅰ－3－9 | 販売費及び一般管理費として計上される引当金繰入額の表示の比較（財規と会社法） |

原則的な表示	会社法の要求水準に合わせた場合の表示
以下のいずれかの方法による。 ⅰ　本表にて区分掲記（財規85条1項本文，98条） ⅱ　本表は一括掲記し，主要な費目として注記（財規85条1項ただし書き，2項，98条参照）	必ずしも区分掲記は求められない。

④　営業外費用または特別損失として計上される引当金繰入額の表示方法

　営業外費用または特別損失として計上される引当金繰入額について，財務諸表等規則および連結財務諸表等規則上は引当金繰入額を区分掲記することを求める規定があるため（財規98条，連結財規66条1項），規則上，引当金繰入額をその他などに含めることは認められていない。

　ただし，連結財務諸表規則上は少額な引当金繰入額については，他の引当金繰入額と一括して「その他の引当金繰入額」等の科目により区分掲記することができると考えられる[7]（連結財規66条2項）。

　また，四半期財務諸表等規則，四半期連結財務諸表規則上には，引当金繰入額の区分掲記の規定がないため，一般的な営業外費用または特別損失の掲記基準に準じて表示することとなる（四半期財規64条，67条，四半期連結財規72条，75条）。

---

[7]　『連結財務諸表規則逐条詳解』平松朗・金子裕子・柳川俊成・大橋英樹著，中央経済社，PP.653～654

64　第Ⅰ部　引当金をめぐる基本事項

　なお，特例財務諸表提出会社の場合，会社法の要求水準に合わせた財務諸表の様式によることができる（財規1条の2，127条1項）。原則的な取扱いによる場合と，会社法の要求水準によった場合との比較については，図表Ⅰ-3-10のとおりである。

図表Ⅰ-3-10	営業外費用または特別損失として計上される引当金繰入額の表示の比較（財規と会社法）	
原則的な表示	**会社法の要求水準に合わせた場合の表示**	
本表にて区分掲記する（財規98条）。	必ずしも区分掲記は求められない。	

（2）　引当金戻入額の表示区分および表示方法

　前記「第1章 日本基準の定め　4 引当金の取崩し（消滅の認識）」で述べたとおり，計上された引当金は見積りの対象となった事象が発生した場合，または注解18の要件を満たさなくなった場合には取り崩される。

　このような引当金の取崩しや，見積金額が再計算された期に，引当金戻入額が計上される可能性がある。引当金戻入額の計上が想定されるケースとして，以下のようなものが考えられる。

＜引当金戻入額の計上が想定されるケース＞

> ●引当金の額が，事象の発生により確定した実績額を上回っているため，取り崩された場合
> ●引当金が注解18の要件を満たさなくなり，引当金が取り崩された場合
> ●引当金の額が会計期間末に見直され，再計算された額を上回っている場合
> ●引当金の額が，引当金の見積方法が変更され再計算された額を上回っている場合

　過去において，このような戻入額は前期損益修正項目とされ，基本的には特別利益の区分に計上されていたが（企業会計原則注解【注12】），過年度遡及会計基準の適用により，販売費及び一般管理費もしくは営業外費用の控除項目，または営業外収益として計上されることとなった（過年度遡及会計基準55項な

第3章 表示・開示 65

お書き）。

　戻入に際して，その金額が臨時的なものである場合なども想定されるが，特別利益の区分に計上することについては慎重に判断すべきといえる。

　また，引当金戻入額の計上については，財務諸表等規則，連結財務諸表規則，四半期財務諸表等規則，または四半期連結財務諸表規則のいずれにも，引当金繰入額のような区分掲記を求める規定（財規98条など）はないことから，他の一般的な計上科目と同様の取扱いをするものと考えられる。

　なお，特例財務諸表提出会社の場合，会社法の要求水準に合わせた財務諸表の様式によることができる（財規1条の2，127条1項）。原則的な取扱いによる場合と，会社法の要求水準によった場合との比較については，図表Ⅰ－3－11のとおりである。

| 図表Ⅰ－3－11 | 引当金戻入額の表示の比較（財規と会社法） |

原則的な表示	会社法の要求水準に合わせた場合の表示
引当金繰入額のような区分掲記を求める定めはないことから，他の一般的な計上科目と同様の取扱いとなる（財規98条参照）。	必ずしも区分掲記は求められない。

3 ▎各財務諸表における引当金に関する注記事項

（1）　引当金の計上基準の注記

　引当金の計上基準は，重要な会計方針として注記される（企業会計原則注解【注1－2】）。財務諸表等規則および連結財務諸表規則において，各引当金の計上の理由，計算の基礎その他設定の根拠の記載が求められる（財規8条の2第6号，財規ガイドライン8の2－6，連結財規13条5項3号，連結財規ガイドライン13－5）[8]。一方で，四半期財務諸表等規則，四半期連結財務諸表規則では，重要な会計方針の注記が求められていない。

　また，財務諸表等規則および連結財務諸表規則において，退職給付引当金

8　退職給付引当金の表示・開示については，前記「第2章 日本基準で会計基準において
　定めがある主なもの 2 退職給付引当金（5）表示・開示」を参照のこと。

（連結財務諸表上では退職給付に係る負債）を除き，上記以上の詳細な規定はなく，引当金研究資料における具体的事例の分析結果でも，当該注記に関する多くが定型的な記載に留まっている旨，指摘されている（引当金研究資料3(1)②）。

なお，前期はある引当金を計上し，当該引当金の計上基準を開示していたが，当期になり引当金の計上対象となる事実がなくなり，引当金を計上しなくなった場合，原則として，当該引当金の計上基準は注記されない。ただし，前期に計上していた引当金の重要性が高く，当該引当金の計上基準を開示することが，財務諸表利用者の意思決定に資するものであり，企業の業績等に関する適正な判断のために必要である場合は，注記が求められる（会計制度委員会研究報告第14号「比較情報の取扱いに関する研究報告（中間報告）」Ⅱ1のA）。

さらに，特例財務諸表提出会社の場合，会社計算規則の規定をもって注記できる（財規1条の2，127条2項）。原則的な取扱いによる場合と，会社法の要求水準によった場合との比較は，後記図表Ⅰ-3-14のとおりである。

（2） 引当金に係る会計上の変更に関する注記

① 会計上の見積りの変更に関する注記

引当金について，会計上の見積りの変更を行った場合，原則として，変更の内容および影響額を注記することが求められる（過年度遡及会計基準18項）。

このような引当金に関する会計上の見積りの変更に関して，過年度遡及会計基準の適用前は，会計上の見積りの変更の際に，改正前追加情報取扱い3(1)①の定めに基づき，必要な注記が行われていたものと考えられる。しかしながら，引当金の見積りの変更において，債務者の支払能力に変更があった場合の貸倒引当金の計上金額の変更などのように，事実の変更という要素が強い場合には，これまでの実務においても特に注記は行われてこなかったと考えられる[9]。

会計上の見積りの変更に関しては，過年度遡及会計基準の導入により，注記に係る取扱いも含めて，従来の実務に変更をもたらすものではないとされている（過年度遡及会計基準39項）。このため，たとえば従来注記されていなかったような引当金に関する会計上の見積りの変更のケースでは，過年度遡及会計基準の適用後も，引き続き特段の注記は必要ないものと考えられる[10]。

9　2009年2月12日開催　第171回企業会計基準委員会　議事要旨(2)より（同委員会の会員サイトでのみ公表されている。）

第3章　表示・開示　67

　なお，2016年4月から2018年3月までに決算期を迎えた日本基準を適用している東証一部上場企業1,959社を対象に，有価証券報告書上，引当金に係る会計上の見積りの変更に関する注記が記載されている事例の有無について調査した。

　結果は図表I－3－12のとおりである。

　会計上の見積りを変更した理由として，合理的な見積りが可能になったことや，より精緻な見積りが可能になったことを挙げている企業が多く見られた

図表I－3－12 引当金について会計上の見積りの変更に注記している企業	

計上科目	会社数（＊）
環境対策引当金	9
退職給付に係る負債・退職給付引当金	9
商品保証引当金・製品保証引当金	6
リストラクチャリング関連引当金	3
貸倒引当金	3
偶発損失引当金	2
リース契約損失引当金	1
家賃保証引当金	1
海底配管損傷に係る引当金	1
固定資産解体費用引当金	1
厚生年金基金解散損失引当金	1
特別修繕引当金	1
独占禁止法関連損失引当金	1
返品調整引当金	1
合計	40

（＊）　同一年度において，連結財務諸表および個別財務諸表で同一の引当金について注記されている場合，あわせて1とカウントしている。また，2年連続で同一の企業について同一の科目について注記がある場合，それぞれを1とカウントしている。

10　『過年度遡及処理の会計・法務・税務（第2版）』新日本有限責任監査法人・森・濱田松本法律事務所・新日本アーンスト アンド ヤング税理士法人編，中央経済社，P.442

68　第Ⅰ部　引当金をめぐる基本事項

（退職給付に係る負債（または退職給付に係る資産）に関する簡便法から原則法への変更を含む。）。また，環境対策引当金について注記した会社が多く見られるのは，「ポリ塩化ビフェニル廃棄物の適正な処理に関する特別措置法」の改正（2016年8月1日施行）という外部環境の変化があったためと考えられる。

　引当金に関する会計上の見積りの変更について，注記の要否の検討は，金額的重要性や期間比較可能性，企業間比較可能性など，さまざまな要件を総合的に勘案して行われていることが見てとれる。

② 会計方針の変更に関する注記

　会計基準等の改正に伴う場合や，その他正当な理由により引当金の計上基準が変更された場合，会計方針の変更に該当し，原則として変更による影響は遡及適用される（過年度遡及会計基準5項，6項）。会計基準等の変更に伴う会計方針の変更の場合は，過年度遡及会計基準第10項に基づく注記が，その他正当な理由による変更の場合は過年度遡及会計基準第11項に基づく注記が求められる。

　なお，新たな事実の発生に伴い引当金を計上する場合は，会計方針の変更には当たらないが，金額的または性質的に重要な場合は，追加情報として記載することが考えられる（財規8条の5，連結財規15条，四半期財規22条，四半期連結財規14条，追加情報取扱い7項）。

（3）　引当金明細表の作成

　個別財務諸表については，引当金明細表を作成することが求められている（財規121条1項5号）。財規様式第十四号に示される様式は以下のとおりであり，重要性により作成を省略することが認められる有価証券明細表（財規124条）などのように，省略を認める規定はない。

第3章 表示・開示　69

【引当金明細表】

区分	当期首残高 （円）	当期増加額 （円）	当期減少額 （目的使用） （円）	当期減少額 （その他） （円）	当期末残高 （円）

　引当金明細表においては，同一の引当金について当期増加額と当期減少額は相殺せずに記載することが求められており（財規ガイドライン121－1－5），当期減少額のうち，目的使用の欄には引当金の設定目的である支出や，事実の発生による取崩額が記載される（財規様式第十四号（記載上の注意）2）。また，当期減少額（その他）の欄には，引当金が注解18の要件を満たさなくなった場合の取崩額など，目的使用以外の理由による減少額が記載され，減少の理由を注記することが求められる（財規様式第十四号（記載上の注意）3）。さらに，退職給付引当金については，明細表への記載対象から除外されている（財規様式第十四号（記載上の注意）1）。

　なお，引当金明細表を作成する旨の規定は財務諸表等規則にのみ存在し，連結財務諸表規則，四半期財務諸表等規則，四半期連結財務諸表規則にはない。

　さらに，特例財務諸表提出会社では，会社法の要求水準に合わせた新たな様式による引当金明細表を作成することができる（財規127条1項5号，様式第十四号の二）。この場合の引当金明細表の様式は以下のとおりである。

【引当金明細表】

（単位：円）

科　目	当期首残高	当期増加額	当期減少額	当期末残高

　上記様式第十四号の二によって引当金明細表を作成する場合，期首または期

70　第Ⅰ部　引当金をめぐる基本事項

末のいずれかに引当金の残高がある場合にのみ作成が求められ，また，退職給付引当金については記載を要しない（財規様式第十四号の二（記載上の注意）1）。

（4）　偶発債務に関する注記

　偶発債務とは，将来何らかの事由により当該企業の負担となる可能性のある債務であって，いまだ現実に債務として確定していないものをいう[11]。規則では，以下の項目について，重要性の乏しいものを除き，当該偶発債務の内容および金額を注記することを求めている（財規58条，財規ガイドライン58，連結財規39条の2，連結財規ガイドライン39の2，四半期財規46条，四半期財規ガイドライン46，四半期連結財規51条，四半期連結財規ガイドライン51）。

- ●債務の保証（債務の保証と同様の効果を有するものを含む。）
- ●係争事件に係る賠償義務
- ●その他現実に発生していない債務

　偶発債務であっても，注解18の要件を満たすものは引当金として計上される。このため，発生可能性が高いとはいえない偶発債務，および発生可能性が高くても金額を合理的に見積ることができない偶発債務について，注記が行われることになる。

　ここで，損失の発生可能性が低い場合の注記の要否について，保証債務に関しては契約等でその義務性が明確であるため注記を要するとされているが（債務保証取扱い4(3)），係争事件に係る将来の損失に関しては，提訴のみで将来の賠償義務が生じているとまではいえないとも考えられる。すなわち，発生可能性が低い（またはほとんどない）ものにおいては将来の賠償義務がないことによって，偶発債務の定義を満たしておらず，当該注記を要しないものと考えられる。これらの論点については，2019年5月27日付で日本公認会計士協会より偶発事象研究報告が公表され，考え方の整理が行われている。この研究報告の内容も含め，偶発債務について，引当金計上される場合，注記される場合，そしていずれも不要な場合の整理については，後記「第Ⅱ部 16 訴訟損失引当金　図表Ⅱ-16-3」を参照されたい。

　なお，特例財務諸表提出会社の場合，会社計算規則の規定をもって注記する

11　『最新財務諸表論（第11版）』武田隆二著，中央経済社，P.595

第3章　表示・開示　71

ことができる（財規1条の2，127条2項）。原則的な取扱いによる場合と，会社法の要求水準によった場合との比較は，後記図表I－3－15のとおりである。

（5）　後発事象に関する注記

①　後発事象の定義

　後発事象とは，決算日後に発生した会社の財政状態，経営成績およびキャッシュ・フローの状況に影響を及ぼす会計事象のことである（後発事象取扱い2(4)）。後発事象には，修正後発事象と開示後発事象の2つが存在し，それぞれの定義および会計上の取扱いは図表I－3－13のとおりである（後発事象取扱い3(1)，(2)）。

　なお，決算日後の事象を修正後発事象と判断するか，開示後発事象と判断するかにより，期間損益計算が異なってくるため，慎重に判断すべきと考えられる。

図表I－3－13　後発事象の定義と会計上の取扱い

名称	内容	会計上の取扱い
修正後発事象	決算日後に発生した事象のうち，実質的発生原因が期末日においてすでに存在しているもの	当該事業年度の財務諸表の修正を行う。
開示後発事象	決算日後において発生し，当該事業年度の財務諸表には影響を及ぼさないが，翌事業年度以降の財務諸表に影響を及ぼすもの	重要なものは当該事業年度の財務諸表に注記を行う（財規8条の4，連結財規14条の9，四半期財規8条，四半期連結財規13条）。

②　引当金に関する修正後発事象の取扱い

　修正後発事象は，決算日後に発生した会計事象ではあるが，その実質的な原因が決算日現在においてすでに存在しており，決算日現在の状況に関連する会計上の判断ないし見積りをするうえで，追加的ないしより客観的な証拠を提供するものとして考慮しなければならない会計事象である（後発事象取扱い4(1)）。

　引当金に関しては，事象の発生により見積りのための客観的な証拠が提供され，すでに計上されている引当金の見積額が見直されることが想定される。引当金に関する修正後発事象の例としては，以下のようなものが考えられる。

72　第Ⅰ部　引当金をめぐる基本事項

<新たに見積りのための客観的な証拠が提供されるケース>

- ●決算日後に重要な取引先が倒産したが，倒産の実質的な原因（経営状態の悪化）が決算日時点で存在している場合
- ●決算日後に訴訟について，敗訴または支払いを伴う和解が確定した場合

③　引当金に関連する開示後発事象の取扱い

　開示後発事象は，実質的発生原因が決算日現在に存在せず，新たな事実が発生したものと考えられ，当期の財務諸表には影響がなく，翌期以降の財務諸表にのみ影響を及ぼす事象である。このような事象は，会社の財政状態，経営成績およびキャッシュ・フローの状況に関する的確な判断に資するため，当該事業年度の財務諸表に注記を行うことが求められる（財規8条の4，連結財規14条の9，四半期財規8条，四半期連結財規13条）。

　具体的な注記内容について規則上の定めはないが，後発事象取扱い付表2において例示されているので参照されたい。

　なお，引当金に関連する開示後発事象の例としては以下のようなものが考えられる。

- ●決算日後に発生した予見し得ない事象（災害など）により，取引先の信用の状況が変化した場合
- ●決算日後に災害が発生し，会社の建物，設備が滅失，毀損した場合

4 ┃ 会社法における引当金の表示・開示

（1）　概要

　会社法において，株式会社の会計は，一般に公正妥当と認められる企業会計の慣行に従うものとされ（会社法431条），また，会社計算規則第3条においては，会社計算規則上の用語の解釈および規定の適用に関しては，一般に公正妥当と認められる企業会計の基準その他の企業会計の慣行をしん酌しなければならないと規定されている。

　上記の規定より，会社法および会社計算規則は，独自にルールを定めても差

第3章 表示・開示 **73**

し支えないものを除いて，一般に公正妥当と認められる企業会計の慣行に反しないように規定が定められている[12]。このことから，財務諸表等規則等により作成される財務諸表と会社法に基づき作成される計算書類における引当金の表示および開示が著しく異なることはないが，いくつかの点において，相違が見られる。

（2） 本表における表示

① 本表に関する財務諸表等規則と会社計算規則の比較

会社法に基づく計算書類の本表において，引当金，引当金繰入額および引当金戻入額がどのように表示されるのかについて，財務諸表等規則と会社計算規則とを比較したのが図表Ⅰ－3－14である。

② 資産の部に計上される引当金

前記のとおり，財務諸表等規則と会社計算規則の規定は基本的に同じである。よって，引当金を，各資産科目に対する控除科目として一括して控除した場合の，一括した引当金の金額，および引当金を資産の金額から直接控除し，その控除残高を各資産の金額として表示した場合の引当金の金額は，個別注記表に注記が求められる（会社計算規則103条2号）。しかし，会計監査人を置かない非公開会社においては，注記を要しない（会社計算規則98条2項1号）。

③ 負債の部に計上される引当金

前記のとおり，財務諸表等規則と会社計算規則の規定は基本的に同じであるが，前記図表Ⅰ－3－3のⅲとⅳで示したような，1年内の使用額を正確に算定できない場合の取扱い（財規ガイドライン52－1－6）は，会社計算規則には明文として規定されていない。

④ 損益計算書における引当金繰入額および引当金戻入額の表示

引当金繰入額を販売費及び一般管理費の区分に計上する場合，会社計算規則では，原則として販売費及び一般管理費の名称で表示され（会社計算規則88条1項3号），細分することが適当な場合は，適当な項目に細分することができ

---

12 『2018年版 会社法決算書作成ハンドブック』太田達也著，商事法務，PP.5〜6

74 第Ⅰ部 引当金をめぐる基本事項

| 図表Ⅰ-3-14 | 引当金の表示における財規と会社計算規則の相違点 |

表示内容	財規と会社計算規則の相違点	財規	会社計算規則
資産の部における引当金の表示	財規と会社計算規則の規定は基本的に同じであり，本表または注記において表示することが求められる。	20条1項本文，同ただし書き，2項，34条	78条，103条2号
負債の部における引当金の表示区分（流動負債）	財規では，必ず区分掲記が求められるが，会社計算規則においては，原則として「引当金」という科目を適当な項目に細分化することを求められる。	47条4号，49条4項	75条2項1号二
負債の部における引当金の表示区分（固定負債）		52条1項6号，52条3項	75条2項2号ハ
損益計算書における引当金繰入額の表示	会社計算規則には，財規のような引当金繰入額の区分掲記の規定はない。	98条	区分掲記の規定はない。
損益計算書における引当金戻入額の表示	財規と会社計算規則の規定は基本的に同じであり，財規98条（引当金繰入額）のような区分掲記の規定はない。	区分掲記の規定はない。	区分掲記の規定はない。

るとされている（同項柱書き後段）。

　一方で，販売費及び一般管理費については，附属明細書において明細の作成が求められているため（会社計算規則117条3号），損益計算書において，あえて細分される事例は少ない[13]。したがって，引当金繰入額についても，本表において販売費及び一般管理費として区分掲記されることは少ないと考えられる。また，営業外損益に計上される引当金繰入額および戻入額について，財務諸表等規則においては，当該収益または費用を示す名称を付した科目をもって掲記することが原則となるが（財規90条本文，財規93条本文），会社計算規則では，営業外収益または営業外費用として表示することが原則と規定されており，各

---

13 『2018年版　会社法決算書作成ハンドブック』太田達也著，商事法務，P.219

項目について細分することが適当な場合には，適当な項目に細分することができるという規定になっている（会社計算規則88条1項柱書き後段）。

（3） 注記表および附属明細書

① 注記ならびに附属明細書および附属明細表に関する会社計算規則と財務諸表等規則の比較

会社計算規則においては，注記表を作成することが求められる（会社計算規則98条）。注記表において記載すべき項目のうち，引当金に関するものについて，財務諸表等規則の規定と比較したものが図表Ⅰ－3－15となる。

図表Ⅰ－3－15	引当金に係る注記ならびに附属明細書および附属明細表に関する財規と会社計算規則の相違点

注記内容	財規と会社計算規則の相違点	財規	会社計算規則
引当金の計上基準	会社計算規則には，財規ガイドラインのように，記載すべき項目についての規定はない。	8条の2第6号，ガイドライン8の2－6	101条3号
引当金の明細	会社計算規則では，（個別）計算書類について附属明細書の作成が要求される（会社計算規則117条）。	121条1項5号，127条1項5号	117条2号
販売費及び一般管理費の明細	財規において同様の明細表の作成は求められておらず，会社計算規則において，（個別）計算書類につき作成が求められる。	規定なし	117条3号
偶発債務注記	財規の定めと会社計算規則の規定は基本的に同じである。なお，財規には重要性の乏しいものを省略できる旨規定されているが（財規58条ただし書き），会社計算規則には重要性に関する規定はない。	58条	103条5号

② 引当金の明細

引当金の明細は，上記のとおり，（個別）計算書類の附属明細書として作成

76 第Ⅰ部 引当金をめぐる基本事項

され，その様式は以下のようになっている（会計制度委員会研究報告第9号「計算書類に係る附属明細書のひな型」Ⅲ2）。

i 当期減少額の欄を区分する記載

区分	期首残高	当期増加額	当期減少額		期末残高
			目的使用	その他	
	円	円	円	円	円

ii 当期減少額の欄を区分しない記載

科目	当期首残高	当期増加額	当期減少額	当期末残高
	円	円	円	円

　財務諸表等規則において作成が求められる引当金明細表において，退職給付引当金は除外することとされているが（財規様式第十四号（記載上の注意）1），（個別）計算書類の附属明細書として作成される引当金の明細では，退職給付引当金について，財務諸表等規則第8条の13の規定に準じて退職給付に関する注記を個別注記表に記載しているときは，附属明細書にその旨を記載し，その記載を省略することができるとされている（会計制度委員会研究報告第9号「計算書類に係る附属明細書のひな型」Ⅲ2（記載上の注意）5）。また，引当金の明細は，期首または期末のいずれかに残高がある場合にのみ作成が求められる（会計制度委員会研究報告第9号「計算書類に係る附属明細書のひな型」Ⅲ2（記載上の注意）1）。

第4章

国際財務報告基準
（IFRS）での定め

1 概要

　国際財務報告基準（IFRS）における引当金に係る会計処理等は，国際会計基準（IAS）第37号「引当金，偶発負債及び偶発資産」（以下，本章において「IAS第37号」という。）に定められている[1]。

　また，IAS第37号では，金融商品（IFRS第9号「金融商品」），リース（IFRS第16号「リース」），法人所得税（IAS第12号「法人所得税」）および従業員給付（IAS第19号「従業員給付」）など，他の基準書で取り扱われている引当金等については対象外とされている（IAS第37号5項，2項）。なお，顧客との契約から生じる収益に係る会計処理等に関しては，基本的にIFRS第15号「顧客との契約から生じる収益」が適用となるが，顧客との契約のうち不利なものまたは不利になったものを扱う具体的な要求事項を含んでいないため，この場合のみIAS第37号が適用となる（IAS第37号5項(g)）。

　本章では，IAS第37号の定めについて，その概略を解説する。

1　このほか，いわゆる資産除去債務については，国際財務報告基準解釈指針委員会解釈指針（IFRIC）第1号「廃棄，原状回復及びそれらに類似する既存の負債の変動」が，賦課金（法規制に従って政府により企業に対して課される経済的便益を有する資源の流出）については，IFRIC第21号「賦課金」が適用になるなど，いくつかの解釈指針において引当金に係る定めが設けられている。

78　第Ⅰ部　引当金をめぐる基本事項

2 引当金の計上（発生の認識）

（1）　引当金の認識要件

　引当金は，以下に記載する要件をすべて満たすときに認識される（IAS 第37号14項）。

●企業が過去の事象の結果として現在の債務（法的債務または推定的債務）を有している場合
●当該債務を決済するために経済的便益を有する資源の流出が必要となる可能性が高い場合
●当該債務の金額について信頼性のある見積りが可能である場合

（2）　現在の債務

　前記「（1）引当金の認識要件」に記載した3つの要件のうち，1つ目の要件である「現在の債務」については，当該債務が存在している可能性のほうが存在していない可能性よりも高い場合に引当金が認識される（IAS 第37号15項）。また，法的債務および推定的債務の定義は，図表Ⅰ-4　1に記載したとおりである（IAS 第37号10項）。

図表Ⅰ-4-1　法的債務と推定的債務

法的債務	推定的債務
次のものから発生した債務 ●契約（明示的または黙示的な条件を通じて） ●法律の制定 ●法律のその他の運用	次のような企業の行動から発生した債務 ●確立されている過去の実務慣行，公表されている方針または十分に具体的な最近の声明によって，企業が外部者に対しある責務を受諾することを表明している。 ●その結果，企業はこれらの責務を果たすであろうという妥当な期待を外部者の側に惹起している。

第4章 国際財務報告基準（IFRS）での定め **79**

3 ┃引当金の算定（当初測定および事後測定）

（1） 引当金の最善の見積り

　引当金として認識される金額は，期末日における現在の債務を決済するために必要となる支出の最善の見積りとして算定される（IAS 第37号36項）。

　最善の見積りとは，以下のいずれかとされている（IAS 第37号37項）。

- ●期末日現在で債務を決済するために企業が支払う合理的な金額
- ●期末日現在で債務を第三者に移転するために企業が支払う合理的な金額

（2） 期待値法と最頻値法

　引当金の算定は，期待値法（IAS 第37号39項）または最頻値法（IAS 第37号40項）のいずれかにより行われる。具体的に，それぞれの方法が適合する状況は，図表Ⅰ－4－2のとおりである。

図表Ⅰ－4－2 期待値法と最頻値法

期待値法	複数のシナリオが想定されるときのように，測定対象の引当金が母集団の大きい項目に関係している場合，債務はすべての起こり得る結果をそれぞれの関連する確率により加重平均して見積られる。
最頻値法	単一の債務が測定される場合は，見積られた個々の結果のうち最も起こりそうなものが負債に対する最善の見積りとなる(＊)。

（＊） ただし，この場合であっても，企業は他の生じ得る結果を考慮する必要があり，最も可能性の高いシナリオ以外の結果の確率がほとんどを占めている場合には，最善の見積りは，最も可能性の高いシナリオの金額とは異なる金額となる。

（3） 引当金の現在価値への割引

　将来支出する引当金について貨幣の時間的価値の影響に重要性がある場合には，債務の決済に必要と見込まれる支出の現在価値を用いなければならないとされ，割引計算が求められる（IAS 第37号45項）。

80 第Ⅰ部 引当金をめぐる基本事項

（4） 引当金の事後測定

引当金は期末日ごとに見直される必要がある。具体的には，その時点における最善の見積りを反映するように調整しなければならない（IAS第37号59項前段）。

4 ▌引当金の取崩し（消滅の認識）

引当金は，当初の目的により使用された際に取り崩されるが，認識当初の目的以外に使用してはならないとされている（IAS第37号61項）。

また，当初認識時や前期末からの状況の変化等によって，経済的価値をもつ資源の流出が，債務の決済のために必要となる可能性がもはや高くない場合には，当該引当金を振り戻すことになる（IAS第37号59項後段）。

5 ▌表示・開示

引当金は，財政状態計算書において個別に掲記すべきとされる（IAS第1号「財務諸表の表示」（以下，本章において「IAS第1号」という。）54項）。

また，包括利益計算書またはその注記において，重要性がある場合に以下の項目を個別に開示する状況になることがあるとされている（IAS第1号98項）。

- ●企業の活動のリストラクチャリングおよびリストラクチャリング費用の引当金の戻入
- ●引当金のその他の戻入

さらに，引当金の種類ごとに以下の項目などを開示することとされる（IAS第37号84項，85項）。

- ●期首と期末における引当金の帳簿価額
- ●既存の引当金の増加も含む，当期中の引当金増加額
- ●当期中に使用した金額（発生し，引当金と相殺した額）
- ●当期中に未使用で取り崩した金額
- ●現在価値で計上されている引当金につき，時の経過により生じた当期中の増加額および割引率の変更による影響額

- 債務の内容についての簡潔な説明および結果として生じる経済的便益の流出が見込まれる時期
- これらの流出の金額または時期についての不確実性の指標
- 予想される補填の金額

なお，引当金の計上は会計上の見積りとして行われ，一般的に不確実性を伴うことから，IAS第1号第125項に定めのあるいわゆる「見積りの不確実性の発生要因」に係る注記が求められる。

また，偶発負債については引当金を認識してはならないとされ，一定の事項を開示する必要があるが（IAS第37号27項，28項，86項），引当金と偶発負債の判定図（IAS第37号適用ガイダンスB）は図表Ⅰ－4－3のとおりである。

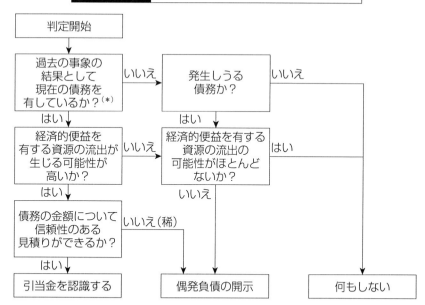

図表Ⅰ－4－3　引当金・偶発負債判定のフローチャート

（＊）　稀に，現在の債務を有しているか否かについて明確ではない場合がある。このような場合，利用可能なすべての証拠を考慮したうえで，報告期間の末日において，現在の債務が存在している可能性が，存在していない可能性よりも高ければ，過去の事象の結果として，現在の債務を有しているものとみなされる（IAS第37号15項）。

82 第Ⅰ部 引当金をめぐる基本事項

6 ┃ 具体的な適用事例

（1） 不利な契約

　企業が締結している未履行契約が「不利な契約」である場合，当該契約による現在の債務を引当金として認識しなければならない（IAS 第37号66項）。不利な契約とは，契約による義務を履行するための不可避的な費用が契約上の経済的便益の受取見込額を超過している契約をいう（IAS 第37号10項）。

（2） リストラクチャリング引当金

　引当金の計上に際し，推定的債務の定めが濫用され，債務の存在という引当金の計上に係る基本原則から外れるようなケースがある。IAS 第37号では，このような基準書の趣旨から外れた会計処理の代表例として，リストラクチャリング引当金に係る推定的債務の発生に関する定めが設けられている。

　具体的に，以下の双方に該当する場合のみ，推定的債務が発生するものとされている（IAS 第37号72項，75項）。

- ●企業がリストラクチャリングについて少なくとも次に記載する事項を明確化した詳細な公式計画を有していること
  - ◆関係する事業の全部または一部
  - ◆影響を受ける主たる事業所
  - ◆雇用契約の終結によって補償を受けることになる従業員の勤務地，職種およびその概数
  - ◆企業が負担する支出
  - ◆当該計画が実施される時期
- ●リストラクチャリング計画を実際に実行することによって，またはリストラクチャリングの主な内容を影響を受ける人々に公表することによって，企業がリストラクチャリングを実行するであろうという妥当な期待を，影響を受ける人々に惹起していること

---

7 ┃ 日本基準との相違（まとめ）

　図表Ⅰ－4－4では，引当金に関する IFRS と日本基準の主な相違点を掲げ

第4章　国際財務報告基準（IFRS）での定め　83

ているので，参考としていただきたい。

図表Ⅰ－4－4　IFRSと日本基準の主な相違点

項目	IFRS	日本基準
引当金の認識要件	現在の債務であることを要件とする。	債務性は要件とされていない。
推定的債務	債務には推定的債務を含む。	該当する定めはない。
修繕引当金	計上は認められない。	注解18の要件を満たす場合には計上を要する。
引当金の算定	期待値または最頻値として算定される。	具体的な算定方法など，包括的な定めはない。
割引計算	影響が重要な場合には割引計算を行う。	該当する定めはない（退職給付引当金・資産除去債務を除き，通常は割り引かれない。）。
不利な契約	不利な契約による現在の債務を引当計上する。	該当する明文の定めはない。
リストラクチャリング引当金	推定的債務が発生する要件が示されている。	具体的な認識要件は定められていない。

第 **II** 部

引当金別
会計上の論点と
実務ポイント

1 賞与引当金

1 概要

（1） 具体的事例

わが国では，労働協約，就業規則，給与規程等に基づき，従業員等に対して賞与を支給する実務が一般に定着している。

多くの企業において，賞与の支給見込額のうち支給対象期間に対応して，当期の負担に属する金額が賞与引当金等として計上されている。

（2） 会計処理の考え方

賞与の基本的な性格は支給対象期間の勤務に対応する賃金である。また，賞与の支給は夏期と冬期に行われることが一般的であるが，支給の対象となる計算期間はそれより前の6か月程度であることが多い。この場合，決算日時点において当期の労働提供に対応する賞与の未払部分が生じることとなり，将来の特定の費用が当期以前の事象に起因しているという引当金の計上要件が満たされる。また，労働協約等に基づいて毎期支給が行われている状況においては，その発生の可能性は高いといえるため，支給見込額のうち当期に帰属する額を合理的に見積ったうえで引当金の計上が必要となる。

なお，前記の引当金の計上処理は，財務諸表の作成時点において支給額が確定していない場合を前提にしているが，支給額がすでに確定している場合には，未払費用または未払金として計上されることとなる。確定支給額が支給対象期間に対応して算定されている場合には未払費用，支給対象期間以外の基準に基づいて算定されている場合には未払金の科目が使用される（リサーチ・センター審理情報〔No.15〕「未払従業員賞与の財務諸表における表示科目について」）。賞与引当金と未払費用，未払金の使い分けに関する概要をまとめると，図表Ⅱ-1-1のようになる。

1 賞与引当金 87

| 図表Ⅱ-1-1 | 未払の賞与に係る勘定科目 |

科目名	計上内容
賞与引当金	財務諸表の作成時において従業員への賞与支給額が確定していない場合
未払賞与	財務諸表の作成時において従業員への賞与支給額が確定しており(*)，当該支給額が支給対象期間に対応して算定されている場合
未払金	財務諸表の作成時において従業員への賞与支給額が確定しているが(*)，当該支給額が支給対象期間以外の臨時的な要因に基づいて算定されたもの（たとえば，成功報酬的賞与等）

（＊） 従業員への賞与支給額が確定している場合としては，個々の従業員への賞与支給額が確定している場合のほか，たとえば，賞与支給率，支給月数，支給総額が確定している場合等が含まれる。

2 ▌ 事例分析

　ここでは，2017年4月から2018年3月に決算を迎えた東証一部上場会社（日本基準適用会社に限る。以下，本①において「対象会社」という。）1,912社の有価証券報告書（連結財務諸表および個別財務諸表）を母集団として，開示事例分析を実施した結果を記載する。

　なお，連結財務諸表および個別財務諸表の双方に計上しているケースは，1社としてカウントしており，比較情報においてのみ計上されているケースを含んでいる。

（1） 会計方針の記載

　賞与引当金に係る会計方針の記載は定型化しており，支給見込額のうち当期の負担に属する金額を計上しているとして支給対象期間との対応を明示している例と，支給見込額を計上していることのみを記載している例が見られた。

（2） 科目名

① 使用される科目名

　図表Ⅱ-1-2のとおり，対象会社のうち，「賞与引当金」以外の科目名で，従業員の賞与に係る引当金を計上している会社としては，業績連動賞与である

88　第Ⅱ部　引当金別　会計上の論点と実務ポイント

図表Ⅱ-1-2　未払従業員賞与の貸借対照表における科目名

科目名	会社数（社）
賞与引当金	1,482
業績連動賞与引当金(＊)	1
未払賞与(＊)	3
上記以外（不明）	426
合計	1,912

（＊）　業績連動賞与引当金とともに賞与引当金残高が計上されている1社については除いている。

ことを明示するため，「業績連動賞与引当金」の科目名を使用している会社が2社（うち1社は賞与引当金と業績連動賞与引当金の双方を計上）見受けられた。また，未払賞与として計上している会社が3社あったが，未払費用の場合，未払賞与として区分掲記せず，単に未払費用として計上するほうが多いと考えられる。一方，未払金に関して，賞与に係る未払金であることを明示した勘定科目名で計上している会社は見られなかった。

　また，賞与引当金の連結貸借対照表または貸借対照表上の表示区分については，対象会社のうち3社が固定負債（うち1社は固定負債と流動負債の双方）に表示していた例を除き，ほかのすべての会社で流動負債に表示されていた。なお，賞与引当金についても一般的なワンイヤールールに基づいて表示区分を分類すると考えられる（財規47条4号）。

　なお，対象会社のうち，賞与引当金を計上していない会社が約4分の1存在する。この理由として，未払金・未払費用に含まれている，年俸制で賞与制度がない，支給対象期間と支給時期（年度末）にずれがない，あるいは少額であり他の勘定科目に含まれているといったケースが考えられる。

（3）　損益計算書表示区分

　対象会社のうち，賞与引当金を計上している1,482社の繰入額について，連結損益計算書または損益計算書の表示区分を調査したところ，販売費及び一般管理費に表示している例が大半である一方で，売上原価または製造原価に表示している例が111社見られた。なお，営業外費用または特別損失に表示してい

1 賞与引当金 **89**

る会社は見られなかった。

3 会計処理等

（１） 計算（見積）方法

　賞与の支給見込額のうち，支給対象期間に対応して当期の負担に属する金額が引当金として計上される。これを算式にすると以下のようになる。

> 賞与引当金計上額＝支給見込額×（支給対象期間のうち当期に属する期間÷支給対象期間）

　また，支給見込額は，労働協約，就業規則，給与規程等に定めた自社の支給基準に基づいて，当期の業績や過去の支給実績等を勘案して算定される。具体的には，基本給を中心とする月例給与を基礎として，平均支給月数や人事考課の係数を乗じて求められることが多い。

> 支給見込額＝基準額（基本給＋諸手当）×平均支給月数×評価係数

　なお，賞与支給に伴い，雇用保険料や健康保険料といった社会保険料が生じる。当該社会保険料の料率は固定されていることから，合理的に見積ることが可能であるため，当該社会保険料の会社負担分を賞与引当金に含めて計上することが適当であると考えられる。

　以上を踏まえ，具体的な会計処理に関して設例を用いて確認する。

設例Ⅱ－１－１　賞与引当金の計算

［前提条件］
① 決算日は３月31日である。
② 就業規則において，賞与の支給月を６月および12月，支給対象期間はそれぞれ10月～３月，４月～９月と定めている。
③ 当期の業績を勘案した結果，平均支給月数は２か月と見込まれている。
④ 税効果会計は考慮しない。
⑤ 決算日（X1年３月31日）における賞与引当金の計算は以下のとおりである。

90　第Ⅱ部　引当金別　会計上の論点と実務ポイント

氏名	基準給与	人事考課に基づく評価係数	平均支給月数（単位：月）	X1年6月の賞与支給見込額
A氏	400	1.5	2.0	(※)1,200
B氏	300	1.0	2.0	600
C氏	300	0.8	2.0	480
〜	〜	〜	〜	〜
合計				100,000

（※）　1,200 = 400 × 1.5 × 2.0か月

［会計処理］

　決算日（X1年3月31日）における，会計処理は以下のとおりである。

（借）　賞与引当金繰入額 (※)100,000　（貸）　賞 与 引 当 金 (※)100,000

（※）　100,000…前提条件⑤参照

（2）　計上のタイミング

　支給対象期間における労働の提供により，引当金の要件が充足されていくため，支給対象期間に応じて計上を行う。具体的には前記「（1）計算（見積）方法」で例示したように，決算日（年度・四半期・月次）において，当期の負担に属する金額を計上する。なお，月次での計上を行う場合には，支給見込額に1÷支給対象期間（月）を乗じた額が計上額となる。

（3）　繰入・戻入の会計処理

　繰入の処理については，前記の「（1）計算（見積）方法」および「（2）計上のタイミング」を参照のこと。

　実際の支給額が確定した際には，引当金を取り崩すとともに現金で支払う会計処理を行う。なお，引当金に不足が生じた場合には，不足分は当期の費用として賞与等で処理することになる。

　また，実際の支給額が当初の見積りよりも少なかった，あるいは引当金を積み立てている途中で当初の見積額よりも少なくてすむことが明らかになった場合で，当該引当額の過大額が計上時の見積り誤りに起因せず，過去の誤謬に該

当しない場合には，当該引当金残高のうち過大である部分の戻入を営業損益として認識することとなる（過年度遡及会計基準55項）。この点，戻入が生じた場合，実務上は，引当金繰入額と相殺する（営業費用のマイナスとして計上する）ことが考えられる。

4 ▌実務上のポイント

（1） 賞与引当金繰入額と（従業員）賞与

賞与引当金繰入額は，賞与引当金を計上するにあたっての損益計算書科目となる。このため，決算日において賞与の額が確定しており，未払賞与（未払費用）や未払金を計上する場合には，賞与引当金繰入額ではなく，「賞与」の科目を用いる。

また，賞与引当金を計上し，支給額が賞与引当金残高を上回る場合には当該金額は「賞与」として，賞与引当金繰入額と同じ区分に表示する。

（2） 実務上差異が生じている可能性があるケース

以下のようなケースにおいては，賞与引当金の計上の有無，または計上方法に差異が生じている可能性があるといわれる（引当金研究資料2(1)【ケース1】参照）。各ケースの検討のポイントと併せて記載する。

① 支給対象期間中の在籍に加えて，支給日現在での在籍が賞与支給の条件となるケース

賞与が労働の対価であるならば，賞与の支給対象期間に在籍していれば，支給日に在籍していなくとも，支給対象期間に帰属する部分については，賞与が支給されるはずである。しかし，ほとんどの場合，支給対象期間に在籍していても支給日現在での在籍が賞与の支給要件になっているのではないかと考えられる。この場合，将来の賞与支給の全部または一部が当期の勤務に起因したものといえるか否か疑義があるため，労務費としての引当計上の妥当性，引当金を見積ることができるかどうかが論点となる。

この点，たとえ支給日現在で在籍しないと支給されないとしても，賞与は支給対象期間中の勤務状況を反映して支払われるものであることから，労務費として計上することは適当と考えられる。また，支給日現在で在籍しているかど

92 第Ⅱ部 引当金別 会計上の論点と実務ポイント

うかの判断について，合理的な見積りができないほど，毎期従業員数に大きな変動があるといったことはほとんどないと考えられることから，通常は，賞与引当金を計上することに問題はないと考えられる。

なお，過去の実績における退職率等を反映した賞与支給の可能性等を検討することが考えられるが，退職による影響は通常，重要ではないと考えられることから，賞与引当金の算定にあたり，退職率を加味することまでは不要と考えられる。

② 労働協約等に支給時期や支給額の算定式の定めのない賞与（いわゆる決算賞与）を期末日後に支給するケース

いわゆる決算賞与は，さまざまな理由に基づいて支給されると考えられるため，賞与引当金の計上にあたっては，支給理由，支給額の算定方法，支給時期などを総合的に勘案する必要がある。たとえば，当該賞与の支給が当期における一定の業績達成を根拠とし，当期における従業員による勤務に起因している場合には，賞与引当金を認識することになると考えられる。なお，賞与引当金繰入額を従業員の属性等により，製造原価（売上原価）と販売費及び一般管理費に計上している場合であっても，製造に起因せず，原価性がない場合には決算賞与に係る部分を販売費及び一般管理費に計上することが考えられる。

③ 期末日をまたぐ一定期間の成果（たとえば，対象期間中の売上累積額に応じて支給率が変わるなど）に基づいて支給額が算定される賞与で，期末日現在では成果が達成されていないものの，対象期間満了時には成果の達成が見込まれるケース

たとえば，対象期間中の売上累積額のように成果が累積的に測定され，当期末までの従業員による勤務が対象期間満了時の成果の一部を構成する場合には，期末日までの実績を踏まえた成果の達成可能性を合理的に見積ったうえで，支給対象期間に対応して当期の負担に属する金額を期待値法または最頻値法を用いて算定し，引当金として計上することになると考えられる。

このようなケースにおいては，売上累積額が判明するに従って，より見積りの確度が高くなっていく。このため，財務諸表の作成時点において，直近のデータを入手することが重要となる。また，そのタイミングによっては，賞与引当金の見積額が大きく変わる可能性があるため，決算日後の売上高等の修正

により，修正後発事象（決算日後に発生した事象ではあるが，その実質的な原因が決算日現在においてすでに存在しており，決算日現在の状況に関連する会計上の判断ないし見積りをするうえで，追加的ないしより客観的な証拠を提供するものとして考慮しなければならない事象）に該当するかどうかの検討が必要になると考えられる。

94　第Ⅱ部　引当金別　会計上の論点と実務ポイント

2 役員賞与引当金

1 概要

(1) 具体的事例

① 役員賞与支給の手続

　わが国では，多くの企業において，役員賞与の支給見込額のうち当期に負担すべき金額が役員賞与引当金として計上されている。役員賞与の支給には，会社法上，定款に定めがないときは株主総会決議（指名委員会等設置会社においては執行役等について報酬委員会の決定）が求められる（会社法361条，379条，387条，404条3項，409条）。

　実務上，役員賞与の支給額について，①業績連動型役員報酬に含める等の方法により期末日前（前期以前の株主総会等）に株主総会で決議をしている事例，②期末日後に株主総会で役員賞与の支給額を決議する事例などが見られる（引当金研究資料2(1)【ケース2】）。

② 近年の役員賞与

　従来の役員賞与は短期インセンティブ報酬として導入され，具体的な支給の決め方はさまざまであるが，一定の業績指標が達成された場合に支給されることが通常である。役員賞与はその支給条件となる業績指標を毎期柔軟に定められることや，短期業績指標の達成に向けたインセンティブを与えられることがメリットであり，現在も多くの会社で導入されている。

　この点，わが国においては中長期の業績連動報酬を導入している会社が少なく，業績向上のインセンティブが十分に働いていないことが指摘されていた。また，わが国の役員報酬については，依然として固定報酬が中心であり，株式報酬や業績連動報酬の割合が低く，業績向上のインセンティブが効きにくいといわれていた[1]。

1　「『攻めの経営』を促す役員報酬～企業の持続的成長のためのインセンティブプラン導入の手引～（2019年3月時点版）」経済産業省産業組織課，P.8，P.14

2 役員賞与引当金　95

　このような環境のなか，2015年から適用されたコーポレートガバナンス・コードの補充原則4－2①においては，「経営陣の報酬は，持続的な成長に向けた健全なインセンティブの一つとして機能するよう，中長期的な業績と連動する報酬の割合や，現金報酬と自社株報酬との割合を適切に設定すべきである」と定められている。

　こうした問題に対応するため，政府は経済産業省に設けられた「コーポレート・ガバナンス・システムのあり方に関する研究会」において役員に付与する株式報酬について法解釈を明確化し，株式報酬導入の手続を整理した。

　また，税制面に関しては，平成28年度税制改正において特定譲渡制限付株式を事前確定届出給与の対象とし損金算入を認め，さらに平成29年度税制改正においては，業績連動給与（改正前の利益連動給与）について，中長期の業績に連動させることが可能とされ，また，対象となる指標に株価を基礎とする指標や売上高を基礎とする指標も加えられ，業績連動報酬の業績評価指標の選択の幅が広がるとともに，中長期インセンティブ報酬の損金算入が可能となった。

　本改正により，従来は短期インセンティブとして用いられていた役員賞与は，今後は中長期の業績条件の達成度に応じて金銭や株式を支給する中長期インセンティブ報酬として活用する企業が増加することが予測される。

（2）　会計処理の考え方

　役員賞与は，役員報酬と同様に職務執行の対価として支給されるものと考えられるため，発生した会計期間の費用として処理される（役員賞与会計基準12項）。

　当期の職務に係る役員賞与を期末日後に開催される株主総会の決議事項とする場合，役員賞与の支給が当期の役員としての職務に起因しており，当該決議事項とする額またはその見込額（当期の職務に係る額に限るものとする。）を合理的に見積ることができるため，原則として，当該金額は引当金に計上される。

　他方，業績連動型役員報酬に含める等の方法により，期末日前に役員賞与の支給額を株主総会で決議している場合には，その支給が確実であり，未払役員報酬等の科目で認識されていることが多いと考えられる。また，子会社が支給する役員賞与のように，株主総会決議はないが実質的に確定債務と認められるような場合は，決算時に未払役員報酬等の適当な科目をもって計上することができる（役員賞与会計基準13項）。

96　第Ⅱ部　引当金別　会計上の論点と実務ポイント

2 ┃ 事例分析

　ここでは，2017年4月から2018年3月に決算を迎えた東証一部上場会社（日本基準適用会社に限る。以下，本②において「対象会社」という。）1,912社の有価証券報告書（連結財務諸表および個別財務諸表）を母集団として，開示事例分析を実施した結果を記載する。

　なお，連結財務諸表および個別財務諸表の双方に計上しているケースは，1社としてカウントしており，比較情報においてのみ計上されているケースを含んでいる。

（1）　会計方針の記載

　役員賞与に係る会計方針の記載は定型化しており，支給見込額または株式給付見込額を計上している旨の記載が一般的であった。また，さらに説明を加えて，支給見込額のうち当期の負担に属する金額を計上している旨や，引当金の対象となる役員の範囲を明示している例（取締役，執行役員等）も見られた。

（2）　科目名

　対象会社のうち，科目名から役員の賞与または報酬部分が含まれている可能性があると考えられるものについて調査を実施した。結果として，図表Ⅱ-2-1のように，対象会社のうち，約3割の会社が役員の賞与または報酬に係る引当金を計上している。また，計上している会社のほとんどで役員賞与引当金の名称が用いられていたが，役員業績報酬引当金など，具体的な報酬制度を示した科目で計上している会社も見られた。なお，役員株式給付引当金などの信託を用いた株式交付信託制度については後記「⑤　株式給付引当金」を参照されたい。

　また，前記「1　概要（1）具体的事例　②　近年の役員賞与」のとおり役員に対する株式報酬制度を採用し，株式報酬引当金を計上している例が多く見られた。

　なお，役員賞与引当金の連結貸借対照表または貸借対照表上の表示区分については，3社が固定負債に表示していた。当該会社は役員賞与を中長期インセンティブ制度として活用していることがわかる。

2 役員賞与引当金 97

図表Ⅱ-2-1 役員賞与に係る引当金の科目名	
科目名	会社数（社）
役員賞与引当金	645
役員業績報酬引当金	7
業績連動役員報酬引当金	1
執行役員賞与引当金	1
変動役員等報酬引当金	1
変動役員報酬引当金	1
役員臨時報酬引当金	1
計上なし（不明）	1,255
計	1,912

（3） 損益計算書表示区分

役員賞与に係る引当金繰入額の表示区分を調査したころ，すべての会社が販売費及び一般管理費に表示していた。

3 会計処理等

（1） 計算（見積）方法

① 役員賞与を株主総会の決議事項とする場合

定款に定めがなく，役員賞与の支給額を株主総会の決議事項とする場合，当該決議事項とする額またはその見込額（当期の職務に係る額に限るものとする。）が引当金の額となる。

② 役員賞与が一定の業績条件の達成の有無または達成度合いに基づき支給される場合

当事業年度の業績の達成を条件とした業績連動給与の場合，当該事業年度の期末においては，決算の確定までに業績条件の達成状況が判明することから，業績条件の達成度合いや達成の有無によって，役員賞与を費用計上し，相手勘

定を未払金として計上することになるものと考えられる。

　他方，期末日をまたぐ一定期間の成果に基づいて支給額が確定される賞与については，対象期間中の売上累計額のように成果が累積的に測定され，当期末までの職務執行の成果が対象期間満了時の成果の一部を構成する場合には，期末日までの実績を踏まえた成果の達成可能性を合理的に見積ったうえで，支給対象期間に対応して当期の負担に属する金額を引当金として計上することになるものと考えられる（引当金研究資料2(1)【ケース1】(b)参照）。

（2） 計上のタイミング

　決算日（年度・四半期・月次）において，役員賞与の支給見込額のうち，当期の負担に属する金額を計上する。なお，月次での計上を行う場合には，支給見込額に1か月÷12か月を乗じた額が計上額となる。

　仕訳は以下のとおりである。なお，科目名は「役員賞与引当金」を使用する。

> （借）　役員賞与引当金繰入額　　×××　　（貸）　役員賞与引当金　　　×××

（3） 繰入・戻入の会計処理

　繰入の処理については，前記の「（1）計算（見積）方法」および「（2）計上のタイミング」を参照のこと。

　役員賞与を株主総会の決議事項とする場合，期末日後に開催される株主総会により，役員賞与の実際の支給額が確定した際には，引当金を取り崩し，未払金の科目に振り替える会計処理を行う。また，業績連動型賞与の場合は，対象となる業績指標が確定した期において，引当金を取り崩し，未払金の科目に振り替える会計処理を行う。なお，引当金の額に不足が生じた場合には，不足分は当期の費用として役員報酬等で処理することになる。

　また，実際の支給額が当初の見積りよりも少なかった，あるいは引当金を積み立てている途中で当初の見積額よりも少なくてすむことが明らかになった場合で，当該引当額の過大額が計上時の見積り誤りに起因せず，過去の誤謬に該当しない場合には，当該引当金残高のうち過大である部分の戻入を営業損益として認識することとなる（過年度遡及会計基準55項）。この点，戻入が生じた場合，実務上は，引当金繰入額と相殺する（営業費用のマイナスとして計上する）ことが考えられる。

2 役員賞与引当金 99

4 ┃ 実務上のポイント

（1） 四半期決算での会計処理

　四半期決算においても，原則として年度決算の役員賞与の会計処理に準じた処理，すなわち引当金計上を行うことになる。ただし，以下の場合には，費用処理しないことができると考えられる（役員賞与会計基準14項参照）。

> ① 役員賞与の金額が事業年度の業績等に基づき算定されることになっているため，合理的に見積ることが困難な場合
> ② 重要性が乏しいと想定される場合

　このため，役員賞与の支給については，ある程度毎期固定的に支給することが決まっている場合を除き，第1四半期などでは計上せず，第3四半期から計上する，あるいは年度末のみ計上するといったことも考えられる。

（2） 税効果会計上の取扱い

　役員報酬の見込額（引当金繰入額）は，繰入時点では税務上全額が損金不算入となるが，将来，損金に算入されるものとそうでないもので，税効果会計上の取扱いが異なる。

　事前届出給与に該当する場合には，支給時点において，支給額が損金算入できるため，役員報酬の見込額に係る加算調整金額は，将来減算一時差異となる。よって，税効果については，他の将来減算一時差異と同様に，回収可能性を検討のうえ，繰延税金資産を計上する。

　また，定期同額給与，事前確定届出給与，業績連動給与（法法34条）のいずれの要件も満たさず，損金算入ができない役員賞与については，将来減算一時差異に該当せず，税効果会計の対象とはならない（税効果適用指針78項）。

　なお，業績連動給与は税務上，指標が確定[2]する期に全額損金算入される[3]

2　会計監査人設置会社においては，利益の状況を示す指標の数値が確定した時は，その計算書類の内容を定時株主総会に報告した時であるとされている（法基通9－2－20）。

3　役員給与に関するQ&A（平成18年6月国税庁）Q11参照。なお，業績連動給与（法法34条1項3号）の要件を満たしていることを前提としている。

ため，中長期業績連動型役員報酬の場合，指標の確定する前の各期末に費用計上した額に相当する将来減算一時差異が生じることになり，税効果会計の対象となる。

他方，単年度の指標に基づく業績連動報酬については，期末に未払計上した役員賞与の会計上の費用計上時期と指標が確定する期である税務上の損金算入時期が一致するため，税効果会計の対象とならない。

3 役員退職慰労引当金

1 概要

（1） 具体的事例

　わが国において，役員退職金に関し，多くの会社が役員退職慰労金に係る規程を設けており，退任役員に対して一定の退職慰労金を支払う実務が定着している（役員の範囲および支払いの意思決定機関については，前記「第Ⅰ部 第2章 日本の会計基準において定めがある主なもの 1 役員退職慰労引当金」参照）。なお，役員退職金等に関する最近の傾向については，前記「② 役員賞与引当金 1 概要（1）具体的事例 ② 近年の役員賞与」および後記「2 事例分析（4）近年の傾向」も参照のこと。

　当該慰労金については，内規に基づいて支払われる金額のほか，一定の範囲内で功労加算金が上乗せされることもある。

（2） 会計処理の考え方

　わが国における役員退職慰労金は，在任期間中の役務の提供の対価を，功績に応じて退任時に精算する役員報酬の後払いとして位置付けられている。

　当該慰労金については，内規を定めている場合や支給実績等が存在する場合，内規や支給実績等から支払額を合理的に見積ることができる。このため，現在会社に在籍する役員が将来退任した時の退職慰労金の支払いに備え，会計上は各事業年度末までの当該支払いに係る負担相当額を引当金として計上することとなる。

2 事例分析

　ここでは，2017年4月から2018年3月に決算を迎えた東証一部上場会社1,912社の有価証券報告書（連結財務諸表および個別財務諸表）を母集団として，開示事例分析を実施した結果を記載する。

　なお，連結財務諸表および個別財務諸表の双方に開示しているケースは，1

102　第Ⅱ部　引当金別　会計上の論点と実務ポイント

社としてカウントしており，比較情報においてのみ開示されているケースを含んでいる。

（1）　会計方針の記載

有価証券報告書の会計方針の記載は，役員退職慰労金規程等の内規に従って期末要支給額を計上している旨を注記しているものが一般的であった。

（2）　科目名

役員退職慰労金に係る引当金は，貸借対照表においては役員退職慰労引当金等の名称で，通常，固定負債として計上する。当該引当金は株主総会の承認決議前の段階では，法律上は債務ではないが，会計上は負債性引当金の性格を有するものである。

対象会社のうち，連結財務諸表もしくは個別財務諸表またはこれらの双方において，役員退職慰労引当金等が開示されている会社（日本基準適用会社に限る。また，比較情報において開示されている会社を含む。以下，本③において対象会社という。）815社について，その科目名を分析した結果を図表Ⅱ－3－1に記載している。

図表Ⅱ－3－1　役員退職慰労金に係る引当金の科目名

科目名	会社数（社）
役員退職慰労引当金	793
執行役員退職慰労引当金	17
その他（＊）	5
合計	815

（＊）　「役員退職引当金」「役員退職功労引当金」「役員退任慰労金引当金」「執行役員退職給与引当金」「執行役員等退職慰労引当金」として表示している会社が各1社あった。

また，対象会社について計上区分を分析した結果，1社が流動負債および固定負債の両方に開示しており，3社が流動負債に開示していたが，その他の会社はすべて固定負債に開示していた。

（3） 損益計算書表示区分

　対象会社の個別財務諸表において，役員退職慰労引当金繰入額が開示されている会社（比較情報において開示されている会社を含む。）74社について，損益計算書の表示区分に係る分析を実施した。

　その結果，販売費及び一般管理費（営業費用を含む。）として開示している会社が73社，特別損失としている会社が２社（うち，１社は販売費及び一般管理費にも開示している。）であった。

　また，対象会社の個別財務諸表において，役員退職慰労引当金戻入額を特別利益として開示している会社（比較情報において開示されているケースを含む。）が４社であった。

（4） 近年の傾向

　近年，役員退職慰労引当金を計上している会社は，図表Ⅱ－3－2のとおり減少傾向にある。

図表Ⅱ－3－2　3月期決算会社における役員退職慰労引当金計上会社の推移

決算期	会社数（社）
2011年3月期	823
2012年3月期	770
2013年3月期	741
2014年3月期	713
2015年3月期	689
2016年3月期	652
2017年3月期	619
2018年3月期	608

　この背景には，東京証券取引所が公表しているコーポレートガバナンス・コード（2018年6月1日改訂）において，中長期の業績に連動する報酬・株式報酬の活用促進が明確化されたことにある。具体的には，原則4－2また書きにおいて「経営陣の報酬については，中長期的な会社の業績や潜在的リスクを

104 第Ⅱ部 引当金別 会計上の論点と実務ポイント

反映させ，健全な企業家精神の発揮に資するようなインセンティブ付けを行うべきである。」とされ，経営陣の報酬へのインセンティブ付けを行うべきことが明記され，また，補充原則4－2①において「経営陣の報酬は，持続的な成長に向けた健全なインセンティブの一つとして機能するよう，中長期的な業績と連動する報酬の割合や，現金報酬と自社株報酬との割合を適切に設定すべきである。」と記載されている。

これらを受け，従来型の職位や在任期間に応じた一律の退職金制度では，報酬が業績や株価に連動しないことから，業績連動型の報酬体系へ移行している会社の増加があると考えられる。

3 ▌ 会計処理等

（1） 計算（見積）方法

役員退職慰労金は，内規に基づき支給見込額が合理的に算出され，かつ，当該内規に基づく支給実績があり，このような状況が将来にわたって存続する場合に，役員退職慰労金規程等の内規に基づいて支払われることが通常であるため，当該内規等に基づいて算定された各事業年度末における支給見込額を引当金として計上する。

以下のように，「退任時の報酬月額」に役職に応じた係数と在任期間を乗じて求められることが多い。

> 退職慰労引当金＝退任時の報酬月額×役員在任期間×退任時の役位係数

場合によっては，一定の功労加算金が支払われることもあるが，引当金にこれを考慮することは少ない（後記「4 実務上のポイント（1）功労加算金の取扱い」参照）。

算定方法を具体例で示すと設例Ⅱ－3－1のとおりである。

設例Ⅱ－3－1　役員退職慰労引当金の算定

［前提条件］
① 役員退職慰労金規程の定め

退任時の月額報酬に下記の役位係数と在任年数（端数は月割）を乗じた金額

を支払う。

役職	役位係数
代表取締役社長	3.0
専務取締役	2.5
常務取締役	2.3
取締役	2.0
常勤監査役	1.5
監査役	1.0

② 当事業年度末の役員の状況

氏名	役職	報酬月額	在任期間(月)	役位係数	要支給額
A氏	代表取締役社長	2,500	130	3.0	81,250
B氏	専務取締役	1,500	46	2.5	14,375
C氏	取締役	1,200	22	2.0	4,400
D氏	取締役	1,000	10	2.0	1,667
E氏	常勤監査役	1,000	22	1.5	2,750
F氏	監査役	600	22	1.0	1,100
G氏	監査役	400	10	1.0	333
合計					105,875

③ 税効果会計は考慮しない。

[会計処理]

事業年度末時点での報酬月額に在任期間および役位係数を乗じた金額(要支給額)を,役員退職慰労引当金として計上する。

損益計算書上,当事業年度の増加分を販売費及び一般管理費として計上する。

前事業年度末の役員退職慰労引当金が88,125であった場合(退任した役員はいなかったものと仮定する。),当事業年度の会計処理は以下のとおりである。

106 第Ⅱ部 引当金別 会計上の論点と実務ポイント

| (借) | 役員退職慰労引当金繰入額 | (※)17,750 | (貸) | 役員退職慰労引当金 | (※)17,750 |

(※) 17,750＝当期末要支給額105,875－前期末要支給額88,125

　なお，役員功労加算金については，役員退職慰労引当金として計上しないことが一般的であると考えられる（後記「4 実務上のポイント（1）功労加算金の取扱い」参照）。

（2） 計上のタイミング

　役員退職慰労金は，在任期間中の役務の提供の対価として支払われるものであることから，その在任期間にわたって引当計上されることとなる。

（3） 繰入・戻入の会計処理

　当該引当金の繰入については，決算日（年度・四半期・月次）ごとに，要支給額に対する不足額を販売費及び一般管理費として繰り入れる処理を行う。
　また，戻入が想定されるケースは以下のとおりである。

① 実際に役員が退職し，退職慰労金が支払われた場合
② 役員退職慰労引当金を計上していたが，何らかの事由で実際には支払われなかった場合，または実際の支払額より引当金の額が多かった場合
③ 役員退職慰労金規程を廃止する場合

　①については，内規のとおりに支払額が確定すれば，当該引当金を取り崩すとともに現金預金で支払う会計処理を行う。なお，当該引当金で充当できずに不足が生じた場合には，不足金額を当事業年度の費用として役員退職金等の科目で処理することになる。
　②については，当事業年度中における状況の変化により会計上の見積りの変更を行ったとき，または実績が確定したときの見積金額との差額は，見積りを変更した期あるいは実績が確定した期の営業損益または営業外損益として認識することとされている（過年度遡及会計基準55項）。したがって，当該引当金全体として「繰入額＜戻入額」となるようなケースにおいては，繰入額との差額を販売費及び一般管理費のマイナス，または営業外収益として処理すると考

えられる。

③について，役員退職慰労金規程等の廃止を株主総会で決議した場合には，制度廃止時点での要積立額を退任時に支払うという条件付き債務となるため，その時点での役員退職慰労引当金を長期未払金等の科目に振り替え，それ以降の繰入額は計上しない。

4 ▌実務上のポイント

（1） 功労加算金の取扱い

功労加算金は，一般的には随時的な報奨としての性格を有し，通常，合理的な見積りが困難であることから，役員退職慰労引当金に含まれないことが多いと考えられる（引当金研究資料2(1)【ケース3】(b)）。

（2） 役員年金の取扱い

役員に対して退職慰労金を年金の形で分割して支給する場合には，支給を承認した時点で支給義務と金額が確定する。したがって，支給義務が確定した時に，年金総額を長期未払金等として計上することになる。

（3） 役員退職慰労金規程等の廃止に伴う打切支給の取扱い

役員退職慰労金規程等の廃止に伴う打切支給の取扱いについては，前記「第Ⅰ部 第2章 日本の会計基準において定めがある主なもの 1 役員退職慰労引当金（4）引当金の取崩し（消滅の認識）② 役員退職慰労金制度を廃止する場合」を参照のこと。

（4） 役員報酬開示との関係

有価証券報告書のコーポレート・ガバナンスの状況において，上場会社である提出会社の役員の報酬等について，各役員の額を記載することとされている。ただし，当該開示は報酬等の額が1億円以上である者に限ることができるとされている（開示府令第三号様式（記載上の注意）(38)，同第二号様式（記載上の注意）(57) b）。

ここで報酬等とは「報酬，賞与その他その職務執行の対価としてその会社から受ける財産上の利益」とされており，最近事業年度において受ける見込みの

額が明らかとなったものを含むため，役員報酬や役員賞与に加え，役員退職慰労引当金繰入額を加えた額で判定されることになる。

109

4 退職給付引当金

1 概要

（1） 具体的事例

退職給付制度には，確定給付制度と確定拠出制度がある。このうち，確定拠出制度は，要拠出額を費用処理するのみのため，退職給付引当金の対象とならず，確定給付制度のみが退職給付引当金の引当対象となる。

（2） 会計処理の考え方

退職給付引当金は退職給付債務・年金資産・未認識項目によって構成され，それぞれの残高を把握することで，期末の引当金残高を確認することができる。また，退職給付債務・年金資産・未認識項目の増減内容を把握し，それぞれの会計処理を行うこととなる。

なお，前記「第Ⅰ部 第2章 日本の会計基準において定めがある主なもの 2 退職給付引当金」でも記載したとおり，連結財務諸表と個別財務諸表では，貸借対照表上の表示科目（連結財務諸表では退職給付に係る負債（または退職給付に係る資産），個別財務諸表では退職給付引当金（または前払年金費用）），未認識項目の取扱い（連結財務諸表のみその他の包括利益を通して即時認識する。）および注記の範囲等が異なる。

2 事例分析

ここでは，2017年4月から2018年3月に決算を迎えた東証一部上場会社1,912社（日本基準適用会社に限る。）の有価証券報告書を母集団として，開示事例分析を実施した結果を記載する。

なお，連結財務諸表および個別財務諸表の双方に計上しているケースは1社としてカウントしており，比較情報においてのみ計上しているケースを含んでいる。

110 第Ⅱ部　引当金別　会計上の論点と実務ポイント

（1）　会計方針の記載

①　退職給付見込額の期間帰属

　母集団1,912社のうち，連結貸借対照表に「退職給付に係る負債」または「退職給付に係る資産」を計上している会社（以下，本④において「対象会社」という。）は1,607社であった。

　また，退職給付見込額の期間帰属方法としては期間定額基準と給付算定式基準が認められているが（退職給付会計基準19項），対象会社の会計方針を調査した結果，図表Ⅱ－4－1のとおりであった。

図表Ⅱ－4－1 退職給付に係る会計処理の方法

退職給付に係る会計処理の方法	会社数（社）
給付算定式基準	1,229
期間定額基準	196
その他（簡便法）	182
計	1,607

　対象会社のうち，約8割が給付算定式基準を採用していた。

②　退職給付に係る資産が計上されている会社の退職給付に係る会計処理の方法の注記

　対象会社のうち，年金資産が退職給付債務を上回り，退職給付に係る資産が計上されている会社の退職給付に係る会計処理の方法の注記を調査した。

　対象会社のうち，連結貸借対照表に「退職給付に係る資産」が計上されており，「退職給付に係る負債」が計上されていない会社は28社であった。当該28社の退職給付に係る会計処理の方法の注記を調査した結果，すべての会社において退職給付に係る会計処理の方法の注記が記載されていた。また，このうち，当連結会計年度末においては年金資産残高が退職給付債務見込額を上回るため，退職給付に係る資産を計上している旨を記載している会社は3社と約1割であった。

　さらに，調査した28社のうち，個別財務諸表においても「前払年金費用」が

計上されており，「退職給付引当金」が計上されていない会社は23社であった。当該23社の重要な会計方針の注記の引当金の計上基準の注記を調査したところ，すべての会社において退職給付引当金の計上基準が注記されており，さらに，当期末における年金資産が退職給付債務を超過しているため，前払年金費用として表示している旨を記載している会社は14社と約6割であった。これは連結財務諸表においては「退職給付に係る会計処理の方法」を注記するものとされているのに対し，個別財務諸表では「引当金の計上基準」を注記するものとされていることから，年金資産が退職給付債務を上回り，退職給付引当金が計上されていない旨の説明を要すると企業が判断したためと考えられる。

この点，退職給付会計基準に従って退職給付に係る負債（退職給付引当金）を計算したことにより，結果として期末において退職給付に係る負債（退職給付引当金）残高がなく退職給付に係る資産（前払年金費用）が計上されたため，会社においては退職給付に係る負債（退職給付引当金）の計上基準は存在し，当該基準による退職給付に係る負債（退職給付引当金）の計算がなされている以上，退職給付に係る会計処理（退職給付引当金の計上基準）の注記において何ら記載しないことは適切ではない。

このため，退職給付に係る会計処理（退職給付引当金の計上基準）の注記を記載し，当該基準に基づいた計算の結果，退職給付に係る負債（退職給付引当金）が計上されずに退職給付に係る資産（前払年金費用）が生じた旨を記載する開示方法が，実態に即した望ましい記載方法であると考えられる。

③　個別財務諸表の重要な会計方針の注記

個別財務諸表の会計方針は，ほとんどの会社で連結財務諸表と同様の記載がなされていたが，一部，改正前と同様に，事業年度末における退職給付債務および年金資産の見込額に基づき計上している旨を記載し，期間定額基準または給付算定式基準を採用している旨の記載がない事例も見られた。

（2）　科目名

対象会社における連結貸借対照表または貸借対照表上の引当金の科目名は，退職給付会計基準の定めるとおり，連結財務諸表においては，「退職給付に係る負債」または「退職給付に係る資産」，個別財務諸表においては，「退職給付引当金」または「前払年金費用」として計上されている。

112　第Ⅱ部　引当金別　会計上の論点と実務ポイント

　また，連結損益計算書および連結損益計算書の注記における主要な販売費及び一般管理費においては，退職給付に関する費用を個別掲記している会社はほとんどが「退職給付費用」として表示しているものの，「退職給付引当金繰入額」と表示している会社も2社見受けられた。同様に損益計算書および損益計算書の注記における主要な販売費及び一般管理費においては，退職給付に関する費用を個別掲記している会社はほとんどが「退職給付費用」として表示しているものの，「退職給付引当金繰入額」と表示している会社は68社見受けられた。個別財務諸表の貸借対照表においては，「退職給付引当金」として表示されることに対応して，損益計算書においても「退職給付引当金繰入額」の科目名で計上していることが考えられる。

（3）　損益計算書表示区分

　対象会社のうち，科目名から退職給付費用に含まれると考えられるものについて，連結損益計算書および損益計算書のどの表示区分に計上されているか調査した。その結果，退職給付費用または退職給付引当金繰入額の科目名で販売費及び一般管理費に計上されている事例が大部分であったが，それ以外の表示区分に計上されている事例が図表Ⅱ－4－2のとおりであった。

図表Ⅱ－4－2　退職給付費用の損益計算書における表示区分

表示区分	会社数（社）
営業外収益	2
営業外費用	2
特別利益	87
特別損失	46

　営業外収益は，退職給付引当金の戻入額として計上されていた。営業外費用は，子会社の退職給付制度終了損として計上されていた事例と，退職給付費用としてのみ計上されている事例があった。

　特別損益の内訳は図表Ⅱ－4－3のとおりであった。

4 退職給付引当金 113

図表Ⅱ－4－3 特別損益の内訳

特別利益	会社数（社）
退職給付制度改定益(＊)	38
退職給付信託設定益	19
退職給付制度終了益	14
退職給付信託返還益	11
退職給付制度移行益	2
退職給付引当金戻入額	2
退職給付信託返還に伴う数理差異償却	1
計	87

（＊） 退職給付制度改定益とともに退職給付信託設定益が計上されている会社1社は除いている。

特別損失	会社数（社）
退職給付制度終了損	15
退職給付費用	14
退職給付制度改定損	11
退職給付制度移行損失	2
関係会社退職給付制度終了損	1
退職給付引当金繰入額	1
退職給付信託の一部返還に伴う影響額	1
退職給付制度移行に伴う損失	1
計	46

3 会計処理等

（1） 計算（見積）方法

　退職給付引当金は，その性質上，複雑な見積計算が必要となり，外部の専門家（機関）に委託するか，計算ソフトを用いた自社計算により算定される。具

114　第Ⅱ部　引当金別　会計上の論点と実務ポイント

体的な計算は，公益社団法人日本年金数理人会および公益社団法人日本アクチュアリー会が公表している「退職給付会計に関する数理実務基準」および「退職給付会計に関する数理実務ガイダンス」によって行われる。当該ガイダンスでは，割引率の算定方法が複数示される（イールドカーブ直接アプローチ，イールドカーブ等価アプローチ，デュレーションアプローチ，加重平均期間アプローチ）など，選択の余地があり，選択した計算方法によっては計算結果を入手できるタイミングが異なるので，その選定にあたっては，外部委託先等と入念に打ち合わせておく必要がある。

　また，以下の点にも留意が必要である。

①　データの正確性

　退職給付債務の算定にあたっては，自社で計算する場合はもちろん，外部に委託する場合であっても，その基礎データに基づく必要がある。このため，漏れなく正確に基礎データである勤続年数や職階等を集計することが求められる。また，年金選択率や昇給率といった各社独自の実績数値を用いる場合には，当該基礎データについても適切に算定する必要があり，注意が必要である。

②　長期期待運用収益率の算定

　期首の年金資産に，長期期待運用収益率を乗じることで期待運用収益は計算される。長期期待運用収益率は，年金資産が退職給付の支払いに充てられるまでの時期，保有している年金資産のポートフォリオ，過去の運用実績や運用方針，および市場の動向等を考慮して決定する（退職給付適用指針25項）。

　しかし，年金資産が実際に退職給付の支払いに充てられるまでの時期を見越して，当該期間の運用収益の見込みを出すことは非常に困難と考えられる。よって，実務上は，過去3年～5年など一定期間の運用実績や市場動向に，将来の市場動向予測やポートフォリオを加味して，算定することになると考えられる。

（2）　計上のタイミング

　退職給付引当金は，期首時点の計算基礎に基づいて期末の退職給付債務や年金資産を予測計算して計上することから，特に計上のタイミング自体は論点にならないと考えられるが，未認識項目の費用処理の開始のタイミングと，翌期

4　退職給付引当金　115

初めに退職給付制度が終了する場合の取扱いが問題となると考えられる。

①　未認識項目の費用処理開始のタイミング

　当期に発生する未認識項目としては，数理計算上の差異と過去勤務費用がある。このうち，数理計算上の差異は期末の数理計算の結果生じるものであるため，原則として期末に費用処理を開始するが，翌期から費用処理する方法を継続的に採用することも認められている（退職給付会計基準（注7））。

　一方，過去勤務費用は，退職給付水準の改訂等に起因して生じる退職給付債務の増減であり，勤労意欲へ影響を与えることを根拠に遅延認識が認められるものであるため，改訂日（労使の合意の結果，規程や規約の変更が決定され周知された日）現在で認識し，費用処理を開始する。なお，数理計算上の差異と異なり，当期に発生した過去勤務費用を翌期から費用処理することは認められない（退職給付適用指針105項）。

②　翌期初めに退職給付制度が終了する場合

　退職給付制度の終了の処理は，事業主と従業員の権利義務が明確になった時点で行うことが適当と考えられることから，退職給付制度の廃止や，退職給付制度の改定規程等の施行が行われた日に終了損益を計上する。

　しかし，退職給付制度の廃止日や施行日が翌期となる場合であっても，終了損失（将来の特定の損失）について，規程等の改訂日が当期中であり（当期以前に起因），発生の可能性が高く，かつ，その金額を合理的に見積ることができる場合には，注解18の要件を満たすことから，当該終了損失の額を当期の退職給付費用として計上し，退職給付引当金（連結財務諸表上は退職給付に係る負債）を増加させる処理を行う必要がある（退職給付制度移行取扱いQ1）。

（3）　繰入・戻入の会計処理

　毎期の退職給付費用の計上（繰入）は，前記「第Ⅰ部　第2章　日本の会計基準において定めがある主なもの　2　退職給付引当金（2）引当金の計上（発生の認識）」に記載のとおり，以下の算式から構成されている。

退職給付費用＝勤務費用＋利息費用−期待運用収益±未認識項目の費用処理額

なお，連結財務諸表上は，当期に費用処理されていない未認識項目を，税効果を調整のうえ，その他の包括利益として即時に認識するが，当該未認識項目は，個別財務諸表と同様，一定の年数で費用処理（組替調整）するため，設例Ⅱ－4－1に示すように退職給付費用の額は個別と連結で同額となる。

設例Ⅱ－4－1　未認識項目の連結と個別の費用処理

［前提条件］
① X1年度末に個別財務諸表上は，退職給付引当金1,000（退職給付債務5,000，年金資産3,000，未認識数理計算上の差異（借方）1,000），連結財務諸表上は，退職給付に係る負債2,000を計上していた。
② X2年の勤務費用は510，利息費用は50，期待運用収益は60，未認識数理計算上の差異の費用処理額は100であった。
③ X2年度末に数理計算上の差異（借方）が200発生した。なお，数理計算上の差異の費用処理は翌期から行っている。
④ 連結子会社は確定拠出制度を採用している。
⑤ 法定実効税率は30％とし，繰延税金資産の回収可能性には問題がないものとする。

4　退職給付引当金　117

［会計処理］（X2年度末の処理）

① 個別財務諸表上の処理

＜退職給付費用の計上＞

（借）	退 職 給 付 費 用	(※1)600	（貸）	退 職 給 付 引 当 金	(※1)600
（借）	繰 延 税 金 資 産	(※2)180	（貸）	法 人 税 等 調 整 額	(※2)180

（※1）　600＝勤務費用510＋利息費用50－期待運用収益60＋未認識数理計算上の差異の費用
　　　　　処理額100
（※2）　180＝退職給付費用600×法定実効税率30％

＜未認識数理計算上の差異の発生＞

仕訳なし(※)

（※）　翌期から費用処理のため，仕訳はない。

② 連結財務諸表上の処理

＜開始仕訳－前期末の未認識数理計算上の差異の引継ぎ＞

（借）	退 職 給 付 に 係 る 調 整 累 計 額	(※1)700	（貸）	退 職 給 付 に 係 る 負 債	(※3)1,000
	繰 延 税 金 資 産	(※2)300			

（※1）　700＝前期末の未認識数理計算上の差異残高1,000×（1－法定実効税率30％）
（※2）　300＝前期末の未認識数理計算上の差異残高1,000×法定実効税率30％
（※3）　1,000…前提条件①参照

＜退職給付引当金から退職給付に係る負債への組替＞

（借）	退 職 給 付 引 当 金	(※)1,600	（貸）	退 職 給 付 に 係 る 負 債	(※)1,600

（※）　1,600＝前期末の個別財務諸表上の退職給付引当金残高1,000（前提条件①参照）
　　　　　＋当期退職給付引当金増加分600（＜退職給付費用の計上＞の仕訳参照）

＜個別財務諸表上の退職給付費用の計上の組替調整＞

（借）	退 職 給 付 に 係 る 負 債	(※)100	（貸）	退 職 給 付 に 係 る 調 整 額	(※)70
				繰 延 税 金 資 産	(※)30

（※）　個別財務諸表上の未認識数理計算上の差異の費用処理額100の組替調整額。未認識数
　　　理計算上の差異を費用処理することにより，未認識数理計算上の差異の残高が減少し，
　　　開始仕訳の退職給付に係る調整累計額と繰延税金資産が減少する。

118　第Ⅱ部　引当金別　会計上の論点と実務ポイント

＜未認識数理計算上の差異の発生＞

| （借） | 退職給付に係る調整額 | (※2)140 | （貸） | 退職給付に係る負債 | (※1)200 |
| | 繰 延 税 金 資 産 | (※3) 60 | | | |

（※1）　200…前提条件③参照
（※2）　140＝200(※1)×（1－法定実効税率30％）
（※3）　60＝200(※1)×法定実効税率30％

4 ▌実務上のポイント

（1）　後加重

　退職給付見込額の期間帰属の方法として，給付算定式基準を採用する場合，勤務期間の後期における給付算定式に従った給付が初期よりも著しく高い水準となるときには（給付算定式に従う給付が著しく後加重である場合には），当該期間の給付が均等に生じるとみなして補正した給付算定式に従う必要がある（退職給付会計基準19項(2)なお書き）。

　「著しく後加重」であるかどうかの具体的な判断基準は，退職給付会計基準等において，特段示されていない。給付算定式基準は，国際的な会計基準との整合性を図るために導入されたものであるが，国際的な会計基準においても，給付算定式に従う給付が著しく後加重といえるのはどのような場合であるかという点については具体的な定めがない。このため，国際的な会計基準との整合性を図る観点から，退職給付会計基準等においても，「著しく後加重」であるかどうかの判断基準を示さないとしているものである（退職給付適用指針75項）。

　「著しく後加重」であるかどうかの判断は各社が行う必要があるが，実務上は，結果として労働の対価の測定という観点からいたずらに費用計上を先延ばしにすることとなるような給付算定式になっていないかどうか，制度設計時の退職給付に関する考え方を確認して判断基準を設ける必要があると考えられる。

（2）　未認識項目の費用処理方法・年数の変更

①　費用処理方法の変更

　未認識項目は，一定の年数に基づいて定額法または定率法により，費用処理を行う（退職給付適用指針35項，36項，42項）。費用処理方法に定額法と定率

法がある点は減価償却方法と同様であるが，減価償却方法のような特別な定め（過年度遡及会計基準19項，20項）がないため，正当な理由に基づいて定額法から定率法に，または定率法から定額法へと費用処理方法を変更した場合には，原則として，遡及適用が必要となると考えられる。

② 費用処理年数の変更

　未認識項目は，発生した年度における平均残存勤務期間以内の一定の年数を費用処理年数として継続的に適用する必要がある（退職給付適用指針35項，42項）。

　費用処理年数の決定方法には，以下の方法があるが，現在採用している方法から他のいずれかの方法に変更することは，会計方針の変更に該当する（退職給付適用指針104項）。

---
　i　発生年度に全額を費用処理する方法
　ii　平均残存勤務期間とする方法
　iii　平均残存勤務期間以内の一定の年数とする方法

　ただし，iiiの方法による場合で，従業員の大量退職などにより平均残存勤務期間の年数が従来の費用処理年数を下回ることとなったときの費用処理年数の変更は，会計事実の変更に伴うものであるため，会計上の見積りの変更となる。それ以外の変更については会計方針の変更となるが，合理的な変更理由があることは稀であると考えられるため，通常は変更できないものと考えられる（退職給付適用指針39項，40項，42項，業務本部審理ニュース［No.6］「退職給付会計における未認識数理計算上の差異等の費用処理方法等の変更について」）。

（3）　税効果会計上の取扱い

① 退職給付引当金

　退職給付に関して損金算入される時点および金額は，退職一時金制度については従業員の退職日または実際に退職金が支払われた日にその額が，企業年金制度については，掛金の拠出時にその額が損金算入される。すなわち，会計上は退職給付費用が損益計算書上の費用となるが，税務上は退職日または現金の支払時に損金算入される。したがって，退職給付費用（退職給付引当金）は将

120 第Ⅱ部 引当金別 会計上の論点と実務ポイント

来減算一時差異に該当し，回収可能性を検討のうえ，繰延税金資産（前払年金費用のケースは繰延税金負債）を計上することになると考えられる。

② 退職給付信託

ⅰ 退職給付信託とは

退職給付信託とは，企業の保有する有価証券等を将来の退職給付に充てるために信託として設定したものをいう。退職給付信託が年金資産として認められるためには，以下の4つの要件をすべて満たす必要がある（退職給付適用指針18項）。

- 当該信託が退職給付に充てられるものであることが退職金規程等により確認できること
- 当該信託は信託財産を退職給付に充てることに限定した他益信託であること
- 当該信託は事業主から法的に分離されており，信託財産の事業主への返還および事業主による受益者に対する詐害的な行為が禁止されていること
- 信託財産の管理・運用・処分については，受託者が信託契約に基づいて行うこと

ⅱ 退職給付信託の税効果

退職給付信託に拠出した資産は，会計上は設定した信託財産の時価で評価され，税務上は帳簿価額のままであることから，会計上の資産と税務上の資産に差異が生じ，信託設定益は将来加算一時差異となり繰延税金負債を認識する。

また，決算時における信託財産の時価変動部分は，数理計算上の差異となり，費用処理により，退職給付費用（退職給付引当金）となるが，①のとおり退職給付費用は税務上損金算入されないため，仮に，時価が上昇しているのであれば，退職給付信託に対する期待運用収益の計上と同様に，費用処理額に応じて将来加算一時差異が増加し，仮に時価が下落しているのであれば，費用処理額に応じて退職給付信託設定益に係る将来加算一時差異が解消することになると考えられる。

なお，退職給付信託として設定した有価証券を退職給付信託設定時の時価より高い金額で売却し現金化した場合，税務上，売却価額と信託設定時の税務上の簿価との差額が課税され，会計上，法人税，住民税及び事業税が計上される。また，これに伴い，退職給付信託設定益に係る将来加算一時差異が解消するた

め，当該設定益に対して計上している繰延税金負債を取り崩して法人税等調整額に計上することになる。

以上を例で示すと設例Ⅱ－4－2のとおりとなる。

設例Ⅱ－4－2　個別財務諸表における退職給付信託の税効果

［前提条件］

① 会社の決算期は3月である。会社はX1年3月に帳簿価額10,000の投資有価証券（100/株×100株）を退職給付信託に設定した。なお，退職給付信託設定時における当該投資有価証券の税務上の帳簿価額も10,000（100/株×100株）であった。また，退職給付信託設定時の時価は200/株であった。

② X2年3月期の期待運用収益は1,000と見積られた。また，X2年3月の退職給付信託の投資有価証券の時価は300/株であり，信託財産の時価変動部分は数理計算上の差異として発生年度から10年で費用処理を行うものとする。なお，勤務費用，利息費用は便宜上考慮しないものとする。

③ X2年4月に信託管理人は信託財産である投資有価証券のうち，50株を400/株で売却し現金のまま信託資産に保有した。なお，当該現金は他の投資有価証券への再投資を行わず，従業員の退職時まで現金預金として保有する方針である。

なお，売却した投資有価証券に係る未認識数理計算上の差異は便宜上考慮しないものとする。

④ 法定実効税率は30％とする。

［会計処理］

① 退職給付信託設定時（X1年3月末）

（借）	退職給付引当金 (※1)	20,000	（貸）	投資有価証券 (※2)	10,000
				退職給付信託設定益 (※3)	10,000
（借）	法人税等調整額 (※4)	3,000	（貸）	繰延税金負債 (※4)	3,000

（※1）　20,000＝投資有価証券の時価200/株×100株

（※2）　10,000…前提条件①参照

（※3）　10,000＝投資有価証券の時価200/株×100株－投資有価証券の帳簿価額100/株×100株

（※4）　3,000＝（会計上の信託財産である投資有価証券の帳簿価額200/株×100株

　　　　　　－税務上の投資有価証券の帳簿価額100/株×100株）×法定実効税率30％

122 第Ⅱ部 引当金別 会計上の論点と実務ポイント

② 期待運用収益の計上および数理計算上の差異の費用処理（X2年3月末）

(借)	退職給付引当金	(※1)1,000	(貸)	退職給付費用	(※1)1,000
(借)	退職給付引当金	(※2)900	(貸)	退職給付費用	(※2)900
(借)	法人税等調整額	(※3)570	(貸)	繰延税金負債	(※3)570

（※1） 1,000…X2年3月期の期待運用収益（前提条件②参照）
（※2） 900＝｛信託財産である有価証券の時価300/株×100株
    　　　　－（期首の有価証券の時価200/株×100株＋期待運用収益1,000)｝÷10年
（※3） 570＝前期末からの将来加算一時差異の増加額（期待運用収益1,000
    　　　　＋数理計算上の差異の費用処理額（貸方差異）900)×法定実効税率30%

③ 信託財産の売却（X2年4月）

(借)	法人税, 住民税及び事業税	(※1)4,500	(貸)	未払法人税等	(※1)4,500
(借)	繰延税金負債(※2)	(※3)1,785	(貸)	法人税等調整額(※2)	(※3)1,785

（※1） 4,500＝有価証券の売却益15,000（売却額400/株×50株＝20,000
    　　　　－税務上の有価証券の帳簿価額100/株×50株＝5,000）×30%
（※2） 売却した有価証券については税務上売却益が計上されるため，税務上の簿価と会計
    　　 上の簿価が一致し，当初の退職給付信託設定益に係る将来加算一時差異が解消するた
    　　 め，当該将来加算一時差異に係る繰延税金負債は取り崩す。
（※3） 1,785＝繰延税金負債（3,000＋570）×50株÷100株

（4） 未認識項目に係る繰延税金資産の回収可能性

　将来の一時差異等加減算前課税所得の見積額は，連結財務諸表の作成上で生
じる連結修正によって変わるものではないため，親会社または連結子会社の個
別財務諸表における繰延税金資産の回収可能性の判断と，個別財務諸表におけ
る繰延税金資産に連結修正項目に係る繰延税金資産を合算した連結財務諸表に
含まれる当該個別財務諸表における繰延税金資産の回収可能性の判断は，通常，
変わらないものと考えられる（回収可能性適用指針110項）。

　また，個別財務諸表における退職給付引当金に係る将来減算一時差異に関す
る繰延税金資産の額に未認識項目の会計処理により生じる将来減算一時差異に
係る繰延税金資産の額を合算した繰延税金資産の回収可能性については，解消

見込年度が長期にわたる将来減算一時差異の取扱いが適用される（回収可能性適用指針44項，112項）。

（5） 退職給付に係る資産（前払年金費用）と退職給付に係る負債（退職給付引当金）の相殺表示の可否

　たとえば，会社の退職給付制度として，確定給付型企業年金制度と退職一時金制度との2つから構成されており，それぞれ退職給付債務を計算したところ，年金制度については退職給付に係る資産（前払年金費用），退職一時金制度は退職給付に係る負債（退職給付引当金）がそれぞれ計上されることとなった場合に，貸借対照表上，両者を相殺表示できるか否かが論点となる。

　この点，複数の退職給付制度を採用していることにより生じた退職給付に係る資産（前払年金費用）と退職給付に係る負債（退職給付引当金）を貸借対照表上相殺表示できるかどうかについては，明確な定めはない。

　ただし，退職給付に係る資産（前払年金費用）と退職給付に係る負債（退職給付引当金）は，計算上相殺できないこと，および企業年金制度の場合には，外部に実際に拠出されたものである（＝資金確保済み）のに対し，退職一時金制度は内部での引当（＝資金を確保したというよりは，計算上認識されているもの）であることなどを考えると，両者は相殺せず，両建てで表示すべきものと考えられる。

124　第Ⅱ部　引当金別　会計上の論点と実務ポイント

5　株式給付引当金

1┃概要

　本⑤では，従業員への福利厚生を目的として行われる従業員等に信託を通じて自社の株式を交付する取引（いわゆる「株式交付信託」。以下，本⑤において「日本版 ESOP」という。）のうち，受給権が付与された従業員に信託を通じて自社の株式を付与する取引（以下，本⑤において「株式給付型日本版ESOP」という。）を導入している企業において計上される株式給付引当金について，その実務上の取扱いを中心に解説する。なお，スキームの概要や会計基準等（日本版 ESOP 取扱い）における定めについては，前記「第Ⅰ部 第2章 日本の会計基準において定めがある主なもの　3　株式給付引当金」を参照のこと。

（1）　具体的事例

　株式給付型日本版 ESOP を導入している企業において，従業員等に付与されたポイントに対応する引当金が計上されているような事例が見られる。

（2）　会計処理の考え方

　当該引当金は，信託が保有する日本版 ESOP 導入企業の株式を従業員へと交付する義務を負債として計上するものである。このため，交付株数の算定の基礎となるポイントの付与時において，将来当該株式を引き渡す義務を負う（引き渡す可能性が高い）ものとして，引当金が計上される。

　なお，ポイントの算定には織り込まれるものの，一定期間の勤務が交付の要件とされるようなケース（図表Ⅱ-5-1参照）では，どの時点から引当計上すべきであるかという論点が生じるが，基本的には，勤務期間の要件を満たしていない段階でも図表Ⅱ-5-1の「結論」に記載のとおり，引当金の計上の要件を満たす場合には引当金を計上すべきと考えられる。

5 株式給付引当金 **125**

図表Ⅱ−5−1	一定期間の勤務が交付の要件とされるケースでの検討

具体的ケース	退職時において勤務期間に応じた株数が交付されるが（1年1ポイントがベース，1ポイントは1株に換算），入社から3年を経過しないと退職しても株式は交付されない。
引当金計上の要否に係る考え方	（1） 将来的に勤務期間の要件を満たす可能性に着目する考え方 　　　ほとんどの従業員が入社から3年を超えて勤務しており，将来的に勤務期間の要件を満たす可能性が高い。 （2） 他の会計基準の取扱いを参考にする考え方 　　　退職給付会計やストック・オプション会計においては，要件を満たす以前でも（確率加重により）費用計上される。
結論	いずれの考え方をとっても，3年を経過する時点より前の段階でも引当金計上の要件を満たし，引当計上される。

2 ▍事例分析

　ここでは，2017年4月から2018年3月に決算を迎えた東証一部上場会社1,912社の有価証券報告書のうち，連結財務諸表もしくは個別財務諸表またはその双方に株式給付引当金が計上されている会社（日本基準適用会社に限る。また，比較情報においてのみ計上されているケースを含む。以下，本[5]において「対象会社」という。）267社[1] を母集団として，開示事例分析を実施した結果を記載する。

（1） 会計方針の記載

　会計方針の記載は，科目名ごとに傾向が分かれる結果となった。株式給付引当金（役員株式給付引当金および従業員株式給付引当金を含む。）については，

1　「株式」や「報酬」を科目名に含む引当金を抽出したうえで，会計方針の記載などから，対象となる制度が日本版ESOPであるかどうかを確認して母集団とした。また，1社で日本版ESOPに関する引当金が複数計上されている場合，それぞれを1社としてカウントしている。なお，「株式報酬引当金」などの科目には，日本版ESOPに係る引当金のほか，事後交付型の自社株型報酬に係る引当金が計上されている可能性があるものと考えられる。この点，インセンティブ報酬研究報告Ⅲ3(2)④では，現行の会計基準および会社法を前提に，権利確定日後に株式が交付されるような事後交付型の自社株型報酬スキームにおいて，注解18の引当金の要件を満たすと考えられるとしている。

126 第Ⅱ部 引当金別 会計上の論点と実務ポイント

「株式給付債務の見込額」を計上していると記載している会社が圧倒的多数（226社中170社）を占めた。また，株式報酬引当金では「ポイントに応じた支給（または給付）見込額」を計上していると記載している例が多く，さらに，役員報酬 BIP 信託引当金では，「ポイントに応じた株式の給付見込額」を計上していると記載している会社が比較的多数を占めた。

また，役員向けのスキームにおいては，その対象者について，執行役員を含むとしている例，取締役を対象とする点を明示している例，社外取締役（社外役員）を含まないとしている例などが見られた。

これらに加えて，株式を換価するなどして支給される現金での支給分を含んでいると明示している会社もわずかながら見られた。さらに，業績連動型である旨を明示している例もあった。

（2） 科目名

対象会社267社において，計上されている引当金の科目名を調査した結果は，図表Ⅱ－5－2のとおりである。また，図表Ⅱ－5－2の上位4科目について，その表示区分を調査した結果は図表Ⅱ－5－3のとおりである。

図表Ⅱ－5－2 日本版 ESOP に係る引当金の科目名

科目名	会社数（社）
役員株式給付引当金(＊1)(＊2)	123
株式給付引当金(＊1)	92
株式報酬引当金	23
従業員株式給付引当金(＊2)	11
役員報酬 BIP 信託引当金(＊3)	8
従業員株式付与引当金(＊3)	2
その他(＊4)	8
合計	267

（＊1） 役員株式給付引当金と株式給付引当金をともに計上している会社24社を含んでいる。
（＊2） 役員株式給付引当金と従業員株式給付引当金をともに計上している会社9社を含んでいる。
（＊3） 従業員株式付与引当金を計上している2社は，いずれも役員報酬 BIP 信託引当金を

併せて計上していた。

（＊4）　株式給付関連引当金，株式給付信託引当金，変動報酬引当金（＊5），株式給付費用
引当金，役員株式報酬引当金，株式等給付引当金，BIP 株式給付引当金，株式付与引
当金を計上している会社が各1社である。

（＊5）　会計方針において日本版 ESOP に係る引当を含む旨が記載されていた。

図表Ⅱ－5－3　日本版 ESOP に係る引当金の表示区分

科目名	固定負債	流動負債	双方（＊1）	その他（＊2）	合計
役員株式給付引当金	108	6	2	7	123
株式給付引当金	67	8	11	6	92
株式報酬引当金	16	0	1	6	23
従業員株式給付引当金	8	1	0	2	11

（＊1）　流動負債と固定負債の双方に表示している会社を集計している。

（＊2）　銀行業など，流動・固定分類がない会社を集計している。

（3）　損益計算書表示区分

　株式給付引当金については，従業員または役員の勤務に対応して計上される
ものであることから，その繰入額は営業費用に表示されることが考えられる。
このため，前記図表Ⅱ－5－2に記載した上位4科目について，当該引当金繰
入額が営業外費用に表示されている例があるかどうか確認したところ，そのよ
うな例はなく，基本的に営業費用として計上されていることが推測される結果
となった。

　なお，特別損失として計上されている例が3社あったが，損益計算書注記な
どで内容等が記載されている会社はなく，特別損失として計上した理由は判然
としなかった。

（4）　その他

　対象会社267社が導入している制度（対象者）を，会計方針の記載から分析
した結果は図表Ⅱ－5－4のとおりである。

128 第Ⅱ部 引当金別 会計上の論点と実務ポイント

図表Ⅱ－5－4 導入している制度（対象者）の分析

対象者	会社数（社）
役員（＊1）	180
従業員（＊1）	70
役員および従業員（＊2）	11
合計（＊3）	261

（＊1） このうち34社が，役員向けおよび従業員向けの双方の制度を導入しており，各々について異なる科目名の引当金を計上していた。

（＊2） 単一の引当金で役員向けおよび従業員向けの双方の引当金を計上していた会社を集計している。具体的な科目名は，株式給付引当金（8社），株式付与引当金，株式給付関連引当金，株式等給付引当金（各1社）である。

（＊3） 対象会社267社との差（6社）は，引当金に係る会計方針の記載がなかった会社（比較情報においてのみ引当金が計上されている会社など）である。

3 会計処理等

（1） 計算（見積）方法

日本版 ESOP 取扱いにおいて，信託が日本版 ESOP 導入企業の株式を取得したときの株価を基礎として引当金の額を算定すること，および複数回にわたって株式を取得した場合には平均法または先入先出法のいずれかを用いて引当金の額を算定することが示されている（日本版 ESOP 取扱い12項）。

信託が保有する日本版 ESOP 導入企業株式は，信託における帳簿価額をもって自己株式として処理されるが，これには付随費用を含まないとされている（日本版 ESOP 取扱い14項(1)）。このため，信託が時価（市場価格）で株式を取得している限りにおいて，自己株式の金額と当該株式の取得原価で測定される引当金の金額は同額となり，取崩時に差額は生じない。

（2） 計上のタイミング

株式給付引当金は，従業員にポイントが付与された時点で計上され，また，株式が交付された時点で取り崩される（日本版 ESOP 取扱い12項，13項）。

なお，一定期間の勤務が交付の要件とされるケースにおける取扱いは，前記

「1 概要（2）会計処理の考え方」を参照のこと。

（3） 繰入・戻入の会計処理

　繰入・戻入の会計処理については，前記「第Ⅰ部 第2章 日本の会計基準において定めがある主なもの 3 株式給付引当金（2）引当金の計上（発生の認識）および（4）引当金の取崩し（消滅の認識)」を参照のこと。

4 ▌実務上のポイント

（1） 対象範囲

　日本版 ESOP 取扱いは，日本版 ESOP 導入企業が自社の株式を自社の従業員に交付するスキームを対象として会計処理等を示しているものである（日本版 ESOP 取扱い4項）。このため，図表Ⅱ－5－5に示したようなスキームには，直接的には適用されない。

図表Ⅱ－5－5 日本版 ESOP 取扱いの適用対象外のスキーム（例）

交付対象	●役員に対して交付するスキーム ●日本版 ESOP 導入企業の子会社の従業員等に対して交付するスキーム
交付する株式	●日本版 ESOP 導入企業の親会社株式を交付するスキーム

　ただし，これらのスキームに関しても，内容に応じて，日本版 ESOP 取扱いの定めを参考にすることが考えられるとされている（日本版 ESOP 取扱い26項なお書き）。このため，図表Ⅱ－5－5に記載したようなスキームにおいても，引当金の算定・会計処理に関して，日本版 ESOP 取扱いの定めを参考にすることが適当であると考えられる。

　なお，役員向けの日本版 ESOP における論点については，後記「（6）役員向け日本版 ESOP におけるスキーム終了時の取扱い」を参照のこと。

（2） 配当金を原資として取得した株式の取扱い

　信託が取得する株式に関して，当初信託された現金をもって取得するのではなく，日本版 ESOP 導入企業からの配当を原資として取得するようなケース

130 第Ⅱ部 引当金別 会計上の論点と実務ポイント

も考えられる。このケースに関して，日本版 ESOP 取扱いでは，以下の3つの会計処理が検討されたと書かれている（日本版 ESOP 取扱い59項）。

---

① 引当金の額は，信託が日本版 ESOP 導入企業の株式を取得したときの株価を基礎として算定し，株式の従業員への交付時に，引当金額と自己株式の帳簿価額との差額および負債に計上された配当金額を損益として処理する方法
② 信託における配当金の受取りなどにより生ずる余剰金を原資に取得した株式の金額を，当該期のポイントに関する費用から控除する（引当金の金額を信託が配当を原資として取得した株式の取得時点の株価で算定する）方法
③ 信託における配当金の受取りなどにより生ずる余剰金を原資に取得した株式について，引当金の算定の際に取得原価をゼロと見る方法

　日本版 ESOP 取扱いにおける引当金額の測定の原則が，信託が日本版 ESOP 導入企業の株式を取得したときの株価を基礎としていることと整合させると，上記のうち②の方法をとることが考えられ[2]，また，①や③の考え方にも一定の根拠があるものと考えられる。しかしながら，日本版 ESOP 取扱いでは，このような取引が頻繁に発生するものではないこと，さらに金額的重要性が低いと想定されることから，具体的な処理を明示しないものとされた（日本版 ESOP 取扱い59項）。このため，上記①から③の処理の中で，企業が適切と判断する方法を選択して，会計処理を行うことになると考えられる。

（3） 信託が市場価格以外の価格で株式を取得した場合

　信託が市場価格以外の価格で株式を取得した場合の取扱いは，日本版 ESOP 取扱いにおいては特に示されていない。たとえば，特定の株主からディスカウントされた価格で株式を取得することなどが挙げられるが[3]，この場合の引当金の額の測定としては以下の3つの方法が考えられる。

2　2013年11月19日開催　第276回企業会計基準委員会　審議事項(4)−5第10項参照
3　「実務対応報告公開草案第39号『従業員等に信託を通じて自社の株式を交付する取引に関する実務上の取扱い（案）』に対するコメント」の「5. 主なコメントの概要とその対応」No.29参照

① 実際に支出した額を用いて，引当金額を測定する方法
② 引当金の額は取得の際の市場価格などを用いて算定し，従業員への株式の交付時に引当金と自己株式の帳簿価額の差額を純損益に計上する方法
③ 取得原価と株価との差額を取得時点で純損益に計上し，引当金の額は取得の際の市場価格などを用いて算定する方法

このうち，③の方法は，自己株式の取得に際して，その取得原価を時価によることとはしていない企業会計基準第1号「自己株式及び準備金の額の減少等に関する会計基準」第7項の定めと整合的ではなく，①または②の方法を採用することが考えられる。日本版 ESOP 取扱い第12項の文言に忠実に従うと②の方法となるが，一方で，以下の点などを考慮すると，①の方法を採用するという考え方も成り立ち得ると思われる。

● 会計基準等の定めはあくまで一般的な取引（今回のケースでは信託が時価で取得すること）が前提となっており，それ以外の場合においては適切な判断が求められてくると考えられること
● 最終的な企業の負担額が信託での取得原価の範囲に限定されている実態を示すことができると考えられること
● ②の方法によると処理が煩雑になると考えられること（日本版 ESOP 取扱い57項(1)参照）

（4） 四半期財務諸表および事業年度と勤務対象期間が相違する場合の取扱い

前記「1 概要（2）会計処理の考え方」では，勤務期間の要件を満たしていない段階でも引当金を計上すべきとする考え方を示したが，年度末にまとめてポイントが付与されるような制度であっても，年度末で付与されるポイントを見積って，各四半期決算でも引当計上することが考えられる。

また，会計年度と勤務対象期間が相違するようなケース，たとえば，3月決算の会社において，勤務対象期間を1月～12月として，ポイントが12月末に付与されるケースを想定する。この場合，3月末の年度決算では，翌年度の12月にポイントを付与することが合理的に見込まれる限り，前年12月に確定したポ

132　第Ⅱ部　引当金別　会計上の論点と実務ポイント

イントのほか，1月～3月の勤務に対応するポイントを見積って，引当金を計上することが考えられ，その後の第1・第2四半期決算でも，それぞれ6か月，9か月分の引当金繰入額を計上することが考えられる。

（5）　一部が現金支給される場合の会計処理

日本版 ESOP においては，一部（納税資金相当など）を現金で支払うようなスキームになっているケースや，株式で受け取るか，現金で受け取るかを支給対象者が選択できるような制度になっていることがある。

このような場合でも，日本版 ESOP 取扱いの定めに従い，引当金の算定を信託における自社の株式の取得原価を基礎として行うことができるかどうかが論点となる。すなわち，当該現金は交付時の株価を基礎として算出されるようなケースで，その現金が企業から交付される場合には，将来の支給義務が株価の変動リスクにさらされていることになり，信託設定時に株価の変動リスクから解放されているという日本版 ESOP 取扱いが想定しているスキームと異なることとなる。

したがって，株式給付型の日本版 ESOP においてその一部が現金で支払われる可能性があるようなケースでは，当該現金に関して，信託が保有している導入企業の株式を売却して充当するような制度設計になっていることが，日本版 ESOP 取扱いを適用（または準用）できる重要な要件になるものと考えられる。

（6）　役員向け日本版 ESOP におけるスキーム終了時の取扱い

役員向けのスキームにおいては，制度終了時に信託に残存した株式を換金してその金銭を対象者に分配するのではなく，以下のような取扱いとなっているケースがある。

> ● 信託が保有する株式を自社が無償で譲り受けて消却する
> ● 信託において換金し，企業と関連のない第三者（団体）へ寄付する

従業員向けを前提とする日本版 ESOP 取扱いでは，制度終了時に信託に残存する株式は，換金されて余剰金とともに従業員に分配することが前提とされている。他方，上記のような制度設計となっているときの会計処理が論点とな

る。

① 自己株式の無償譲受・消却

　信託に残存する導入企業株式を無償譲受により取得したときには，企業からすると自己株式の無償取得となるため，企業会計基準適用指針第2号「自己株式及び準備金の額の減少等に関する会計基準の適用指針」第14項の定めに従い，自己株式数の増加のみとして捉えることが考えられる。また，その後の当該株式の消却において，対応する自己株式が計上されていない場合（当該無償取得した自己株式のみを自己株式として保有している場合），会計処理は行われない。なお，当該無償取得した自己株式以外にも，企業が無償取得以前から自己株式を保有していた場合，原則として，従前から保有していた株式と無償取得した株式を簿価通算して算定された単価で自己株式の消却の処理をすることが考えられる（企業会計基準第1号「自己株式及び準備金の額の減少等に関する会計基準」第13項，第11項）。ただし，無償取得した自己株式が直ちに消却されることが，規程や契約などで担保されていることを前提に，簿価通算することなく，自己株式の数のみの減少として処理することができるかどうかに関しては，なお検討の余地があるものと考えられるとされている（インセンティブ報酬研究報告脚注106）。

　一方で，信託側では導入企業の株式を無償で譲渡することによる経済的な損失が生じるが，これを総額法の適用時に導入企業における自己株式の取得原価に振り替えることは妥当ではなく，損失として計上することが考えられる（インセンティブ報酬研究報告Ⅵ5⑶③本文）。

② 第三者への寄付

　信託に残存する導入企業の株式を換金して第三者へと寄付した場合，従業員への分配に類似するものの，労働サービスの提供に見合って交付されるものではない。このため，信託において株式の換金に際して株式売却損益を認識したうえで，売却価額と同額の費用（寄付金）が計上されることになると考えられる（インセンティブ報酬研究報告Ⅵ5⑶③また書き）。

（7） 税務上の取扱いと税効果会計

　日本版 ESOP 取扱いの定めに従った場合，会計上の費用処理額は，信託に

134　第Ⅱ部　引当金別　会計上の論点と実務ポイント

おける自己株式の取得原価となり，また，その費用認識時点は，従業員等の役務提供時となる。

　一方，税務上は，役員向け日本版 ESOP のうち，退任時交付型のスキームおよび従業員向け日本版 ESOP を前提とすると，株式交付時の時価（株価）が株式の交付時に損金算入されるものと考えられる。

　このように，会計上の処理と税務上の処理を比較すると，会計上の費用計上が先行するため，税効果会計の検討が必要になる。また，会計上の費用計上額と税務上の損金計上額との間に結果的に差が生じることがあるため，この点をどう整理するかが論点となる。この点，以下のいずれかの考え方によることが想定される。

①　税効果会計の適用対象とならないとする考え方

　会計上の費用処理額（信託における取得原価）と税務上の損金算入額（株式交付時の時価）の概念がそもそも異なることから，会計上の費用処理額は将来減算一時差異の定義を満たさないと考える方法

②　税効果会計の適用対象とする考え方

　金額は相違する可能性があるものの，費用処理額の一部は損金に算入されることから，将来減算一時差異の定義に該当し，税効果会計の対象となると考える方法。この場合，将来減算一時差異の金額をどう捉えるか（どう見積るか）により，以下のいずれかの方法によることが考えられる。

ⅰ　費用処理額全額を税効果の対象とする。

ⅱ　費用処理額と期末時点の株価のいずれか低い方を税効果の対象とする（費用処理額＞株価の場合，費用処理額を将来減算一時差異とし，差額を評価性引当額とすることも考えられる。）。

（8）　表示・開示

①　貸借対照表の表示

　日本版 ESOP 取扱いでは，株式給付引当金に係る貸借対照表の表示区分に関する定めはなく，一般的なワンイヤールールに基づいて分類することになる

と考えられる。ただし，退職給付引当金と同様，1年内にその一部の金額の使用が見込まれるものであったとしても，その使用額を正確に算定できないときには，全額を固定負債として表示することが考えられる（財規ガイドライン52－1－6）。

② 損益計算書の表示

株式給付引当金の繰入額および戻入額は，株式給付型日本版 ESOP が従業員の福利厚生目的で行われることから（日本版 ESOP 取扱い4項参照），福利厚生費と同様，営業費用の区分に表示することになると考えられる。

5 ┃ 日本版 ESOP におけるその他の引当金
 （従業員持株会発展型における債務保証損失に対応する引当金）

（1） 概要

ここまで解説した株式給付引当金とは別に，日本版 ESOP のうち，いわゆる従業員持株会発展型のスキームにおいても，引当金が計上されることがある。すなわち，スキーム導入後の株価の下落等を要因として信託の終了時における資金不足が見込まれており，債務保証の履行によって企業が当該不足額を負担する可能性がある場合に，注解18の要件を満たすときには，一定の引当金が計上される（日本版 ESOP 取扱い8項(3)）。

（2） 会計処理

従業員持株会発展型のスキームにおいては，信託が株式の購入資金として借入を実行し，日本版 ESOP 導入企業がこれを保証することが一般的である。スキーム導入後に株価が下落すると，株式の購入資金として調達した借入金の返済原資が不足することになるが，最終的な信託の資金不足は保証債務の履行により補填される。このとき，保証債務の履行の可能性が高まった場合には，注解18の要件を満たすことが考えられ，負債としての引当金を計上することになる（日本版 ESOP 取扱い8項(3)）。計上金額は，期末時点までに生じている資金不足相当額であり，資産の部に計上された信託における損益の純額（日本

版 ESOP 取扱い8項(2)参照）を限度とすることが考えられる。

　なお，当該引当金については，保証債務の履行による損失に対して引き当てられるものであるが，通常の保証債務と異なり，対象の借入金がオンバランスされているものである。このため，引当計上に先立ち偶発債務の注記が行われることはなく（「実務対応報告公開草案第39号『従業員等に信託を通じて自社の株式を交付する取引に関する実務上の取扱い（案）』に対するコメント」の「5．主なコメントの概要とその対応」No.38），また，引当金の科目名も通常の債務保証損失引当金と区別するか，ないしは会計方針の記述においてその点を明瞭に記述することが望まれる。

（3）　表示・開示

　本引当金については，資産の部に計上された信託における損益の純額に対応して計上されるものではあるものの，評価性引当金としてではなく，負債性の引当金として負債の部に計上される。なお，その表示区分はワンイヤールールにより，信託終了までの期間が1年以内となった場合を除いて，固定負債に表示することが考えられる。

　また，損益計算書科目（引当金繰入額または戻入額）の表示区分は，当該スキームが従業員の福利厚生のために行われるものであることから（日本版ESOP取扱い3項参照），通常の債務保証損失引当金と異なり，営業費用の区分に表示することが考えられる。

6 厚生年金基金解散損失引当金

1 概要

（1） 具体的事例

　会社が加入している厚生年金基金が解散した場合には，退職給付制度の終了に該当し，その解散の日に損益を認識することになる。しかし，解散の前であっても，翌期以降に解散によって損失の発生する可能性が高く，かつ，その金額を合理的に見積ることができる場合には，当該損失見積額を当期の費用として計上し，引当金を計上する必要がある。

（2） 会計処理の考え方

　日本の年金制度は３階建ての構造になっている。１階部分は20歳以上60歳未満の国民全員が加入する国民年金であり，２階部分は職業に応じた上乗せ給付を行う厚生年金，そして３階部分が企業年金である。このうち１階部分と２階部分は公的年金と呼ばれ，国が社会保障の一環として運営しており，一方，３階部分である企業年金は企業や団体が運営主体となっている。

　企業年金は，従業員の福利厚生の一環として会社が厚生年金に上乗せして給付する任意の制度で，厚生年金基金，確定給付企業年金，（企業型）確定拠出年金の３つの種類がある。このうち，厚生年金基金は，母体会社とは別の法人として基金を設立し，基金が年金資産を管理・運用し，加入者に給付する仕組みである。この厚生年金基金の大きな特徴は，３階に相当する部分の他に，本来は国が担っている２階部分の一部を国に代行して給付することができる点にある。すなわち，厚生年金保険料の一部を国に代わって厚生年金基金が収受して管理・運用し，これを厚生年金基金独自の給付に上積みする構造である。

　なお，厚生年金基金は，設立形態により図表Ⅱ－６－１のように３つに分類することができる。

138　第Ⅱ部　引当金別　会計上の論点と実務ポイント

| 図表Ⅱ−6−1 | 設立形態による厚生年金基金の分類 |

類型	設立形態による相違点
単独型	１つの企業が独立で設立
連合型	企業グループなど資本関係が緊密な企業群が１つの厚生年金基金を設立
総合型	業界団体や健康保険組合等を母体として共同で設立

　厚生年金基金は，３階部分の資産に加え代行部分の資産を合わせて運用できることからスケールメリットが活かせるなどの利点もあり，最盛期である1990年代後半には1,800を超える基金に約1,200万人が加入する代表的な企業年金制度であった。

　しかし，バブル崩壊後には，運用利回り実績が予定利回りを下回ることが多く，基金への加入企業は掛金を引き上げて損失を負担することになり，かつては利点であると捉えられていた代行部分の運用が，逆にリスクと捉えられるようになった。また，2000年の退職給付会計の導入により，原則として，代行部分を含めた会計上の債務を企業の財務諸表に反映することが求められるようになった。このような環境の下で，2002年の確定給付企業年金法の施行を機に，厚生年金基金が代行部分を国へ返上（代行返上）して，本来の３階部分のみの確定給付企業年金へ移行することが可能になると，単独型・連合型の厚生年金基金の大半は代行返上した。さらに，2012年のAIJ投資顧問による年金資産の巨額消失事件を受けて，財政状態が良好な一部の厚生年金基金を除いて，解散または他制度への移行を促す方向とする法律が2013年に成立すると，総合型の厚生年金基金についても原則として廃止することになり，解散を余儀なくされた（図表Ⅱ−6−2参照）。

　このように，多くの基金が解散したが，その際，解散により母体企業に追加的な負担が発生する場合には，解散時にその負担額を費用処理することになる。ただし，解散が翌期以降であっても，解散によって損失の発生する可能性が高く，かつ，その金額を合理的に見積ることができる場合には，当該損失見積額を引当金として当期の費用に計上する必要がある。

| 図表Ⅱ-6-2 | 厚生年金基金数の推移 |

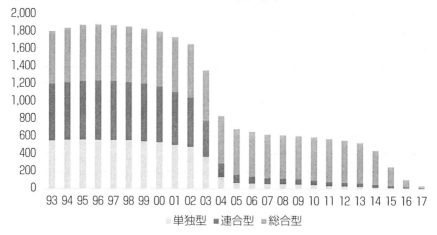

(出典)「厚生年金基金の財政状況等」(厚生労働省) のデータをもとに作成

2 事例分析

(1) 会計方針の記載

2017年4月から2018年3月に決算を迎えた東証一部上場会社1,912社のうち,厚生年金基金解散損失引当金を計上していた会社は18社(日本基準適用会社に限る。また,比較情報においてのみ計上されている会社を含まない。)であった。いずれの会社も,「厚生年金基金の解散に伴い発生が見込まれる損失に備えるため,解散時の損失等の当連結会計年度末における合理的な見積額を計上しております。」といった一般的な記載であった(以下の開示例参照)。

140　第Ⅱ部　引当金別　会計上の論点と実務ポイント

会社名：㈱近鉄百貨店（2018年2月28日：有価証券報告書）

【注記事項】
（連結財務諸表作成のための基本となる重要な事項）
　4　会計方針に関する事項
（3）　重要な引当金の計上基準
④　厚生年金基金解散損失引当金
　一部の連結子会社が加入している厚生年金基金解散に伴い発生が見込まれる損失に備えるため，解散時の損失の当連結会計年度末における合理的な見積額を計上しております。

（2）　科目名

　厚生年金の解散に伴う引当金については，計上しているすべての会社で，「厚生年金基金解散損失引当金」という科目で表示されていた。

（3）　損益計算書表示区分

　厚生年金の解散に伴う引当金の繰入額については，特別損失に計上している事例が一般的であった。一方，解散時においては，戻入が発生しないまたは少額であることから戻入額が明示されていないケースが多かったものの，営業外収益に計上されている事例もあった。

3　会計処理等

（1）　計算（見積）方法

　厚生年金基金の大半を占める総合型の基金は，退職給付会計上の複数事業主制度に該当し，自社の負担に属する年金資産の額を合理的に計算できるかどうかによって会計処理が異なるが，その多くは合理的に計算できない場合に該当し，自社の要拠出額をもって費用処理する。このため，解散に伴って追加的な拠出が求められる場合には，当該要拠出額を費用処理することになり，解散の前であっても，翌期以降に解散による損失の発生の可能性が高く，かつ，その金額を合理的に見積ることができる場合には，当該損失見積額を当期の費用として計上し，厚生年金基金解散損失引当金等の適切な科目をもって処理する必

要がある（退職給付制度移行取扱い Q10）。

（2） 計上のタイミング

翌期以降に厚生年金基金を解散し，それによる損失の発生の可能性が高まるのは，代議員会の議決を得るタイミングであると考えられることから，注解18の他の要件を満たしている場合には，代議員会の議決時に引当金を計上することになる（退職給付制度移行取扱い Q10）。

（3） 繰入・戻入の会計処理

引当金の繰入時においては，繰入額を原則として，特別損失として計上する（退職給付制度移行取扱い Q10）。また，基金の清算により負担額が確定した場合には，基準等に明記されていないものの，引当額との差額を営業外損益または特別損益として計上するべきであると考えられる。

4 ▍実務上のポイント

清算型基金においては，清算型基金の指定を受けた後，清算計画について厚生労働大臣の承認を受けた時に，代議員会の議決を得ずに解散することが認められている。この場合，解散にあたって代議員会の議決がないことになるが，この場合でも，当該基金において解散することが実質的に決まった段階，すなわち清算計画の承認時点で引当金を計上することが適当と考えられる。

貸倒引当金（一般事業会社（銀行業・保険業以外））

1 概要

（1） 具体的事例

　企業が有する債権には貸倒れのリスクがあるのが一般的であり，また，金融商品会計基準第14項において，債権の貸借対照表価額は取得価額から貸倒引当金を控除した金額とする，と定められていることから，貸倒引当金は多くの企業において計上されている。

（2） 会計処理の考え方

　一般事業会社においては，前記「第Ⅰ部 第2章 日本の会計基準において定めがある主なもの　4　貸倒引当金（2）引当金の計上（発生の認識）」に記載のとおり，債権を債務者の財政状態および経営成績に応じて，一般債権，貸倒懸念債権および破産更生債権等の3つに区分し，それらの債権区分ごとに貸倒見積高を算定し，貸倒引当金を計上する。

2 事例分析

　ここでは，2017年4月から2018年3月に決算を迎えたTOPIX100を構成する会社（銀行業（5社）および保険業（5社）ならびに国際財務報告基準（33社）または米国会計基準（2社）を適用している会社を除く。）の有価証券報告書において，貸倒引当金が計上されている会社[1]（以下，本 7 において「対象会社」という。）45社を母集団として，開示事例分析を実施した結果を記載する。

（1） 会計方針の記載

　一部，簡略化されている記載があるものの，個別財務諸表で貸倒引当金を計上していない4社を除いて，対象会社のすべてが，債権の貸倒損失に備えるた

---

[1] これらの会社は，すべて前当期とも貸倒引当金を計上している。

め，一般債権については貸倒実績率により，貸倒懸念等特定の債権（貸倒懸念債権と破産更生債権等）については個別に回収可能性を勘案して，回収不能見込額を計上している旨を記載していた。

また，対象会社のうち1社が，劣後債および劣後信託受益権については，それらを発行した特別目的事業体の財務内容が悪化した場合のリスクに備えるために，回収不能見積額を計上している旨を，さらに，対象会社のうち7社が，一部，記載の相違はあるものの，連結財務諸表において，上記の会計方針は当社および国内連結子会社の会計方針であると明示したうえで，在外連結子会社については主として特定の債権について回収不能見積額を計上している旨を追加で記載していた。

（2） 科目名

対象会社のすべてで貸倒引当金の名称が用いられていた。

貸借対照表上の区分については，貸倒引当金の設定の対象となった債権に応じて，流動資産あるいは固定資産に表示されている。

また，貸倒引当金の貸借対照表における表示方法として，財務諸表等規則第20条，第34条で，以下の3つの方法が規定されており，調査の結果，対象会社のすべてが②の方法による記載を選択していた。

---
① 各資産科目に対する控除科目として，各資産科目別に掲記する方法
② 各資産科目に対する控除科目として一括して掲記する方法
③ 各資産科目から直接控除し，控除後の残高を当該資産の金額として表示し，貸倒引当金は各資産科目別にまたは一括して注記する方法

（3） 損益計算書表示区分

対象会社について，貸倒引当金繰入額の損益計算書における表示区分を調査したところ，図表Ⅱ－7－1のとおりの結果となった。

また，対象会社について，営業外収益の区分に計上されていた貸倒引当金戻入額を調査したところ，図表Ⅱ－7－2のとおりの結果となった。

144 第Ⅱ部 引当金別 会計上の論点と実務ポイント

図表Ⅱ－7－1	貸倒引当金繰入額の損益計算書における表示区分(*1)

(単位：社)

	表示あり			表示なし(*2)
	販売費及び一般管理費(*3)	営業外費用	特別損失	
連結財務諸表	17 (4)	4	2	26
個別財務諸表	11 (3)	6	3	27

（＊1） 注記による記載も含む。なお，連結財務諸表と個別財務諸表の両方で計上している
会社は，それぞれ別々にカウントしている。また，同一会社で販売費及び一般管理費，
営業外費用および特別損失にそれぞれ計上しているケースでは，各々を1社としてカ
ウントしている。

（＊2） 損益計算書上，貸倒引当金繰入額の記載がないケースを集計している。

（＊3） （ ）内の数値は，繰入額がマイナスで計上されていた件数を示す（内数）。

図表Ⅱ－7－2	貸倒引当金戻入額の損益計算書における表示区分(*)

(単位：社)

	営業外収益
連結財務諸表	1
個別財務諸表	2

（＊） 連結財務諸表と個別財務諸表の両方で計上している会社は，それぞれ別々にカウント
している。

3 会計処理等

（1） 計算（見積）方法

　債権を一般債権，貸倒懸念債権および破産更生債権等の3つに区分し，それ
らの債権区分ごとに貸倒見積高の算定を行い，その合計額が貸借対照表に計上
される。貸倒見積高の算定方法の概要は前記「第Ⅰ部 第2章 日本の会計基準
において定めがある主なもの 4 貸倒引当金 （3）引当金の算定（当初測定お
よび事後測定）」を参照されたい。ここでは，算定にあたっての留意事項を中
心に記載する。

① 一般債権

一般債権については，「貸倒実績率法」に基づき貸倒見積額を算定する。具体的には以下の計算式で求める。

> 貸倒見積高 ＝ 債権額 × 過去の貸倒実績率等の合理的な基準

貸倒実績率法に基づいて，一般債権の貸倒見積高を算定する具体的な方法は，金融商品実務指針の設例12に示されており，多くの企業ではこの方法を参考に貸倒見積高を算定している。

貸倒実績率には，債権の信用リスクを十分に反映させなければならない。通常，一般債権には，貸倒れの発生する可能性が低いものから，貸倒懸念債権までに至らないがそれに近い状態にある債権までが含まれており，各債権の信用リスクの程度には差がある。このため，与信管理目的で債務者の財政状態および経営成績等に基づいて，債権の信用リスクのランク付け（内部格付け）を行っている場合には，当該ランクごとに貸倒実績率を算定するのが望ましい（金融商品実務指針297項）。

また，企業の保有する一般債権の信用リスクが毎期同程度であれば，将来発生する損失の見積りにあたって過去の貸倒実績率を用いることが最も適切であるが，期末日現在に保有する債権の信用リスクが，外部環境の変化等によって過去に有していた債権の信用リスクから著しく増減する場合には，過去の貸倒実績率を補正する必要がある（金融商品実務指針111項）。

なお，過去の貸倒実績率以外を用いる方法としては，新規業態に進出した場合の同業他社の引当率や経営上用いている合理的な貸倒見積高を用いる方法が考えられる（金融商品実務指針298項）。

② 貸倒懸念債権

貸倒懸念債権の貸倒見積高は，債権の状況に応じて，「財務内容評価法」または「キャッシュ・フロー見積法」のいずれかの方法によって算定する。ただし，同一の債権については，債務者の財政状態の状況等が変化しない限り，同一の方法を継続して適用する必要がある（金融商品会計基準28項(2)）。

なお，将来キャッシュ・フローを合理的に見積ることができ，かつ，債権の回収が担保処分によるものではなく，債務者の収益を回収原資とする方針である場合にはキャッシュ・フロー見積法によることが望ましいと考えられる（金

146 第Ⅱ部 引当金別 会計上の論点と実務ポイント

融商品実務指針299項）。

　ただし，そのためには実現可能性の高い事業計画や収支計画に裏付けられた客観性のある将来キャッシュ・フローの存在が前提である。したがって，将来キャッシュ・フローの合理的な見積りが困難な場合や，債務者の再建が困難なために担保を処分することで債権の回収方針が決定している場合には，財務内容評価法を適用するのが適当であると考えられる。

　なお，実務においては，貸倒懸念先となった債務者が関係会社である等の場合を除いて，将来の実現可能性な事業計画，収支計画を立案し，キャッシュ・フローを合理的に見積ることが困難なケースが多く，また，見積りにあたっては恣意性が介入することもあるため，財務内容評価法で貸倒見積高を算定するケースが多いと思われる。

　前記の財務内容評価法とキャッシュ・フロー見積法による貸倒見積高の計算方法について以下に記載する。

ⅰ　財務内容評価法

　財務内容評価法によった場合，貸倒見積額は個々の債権者ごとに以下の方法によって算出する（金融商品会計基準28項(2)①）。

$$貸倒見積高 = \left(債権額 - \begin{matrix} 担保・保証・清算配当 \\ 等による回収見込額 \end{matrix} \right) につき債務者の支払能力を考慮して算定$$

　上記算定式における担保については，預金，市場性のある有価証券のように比較的容易に換金価値が判明するものもあれば，不動産のように時価を把握しづらいものもある。不動産の回収可能見込額の算定については，専門家（不動産鑑定士等）からの鑑定評価証明を入手するのが最もよい方法であるが，それが難しい場合には近隣不動産の売買事例，固定資産税評価額，路線価等を参考に時価を算定する方法もある。

　なお，債権が担保で保全されていたとしても，その順位が低い場合には，担保物件を処分しても上位の債権者の返済に充てられてしまい，実質的には回収不能と判断される場合もあるので注意が必要である。

　また，保証による回収見込額を算定するにあたっては，保証人が保証能力を有しているかを保証人の資産状態から判断する必要がある。

　さらに，担保の処分見込額および保証人による回収見込額は，定期的に見直しをする必要がある。

7 貸倒引当金（一般事業会社（銀行業・保険業以外）） 147

債務者の支払能力は，一般事業会社の場合には，それを判断する資料を入手することが困難なケースがある。このため，貸倒懸念債権と初めて認定した期には簡便的に50％を用いて，次年度以降，毎期見直しをする等の簡便法も認められている。ただし，個別に重要性の高い貸倒懸念債権については，現地に赴いて現状を確認する，信用調査会社を利用する等の方法によって，可能な限りの資料を入手し，回収可能額の最善の見積りを行う必要がある（金融商品実務指針114項）。

ⅱ　キャッシュ・フロー見積法

キャッシュ・フロー見積法によった場合，貸倒見積額は債権ごとに以下の方法によって算出する（金融商品会計基準28項(2)②）。

> 貸倒見積高＝債権額－入金可能と見込まれる時期と金額に基づく将来キャッシュ・フローにつき，債権の発生当初の約定利子率または取得当初の実効利子率で割り引いたもの

キャッシュ・フロー見積法に基づく貸倒見積高の具体的な計算方法は，金融商品実務指針の設例13に示されている。

将来キャッシュ・フローの見積りは，少なくとも毎期末に更新し，貸倒見積高の洗替を行う必要がある（金融商品実務指針115項）。

③　破産更生債権等

破産更生債権等については「財務内容評価法」によって貸倒見積高を算定する。貸倒見積額は債権ごとに以下の方法によって算出する。

> 貸倒見積高＝（債権額－担保(*)・保証(*)・清算配当等による回収見込額）

（*）　担保および保証の取扱いは，貸倒懸念債権の取扱いに準ずる。

上記算定式における，清算配当等による回収見込額とは，清算人等からの清算配当等としての通知を受けた金額，正確に作成された当該債務者の清算貸借対照表に基づく清算配当等の合理的な見積りが可能である場合のその清算配当見積額をいう（金融商品実務指針117項）。

ただし，実務上は清算配当額を見積ることは困難であるケースが多く，清算配当金の通知書をもって見積るケースが多い。

148　第Ⅱ部　引当金別　会計上の論点と実務ポイント

（2）　計上のタイミング

　貸倒引当金のうち，一般債権については過去の貸倒実績率等を用いて貸倒見積額を算定するため，決算日（年度，四半期）に一般債権に対する引当金を計上することが一般的と考えられる。一方，貸倒懸念債権あるいは破産更生債権等については，債務者の財政状態等の変化により，債権が貸倒懸念債権あるいは破産更生債権等に該当した時（金融商品実務指針112項，116項）が計上のタイミングと考えられるが，実務上は債務者ごとに算出した貸倒見積額に基づき，決算日に一括して貸倒引当金を計上することも考えられる。

（3）　繰入・戻入の会計処理

　貸倒引当金の繰入・戻入の会計処理については，以下のとおりになる。

①　貸倒引当金の繰入の会計処理

　貸倒引当金の繰入については，決算日（年度，四半期）ごとに要引当額に対する不足額を繰り入れる。なお，貸倒引当金の繰入についての仕訳例は以下のとおりである。

（借）　貸倒引当金繰入額	×××	（貸）	貸　倒　引　当　金	×××

②　貸倒引当金の戻入（取崩し）の会計処理

ⅰ　決算において貸倒引当金の計上額を見積ったところ，当期の繰入額よりも取崩額のほうが大きい場合

　繰入額と取崩額の差額を以下の仕訳例のように会計処理する。

（借）　貸　倒　引　当　金	×××	（貸）	貸倒引当金繰入額 あ　る　い　は 貸倒引当金戻入額	×××

7 貸倒引当金（一般事業会社（銀行業・保険業以外））　149

ⅱ　貸倒懸念債権あるいは破産更生債権等に対して貸倒引当金を計上していた
　　が，何らかの事由で貸し倒れることなく回収された場合，あるいは実際の貸
　　倒額よりも引当金の額のほうが多かった場合

このケースの仕訳例は以下のとおりである。

| （借）現　　　　　　　金 | ××× | （貸）売　　掛　　金 | ××× |
| （借）貸　倒　引　当　金 | ××× | （貸）貸倒引当金繰入額
あ　る　い　は
貸倒引当金戻入額 | ××× |

4 ▌実務上のポイント

（1）　一般債権の貸倒実績率

①　税務上の実績率との関係

　従来，金融商品会計基準による貸倒実績率の算定が困難な場合には，実務上
では当面税務上の実績率の使用をやむを得ないものと取り扱っていたが，現在
は認められていない（金融商品 Q&A 旧 Q39（2011年3月29日改正により削
除））。よって，連結財務諸表を作成する会社において，連結グループを構成す
る子会社，関連会社が税務上の貸倒実績率を使用して貸倒引当金の額を算出し
ている場合には，原則として，連結財務諸表の作成に際して金融商品会計基準
に基づいて算出された金額に修正する必要がある。

②　一般債権の貸倒実績率がゼロ％の場合の取扱い

　一般債権について，過去において貸倒れの実績がなく，将来においても発生
の可能性がないと合理的に予想される場合には，貸倒引当金繰入額はゼロにな
ると考えられる。

　ただし，貸倒引当金の算定期間中に貸倒実績がなかったとしても，直ちに引
当率をゼロ％にすることはできない。算定対象期間中には貸倒れの実績はなく
ても，それより前に貸倒れの発生があった場合には，期末に有する債権の回収
期間内に貸倒れの発生がないものと合理的に予想される場合以外は，貸倒引当
金繰入額をゼロとすることは認められないと考えられる（金融商品 Q&A
Q40）。

150 第Ⅱ部　引当金別　会計上の論点と実務ポイント

③　一般債権の貸倒実績率の計算に貸倒懸念債権および破産更生債権等の貸倒
実績も含めるべきか

　金融商品会計基準では，債権を，一般債権，貸倒懸念債権および破産更生債
権等の3つに区分したうえで，各債権の区分に応じて貸倒見積額の算定方法を
定めている。

　しかし，貸倒懸念債権および破産更生債権等も，もともとは一般債権に区分
されていたものであるから，それらの債権の貸倒損失についても一般債権の貸
倒実績率の計算の分子に含めるのが理論的であると考えられる。

　なお，一般債権の貸倒実績率の算定において，分子の貸倒損失額に，個別引
当による貸倒引当金繰入額を含めてもよいかについては，損失として早期に実
現する可能性が高いものについては含めることに差し支えなく，また，それが
実態をより反映することになると考えられる（金融商品Q&A Q41）。

（2）　債務超過の子会社に対する貸倒引当金

　子会社が株式会社の場合，株主の責任は出資額を限度とした有限責任である
ため，原則として親会社を含む出資者は，出資額を超える責任を負う必要はな
い。しかし，実質的に子会社の経営をコントロールしているのは親会社である
と考えられることから，子会社が債務超過の状況に陥った場合には，将来発生
する損失に備える必要がある。すなわち，親会社が債務超過の子会社に対して
売上債権や貸付金等の債権を有する場合には，その債権の範囲内で債務超過額
相当の貸倒引当金を計上することが，実務上一般的に行われている（詳細は後
記「⑲　関係会社に関する引当金」参照）。

（3）　ゴルフ会員権等の会計処理

①　ゴルフ会員権等に対する貸倒引当金

　施設利用権を化体した株式および預託保証金であるゴルフ会員権等は，取得
時に取得価額をもって計上するが，時価があるものについて著しい時価の下落
が認められた時には，その会員権の形態に応じてそれぞれ会計処理を行う必要
がある。

　その会員権等が株式方式の場合には，有価証券に準じて減損処理を行う。ま
た，会員権等が預託保証金方式の場合に，預託保証金を超える部分の金額につ
いては減損処理の対象となり，預託保証金の回収可能性に疑義が生じた金額に

ついては当該債権の評価勘定として貸倒引当金を計上する必要がある（金融商品実務指針135項，311項）。具体的な会計処理は設例Ⅱ－7－1のとおりとなる。

設例Ⅱ－7－1　ゴルフ会員権に係る会計処理（貸倒引当金を計上する場合）

［前提条件］

① 帳簿価額1,000のゴルフ会員権を所有している。そのうち，預託保証金部分（将来，返還が予定されている部分）は300である。

② 税効果会計は考慮しない。

③ （ケース1）期末，会員権相場が400になった。

④ （ケース2）期末，会員権相場が200になった。

［会計処理］

（ケース1）　会員権相場が400になった場合

（借）　ゴルフ会員権評価損	(※)600	（貸）　ゴ ル フ 会 員 権	(※)600

（※）　600＝帳簿価額1,000－時価400

（ケース2）　会員権相場が200になった場合

（借）　ゴルフ会員権評価損	(※1)700	（貸）　ゴ ル フ 会 員 権	(※1)700
（借）　貸倒引当金繰入額	(※2)100	（貸）　貸 倒 引 当 金(※3)	(※2)100

（※1）　700＝帳簿価額1,000－預託保証金の額300

（※2）　100＝預託保証金の額300－時価200

（※3）　もし，預託保証金の回収可能性がほとんどない場合には，貸倒損失額を預託保証金から直接控除する。

② ゴルフ会員権の時価の把握

ゴルフ会員権の時価情報を入手することは困難なことが多いが，実務上は，ゴルフ会員権協同組合が作成している業者間の相場表，およびその相場表を元にして大手ゴルフ会員権売買業者が公表している「ゴルフ会員権相場表」から得られる相場を時価として利用しているケースが多いと考えられる。

なお，取引実績のない会員権の場合，時価が相場表に表示されないケースがあるが，譲渡に制限のある一部の会員権を除いて，時価が存在しないゴルフ会

員権はその価値が大幅に下落している可能性がある。このため，相場が不明だからといって安易に評価損の検討を省略することは妥当ではない。

取引実績のない会員権の時価を把握する方法として，株式方式の場合には，会社法に基づいて株主の立場から財務情報の開示を求めることが考えられる。また，評価の判断に窮する場合には，大手のゴルフ会員権取引業者に評価の鑑定を依頼する方法も考えられる（金融商品 Q&A Q45，Q46）。

（4） 特別損失で表示する貸倒引当金繰入額の取扱い

貸倒引当金繰入額の表示区分上にその設定対象となった債権が営業上の取引に基づくものである場合には営業費用として，営業外の取引に基づくものである場合には営業外費用として計上される。

ただし，一般に特別損失の要件とされる，臨時的かつ巨額に発生した項目である場合（企財審査 NEWS 第 6 - 1 号 2 参照）などには，特別損失として表示されるケースもあると考えられる。

（5） 連結会社間の貸倒引当金の相殺消去と税効果会計

連結会社間の債権・債務の相殺消去に伴って，個別財務諸表で計上されている貸倒引当金のうち消去された債権額に見合う金額も取り消す必要があるが，連結財務諸表上は税効果会計に及ぼす影響も検討する必要がある。

連結手続上，減額修正された貸倒引当金が損金として認められていたものであれば（無税の貸倒引当金），その減額修正によって将来加算一時差異が生じるため，原則として[2]連結手続上，債権者側の税率を適用して繰延税金負債を計上する（税効果適用指針33項）。

一方，減額修正された貸倒引当金が損金として認められていないものであれば（有税の貸倒引当金），貸倒引当金の減額修正によって連結財務諸表固有の将来加算一時差異が生じる。ここで，個別財務諸表上，当該貸倒引当金繰入額に対して繰延税金資産が計上されている場合は，連結手続上生じた当該将来加算一時差異に対して当該繰延税金資産と同額の繰延税金負債を計上し，当該繰

2　連結子会社等の著しい業績悪化に伴い，債権者側の連結会社が個別財務諸表において損金として認められる貸倒引当金を計上している等，その将来加算一時差異に係る税金の支払いの可能性が低い場合には，繰延税金負債を計上しない（税効果適用指針33項）。

延税金資産と相殺する。また，個別財務諸表上，当該繰延税金資産が計上されていない場合は，連結手続上生じた当該将来加算一時差異に対して繰延税金負債を計上しない（税効果適用指針32項）。以上を図示すると，図表Ⅱ－7－3，Ⅱ－7－4，Ⅱ－7－5のとおりとなる。

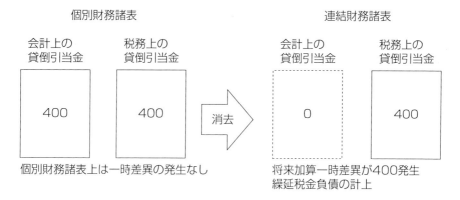

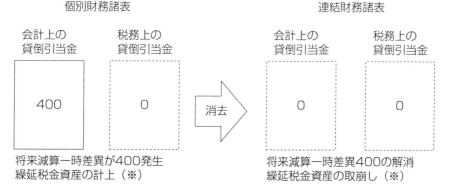

※スケジューリング不能等により計上されない場合は，連結財務諸表上，取崩し不要

図表Ⅱ-7-5　貸倒引当金の一部が損金として認められていない場合

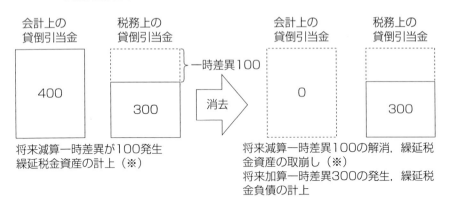

※スケジューリング不能等により計上されない場合は，連結財務諸表上，取崩し不要

（6）後発事象との関係

　期末日に存在している債権残高について，重要な貸倒れが期末日後に発生し，その実質的な原因が期末日現在すでに存在している場合には，修正後発事象として取り扱われる。会計監査人の監査報告書日までに修正後発事象が発生した場合には，債権の回収可能性の見積りを修正し，それに伴って貸借対照表および損益計算書を修正（貸倒引当金の積増し処理）しなければならない。また，期末日後に災害等が発生した結果として貸倒れが生じると見込まれるようになった場合のように，当期の財務諸表には影響を及ぼさないが，翌期以降の財務諸表に影響を及ぼす重要な後発事象については，開示後発事象として当期の財務諸表に注記する。

　ここで，修正後発事象に該当する貸倒れの事実が会計監査人の監査報告書日後に発生した場合には，すでに会計監査人の監査報告書は提出されているので，計算書類等の修正は困難である。このため，金融商品取引法監査においては，当該貸倒れの事実を開示後発事象に準じて財務諸表に注記する必要がある。また，会社法監査においては，監査役等が監査報告書に貸倒れの事実があった旨を追加して記載するか，あるいは監査役等の監査報告書日後に事象が発生した

7 貸倒引当金（一般事業会社（銀行業・保険業以外）） 155

図表Ⅱ-7-6　時系列による修正後発事象の取扱い

修正後発事象発生のタイミング

	計算書類作成	会計監査人会社法監査		監査役監査			会計監査人金商法監査			
	決算日		会社法監査報告書提出	監査役監査報告書に後発事象の内容を記載	監査役監査報告書提出	株主総会で取締役が報告することも考えられる	金商法監査報告書提出	株主総会で取締役が報告することも考えられる	株主総会	有価証券報告書提出
会社法		計算書類を修正								
金融商品取引法		財務諸表を修正		財務諸表に開示後発事象として注記				下記のような対応が考えられる a．財務諸表を修正し，有価証券報告書で開示（再度，監査報告書の発行が必要） b．有価証券報告書「経理の状況」の「連結財務諸表等」または「財務諸表等」の「その他」に記載		

場合には株主総会において取締役から報告をすることが考えられる（後発事象取扱い［付表1］2参照）。修正後発事象の発生のタイミングとその取扱いをまとめたのが図表Ⅱ-7-6である。

156　第Ⅱ部　引当金別　会計上の論点と実務ポイント

8　貸倒引当金（銀行業・保険業）

1┃概要

（1）　具体的事例

　金融機関のうち，銀行業・保険業における貸倒引当金は，「金融検査マニュアル（預金等受入金融機関に係る検査マニュアル）」（以下，本8において「金融検査マニュアル」という。）および銀行等監査特別委員会報告第4号「銀行等金融機関の資産の自己査定並びに貸倒償却及び貸倒引当金の監査に関する実務指針」に従って計上されており，これらに定めがない事項については，一般基準としての金融商品会計基準および金融商品実務指針を基に処理することになる。

（2）　会計処理の考え方

　銀行業・保険業においては，信用リスクを適切に管理するため，および適切な償却・引当を行うために，保有資産を個別に検討して，回収の危険性または価値が毀損する危険性の度合いに従って区分する作業が行われる。これは資産査定と呼ばれ，特に，これら金融機関自らが行う資産査定を自己査定という。

　貸出金はこの自己査定の対象となり，一般事業会社における方法と比較して，より厳密な信用リスク管理が行われる。

　さらに，これら金融機関においては，債権の区分についても，一般事業会社と比較して異なる部分がある。すなわち，一般事業会社においては金融商品会計基準に基づき，保有する債権を「一般債権」「貸倒懸念債権」「破産更生債権等」の3つに区分するが，銀行業・保険業においては，信用リスクの程度に応じて，債務者を「正常先」「要注意先」「破綻懸念先」「実質破綻先」「破綻先」の5つに区分し，この債務者区分ごとに，担保・保証等の状況を勘案して分類額を算出する。そして，この分類額をベースに貸倒引当金を計上することになる（図表Ⅱ-8-1参照）。

8　貸倒引当金（銀行業・保険業）　157

図表Ⅱ－8－1	債務者区分と債権分類

債務者区分	債権分類			
正常先	非分類			
要注意先	非分類			
	非分類	Ⅱ分類		
破綻懸念先	非分類	Ⅱ分類	Ⅲ分類	
実質破綻先	非分類	Ⅱ分類	Ⅲ分類	Ⅳ分類
破綻先	非分類	Ⅱ分類	Ⅲ分類	Ⅳ分類
	⇧	⇧	⇧	⇧
	優良担保等により保全されている部分	一般担保等の処分可能見込額	担保評価額と処分可能見込額との差額	保全されていない部分

　なお，各債務者区分は図表Ⅱ－8－2のように定義付けることができ，正常先・要注意先に対する貸倒引当金は，債権全体から生じ得る将来の損失に対する引当という意味で一般貸倒引当金と呼ぶ。また，破綻懸念先・実質破綻先・破綻先に対する貸倒引当金は，原則として個別の債権ごとに生じ得る将来の損失に対する引当という意味で個別貸倒引当金と呼ぶ。

158 第Ⅱ部 引当金別 会計上の論点と実務ポイント

図表Ⅱ-8-2 債務者区分ごとの定義

	債務者区分	定義
一般貸倒引当金	正常先	業況が良好であり，かつ，財務内容にも特段の問題がないと認められる債務者をいい，他の債務者区分のいずれにも該当しない先が正常先となる。
	要注意先	次のような問題点を抱えている債務者であり，今後の管理に特に注意を要する債務者をいう。 ●金利減免・棚上げを行っているなど，貸出条件に問題のある債務者 ●元本返済または利息支払いが事実上延滞しているなど，履行状況に問題がある債務者 ●業況が低調ないしは不安定な債務者または財務内容に問題がある債務者 なお，要注意先は，債権の全部または一部が要管理債権（要注意先に対する債権のうち，3か月以上延滞債権および貸出条件緩和債権）となっている「要管理先」とそれ以外の「その他要注意先」とに分けることができる。 3か月以上延滞債権とは，元金または利息の支払いが約定支払日の翌日を起算日として3か月以上延滞している貸出債権をいい，貸出条件緩和債権とは，経済的困難に陥った債務者の再建または支援を図り，当該債権の回収を促進すること等を目的に，債務者に有利な一定の譲歩を与える約定条件の改定等を行った貸出債権をいう。
個別貸倒引当金	破綻懸念先	現状，経営破綻の状況にはないが，経営難の状態にあり，経営改善計画等の進捗状況が芳しくなく，今後，経営破綻に陥る可能性が大きいと認められる債務者をいう。 具体的には，現状，事業を継続しているが，実質債務超過の状態に陥っており，業況が著しく低調で貸出金が延滞状態にあるなど元本および利息の最終の回収について重大な懸念があり，したがって損失の発生の可能性が高い状態で，今後，経営破綻に陥る可能性が大きいと認められる債務者をいう。
	実質破綻先	法的・形式的な経営破綻の事実は発生していないものの，深刻な経営難の状態にあり，再建の見通しがない状況にあると認められるなど，実質的に経営破綻に陥っている債務者をいう。 具体的には，事業を形式的には継続しているが，財務内容において多額の不良資産を内包し，あるいは債務者の返済能力に比して明らかに過大な借入金が残存し，実質的に大幅な債務超過の状態に相当期間陥っており，事業好転の見通しがない状況，あるいは天災・事故・経済情勢の急変等により多大な損失を被り，再建の見通しがない状況で，元金または利息について実質的に長期間延滞している債務者などをいう。
	破綻先	法的・形式的な経営破綻の事実が発生している債務者をいう。 たとえば，破産・清算・会社整理・会社更生・民事再生・手形交換所の取引停止処分等の事由により経営破綻に陥っている債務者をいう。

2 事例分析

　銀行業・保険業における貸倒引当金の開示には，会社ごとの多様性がないため，他の章のような定量的な分析は省略し，定性的な記述に留めている。

（1） 会計方針の記載

　一般的な記載方法として，以下のような注記が考えられる。

会社名：㈱群馬銀行（2018年3月31日：有価証券報告書）

【注記事項】
（連結財務諸表作成のための基本となる重要な事項）
4　会計方針に関する事項
（5）　貸倒引当金の計上基準
　当行の貸倒引当金は，予め定めている償却・引当基準に則り，次のとおり計上しております。破産，特別清算等法的に経営破綻の事実が発生している債務者（以下「破綻先」という。）に係る債権及びそれと同等の状況にある債務者（以下「実質破綻先」という。）に係る債権については，債権額から担保の処分可能見込額及び保証による回収可能見込額を控除し，その残額を計上しております。また，現在は経営破綻の状況にないが，今後経営破綻に陥る可能性が大きいと認められる債務者（以下「破綻懸念先」という。）に係る債権については，債権額から担保の処分可能見込額及び保証による回収可能見込額を控除し，その残額のうち，債務者の支払能力等を総合的に判断し必要と認める額を計上しております。
　貸出条件緩和債権等を有する債務者で与信額が一定額以上の大口債務者等のうち，債権の元本の回収及び利息の受取りに係るキャッシュ・フローを合理的に見積もることができる債権については，当該キャッシュ・フローを貸出条件緩和実施前の約定利子率で割引いた金額と債権の帳簿価額との差額を貸倒引当金とする方法（キャッシュ・フロー見積法（「DCF法」））により計上しております。
　上記以外の債権については，過去の一定期間における貸倒実績から算出した貸倒実績率等に基づき計上しております。
　すべての債権は，資産の自己査定基準に基づき，営業関連部署が資産査定を実施し，当該部署から独立した資産監査部署が査定結果を監査しております。
　連結子会社の貸倒引当金は，一般債権については過去の貸倒実績率等を勘案して必要と認めた額を，貸倒懸念債権等特定の債権については，個別に回収可能性を勘案し，回収不能見込額をそれぞれ計上しております。

（2） 科目名

銀行法施行規則，保険業法施行規則に基づき，「貸倒引当金」として，資産の末尾に一括して控除する形式で表示する。

（3） 損益計算書表示区分

銀行業・保険業の損益計算書上，銀行法施行規則，保険業法施行規則に基づき，その他経常費用の内訳科目として「貸倒引当金繰入額」という名称で表示するのが一般的である。

3 ▌ 会計処理等

（1） 見積方法と計上タイミング

① 正常先債権・その他要注意先債権に対する引当

金融検査マニュアルにおいて，正常先およびその他要注意先については，貸倒実績率または倒産確率に，将来見込等必要な修正を加えて予想損失率を求め，債権金額に当該予想損失率を乗じて予想損失額を算定し，これを一般貸倒引当金に計上することとされている。

> 貸倒引当金＝予想損失額＝対象債権額×予想損失率

予想損失額は，債権の平均残存期間に対応する今後の一定期間における予想損失額を見積ることが基本であるが，正常先およびその他要注意先については，今後1年間の予想損失額を見積っていればよいものとされている。

貸倒実績率または倒産確率は，少なくとも，過去3算定期間の平均値に基づいて算定し，今後1年間の予想損失額を算定する場合には，1年間の貸倒実績率または倒産確率の過去3算定期間の平均値に基づき算定することになる。

また，債務者の業種別，債務者の地域別，債権の金額別，債務者の規模別，個人・法人別，商品の特性別，債権の保全状況別などに応じて，一定のグループ別に予想損失額を算定するなど，債権の信用リスクの実態を踏まえて予想損失額を算定することが望ましいとされているが，実務上は，債務者区分ごとに，債権全体に係る予想損失額を算定している場合が多い。

なお，予想損失率の算定方法として，金融検査マニュアルにおいては，以下

8 貸倒引当金（銀行業・保険業） 161

のような貸倒実績率に基づく方法と倒産確率に基づく方法が示されている。

＜貸倒実績率をベースとする方法＞

> 予想損失率＝貸倒償却等毀損額÷債権額

＜倒産確率をベースとする方法＞

> 予想損失率＝倒産確率×（1－回収見込率）

　貸倒実績率が，債権金額に対する毀損額の割合を算定する金額ベースの算定方法であるのに対し，倒産確率は，債権先数に対する倒産件数の割合を算出する件数ベースの算定方法である。1件当たりの金額が比較的均一である場合には，両者に大きな差は生じないこととなるが，相対的に大口の先からの破綻が生じた場合には，貸倒実績率のほうが高く算定される特徴がある。

② 要管理先債権に対する引当

　要管理先に対する債権に係る引当方法は，基本的には，正常先債権・その他要注意先債権に対する引当方法と同様である。主な相違点は，正常先債権およびその他要注意先債権については，今後1年間の損失を見込んでいればよいのに対し，要管理先債権については，今後3年間の損失を見込む必要がある点である。

　また，金融検査マニュアルにおいて，要管理先のうち，大口債務者（当面の間，与信額が100億円以上の債務者とされている。）については，DCF法を適用することが望ましいとされており，一般的なDCF法による引当金算定手順は以下のとおりである。なお，DCF法とは，債権の元本の回収および利息の受取りに係るキャッシュ・フローを合理的に見積ることができる債権について，当該キャッシュ・フローを当初の約定利子率で割り引いた金額と債権の帳簿価額との差額を貸倒引当金とする方法をいう。

STEP 1　シナリオの設定

　再建計画の内容や，同一の格付にある債務者の遷移分析等により，将来の格付遷移予測（シナリオ）を設定し，各シナリオの発生確率を推計する。

STEP 2　キャッシュ・フローの算定

　シナリオごとに，各事業年度の元本回収・受取利息・担保処分等の将来キャッシュ・フローを算定する。この場合，合理的で十分に達成が可能であると認めら

162 第Ⅱ部 引当金別 会計上の論点と実務ポイント

れる前提，仮定およびシナリオに基づいて将来キャッシュ・フローを見積らなければならず，その内容は決算の都度見直す必要がある。

　また，合理的なキャッシュ・フローの見積可能期間は5年を目途とし，おおむね5年を超える将来キャッシュ・フローの見積については，合理的かつ客観的な反証がない限り必要な調整を行い，将来の不確実性を反映させる必要がある。

　ここでいう調整方法としては，将来キャッシュ・フローの減額，将来キャッシュ・フロー見積期間の短縮，各シナリオの発生確率の調整等が考えられる。

STEP 3　現在価値の算定

　STEP 2で算出した各事業年度ごとの将来キャッシュ・フローを当初の約定利子率で割引計算・集計することにより，各シナリオの割引現在価値を算定する。

STEP 4　債権評価額の算定

　各シナリオの現在価値に，STEP 1で算定した発生確率を乗じて集計することにより，債権評価額を算定する。

STEP 5　貸倒引当金の算定

　STEP 4で算定した債権評価額と帳簿価額との差額を貸倒引当金とする。

$$貸倒引当金＝帳簿価額－債権評価額$$

　なお，DCF法に基づいて算出した貸倒引当金と，過去の貸倒実績率または倒産確率に基づいて算定した貸倒引当金とを比較する等により，貸倒引当金の水準の十分性や合理性について検証する必要がある。

③　破綻懸念先債権に対する引当

　破綻懸念先に対する債権に係る引当金については，原則として個別債務者ごとに，合理的と認められる今後の一定期間における予想損失額を見積り，予想損失額に相当する額を貸倒引当金として計上する。通常，今後3年間の予想損失額を見積っていれば妥当なものと認められる。

　金融検査マニュアルにおいては，破綻懸念先に対する予想損失額の算定方法として，以下の方法が示されているが，大口債務者（当面の間，与信額が100億円以上の債務者とされている。）については，DCF法を適用することが望ましいとされている。

i　Ⅲ分類とされた債権額に予想損失率を乗じた額を予想損失額とする方法

ii　Ⅲ分類とされた債権額から，合理的に見積られたキャッシュ・フローにより

回収可能な部分を控除した残額を予想損失額とする方法

iii　売却可能な市場を有する債権について，合理的に算定された当該債権の売却可能額を回収見込額とし，債権額から回収見込額を控除した残額を予想損失額とする方法

iv　DCF法

金融機関において最も一般的な引当金の見積方法と考えられるのは，上記 i のⅢ分類とされた債権額に予想損失率を乗じた額を予想損失額とする方法である。この方法による場合，原則として信用格付の区分，少なくとも破綻懸念先とされた債務者の区分ごとに，過去の貸倒実績率または倒産確率に基づき，将来発生が見込まれる損失率（予想損失率）を求め，原則として個別債務者の債権のうちⅢ分類とされた額に予想損失率を乗じて予想損失額を算定し，予想損失額に相当する額を貸倒引当金として計上することになる。予想損失率は，原則として個別債務者ごとに，経済状況の変化，当該債務者の業種等の今後の業況見込み，当該債務者の営業地区における地域経済の状況等を考慮のうえ，過去の貸倒実績率または倒産確率に将来の予測を踏まえた必要な修正を行い，決定する。

なお，予想損失率の算定にあたって，その算定期間が少なくとも過去3算定期間の貸倒実績率または倒産確率に基づく必要があることは要管理先の場合と同様であるが，貸倒実績率算定の際の分母が，債権全体ではなく，Ⅲ分類額である点が相違する。

> 貸倒引当金＝予想損失額＝Ⅲ分類額×予想損失率

債務者区分が破綻懸念先とされた債務者数が相当数に上り，個別債務者ごとに担保等による保全状況を勘案して引当額を算定することが困難であると認められる金融機関にあっては，一定金額以下の破綻懸念先に対する債権について，グループごとに同一の予想損失率を適用して算出した予想損失額を貸倒引当金として計上することができる。この場合，グループごとに予想損失率を適用する一定金額以下の破綻懸念先に対する債権の範囲は，各金融機関の資産規模および資産内容に応じた合理的範囲に留めることが必要である。

また，DCF法の適用にあたり，キャッシュ・フローの見積りを行う際には，その見積期間について留意が必要である。すなわち，キャッシュ・フローの見

164 第Ⅱ部 引当金別 会計上の論点と実務ポイント

積期間は債務者の状況によって異なるが，破綻懸念先に区分され，今後経営破綻に陥る可能性が高いことを前提とすると，再建計画等に基づいてキャッシュ・フローを見積ることができる場合には5年程度，それ以外の場合は3年程度を目安にするべきと考えられ，この点で要管理先債権にDCF法を適用する場合と異なる。

④ 実質破綻先債権・破綻先債権に対する引当

実質破綻先・破綻先に対する債権については，債権額から担保の処分可能見込額および保証による回収が可能と認められる額を控除し，残額を貸倒引当金として貸借対照表に計上する。すなわち，Ⅲ分類およびⅣ分類とされた額の全額を予想損失額として貸倒引当金に計上することになる。

（2） 繰入・戻入の会計処理

一般貸倒引当金・個別貸倒引当金については，決算時に各々の要引当額と比較し，繰入または戻入の処理を行うが，状況によっては，一般貸倒引当金については繰入，個別貸倒引当金については戻入となるケースやその逆となるケースが生じ得る。特に近年では，正常先債権，その他要注意先債権に係る貸倒実績率の低下に伴って予想損失率が低下し，一般貸倒引当金が前期末比で減少した結果として戻入が生じている一方で，大口先の破綻等により，個別貸倒引当金については貸倒引当金の積増しを行っている事例が見られる。この場合，両者の純額で会計処理を行うことになり，前期末計上額の戻入については「貸倒引当金戻入益」として，その他経常収益に計上し，繰入については「貸倒引当金繰入額」として，その他経常費用に計上する。

4 実務上のポイント

予想損失額の算定にあたっては見積りの要素が介入するため，その精度については不確実性が高いといえる。このため，見積りの妥当性を事後的に検証するため，前期以前の予想損失額について，その後の実際の貸倒実績または倒産実績件数との比較を行い，十分な水準であったかを検証することが必要である。この検証は，バックテストと呼ばれ，検証の結果，予想損失額の水準が不十分であったと認められる場合には，前期以前の予想損失額の算定にあたり，前期以前の時点での将来の予測を踏まえた修正が適切であったかどうかなどその原

因を検証するとともに，基準日時点での予想損失率の修正が適切かを検証する必要がある。

166 第Ⅱ部 引当金別 会計上の論点と実務ポイント

9 投資損失引当金

1 概要

（1） 具体的事例

わが国では投資損失引当金取扱いの定めに基づき，子会社株式や関連会社株式（以下，本⑨において「子会社株式等」という。）に対して投資損失引当金を計上している事例がある。

前記「第Ⅰ部 第2章 日本の会計基準において定めがある主なもの 5 投資損失引当金（2）引当金の計上（発生の認識）」で説明したとおり，投資損失引当金の計上が認められるのは以下の場合である。

> ① 子会社株式等の実質価額がある程度低下した場合
> ② 子会社株式等の実質価額が著しく低下したが，回復可能性が見込めると判断して減損処理を行わなかった場合

①は子会社株式等の時価または実質価額が著しく低下した場合には該当しないが，健全性の観点からに投資損失引当金を計上する場合である。

②は子会社株式等の時価または実質価額が著しく低下したものの，減損処理を行わない場合に計上される。すなわち，子会社株式等の時価等の回復可能性の判断はあくまでも将来の予測に基づいて行われるものであるから，その回復可能性の判断を万全に行うことは実務上困難なリスクがあるため，健全性の観点から，上記リスクに備えて投資損失引当金が計上されることがある。

なお，金融商品会計基準および金融商品実務指針により減損処理の対象となる子会社株式等については，投資損失引当金による会計処理は認められないので留意する必要がある。

（2） 会計処理の考え方

投資損失引当金は，子会社等への投資の価値が将来減少することに備えて計

9 投資損失引当金　167

上するものであり，貸倒引当金等と同様に評価性引当金としての性格を有する引当金である。

2 事例分析

2017年4月から2018年3月に決算を迎えた東証一部上場会社1,912社における有価証券報告書のうち，連結財務諸表もしくは個別財務諸表またはこれらの双方において投資損失に係る引当金が計上されている会社（日本基準適用会社に限る。また，比較情報においてのみ計上されているケースを含まない。以下，本9において「対象会社」という。）124社を母集団として，開示事例分析を実施した結果を記載する。

なお，連結財務諸表および個別財務諸表の双方に計上しているケースは，1社としてカウントしている。

（1）　会計方針の記載

対象会社において，会計方針として重要な引当金の計上基準を注記している事例としては，表現は異なるものの，対象会社のうちすべての会社で，関係会社等に対する投資の損失に備えるため，投資先の財政状態等を勘案して必要と認められる額を計上しているという旨の記載をしている。

（2）　科目名

貸借対照表における勘定科目名は図表Ⅱ－9－1の使用例が見られた。

また，対象会社の貸借対照表における表示区分，および注記の分析を行った結果は図表Ⅱ－9－2のとおりである。

（3）　損益計算書表示区分

投資損失引当金繰入額は経常的なものではなく臨時的なものと考えられ，特別損失として計上されることが多い。ただし，金額的重要性等を鑑みて営業外費用として計上されているケースもある。

対象会社のうち，投資損失引当金繰入額等を区分掲記している会社について分析した結果は，図表Ⅱ－9－3のとおりである。

168　第Ⅱ部　引当金別　会計上の論点と実務ポイント

図表Ⅱ－9－1　投資損失に係る引当金の科目名

勘定科目名	会社数（社）
投資損失引当金	98
関係会社投資損失引当金	7
関係会社損失引当金	6
投資評価引当金	3
投資等損失引当金	5
関係会社投資等損失引当金	2
海外投資等損失引当金	2
海外投資損失引当金	1
合計	124

図表Ⅱ－9－2　投資損失に係る引当金の貸借対照表における表示区分

計上区分	会社数（社）
投資その他の資産でマイナス表示(＊1)(＊2)	89
固定負債に表示(＊1)	19
銀行業における資産の部でマイナス表示(＊2)	12
流動資産でマイナス表示	5
流動負債に表示	1
合計(＊3)	126

(＊1)　「投資その他の資産」と「固定負債」の両方に計上がある1社については，それぞれ1社とカウントしている。

(＊2)　連結では「銀行業における資産の部」，単体では「投資その他の資産」としている1社については，それぞれ1社とカウントしている。

(＊3)　(＊1)(＊2)に記載した理由のため，合計が図表Ⅱ－9－1と不一致となっている。

9 投資損失引当金 169

| 図表Ⅱ-9-3 | 投資損失引当金繰入額等の損益計算書における表示区分 |

計上区分	会社数（社）
特別損失(＊)	56
営業外費用(＊)	11
経常費用（銀行業）	2
合計	69

（＊）「特別損失」と「営業外費用」の両方に計上がある1社については，それぞれ1社と
　　カウントしている。

（4） 近年の傾向

　有価証券の会計処理については，金融商品会計基準および金融商品実務指針
で明らかにされており，子会社株式の投資価値が著しく下落した場合には評価
損を計上することとされている。このとき，投資損失引当金については，2000
年7月6日付で廃止された監査委員会報告第22号「子会社又は関係会社の株式
及びこれらに対する債権評価の取扱い」において認められていた会計実務慣行
について，一定の要件（前記「1　概要（1）具体的事例」参照）を満たした
場合に限り，その計上が認められているものである。この投資損失引当金は，
2001年4月17日に投資損失引当金取扱いが公表されてから相当の年数が経過し，
投資損失引当金を貸借対照表に計上している会社数は減少傾向にある。3月期
決算における東証一部上場会社（日本基準適用会社に限る。）のうち，連結財
務諸表または個別財務諸表に投資損失引当金を計上している会社数の推移は，
図表Ⅱ-9-4のとおりである。

170 第Ⅱ部　引当金別　会計上の論点と実務ポイント

| 図表Ⅱ-9-4 | 3月期決算会社における投資損失引当金計上会社の推移 |

決算期	会社数（社）
2009年3月期	165
2010年3月期	153
2011年3月期	149
2012年3月期	130
2013年3月期	113
2014年3月期	113
2015年3月期	102
2016年3月期	88
2017年3月期	83
2018年3月期	76

3 ┃ 会計処理等

（1）　計算（見積）方法

　前記「第Ⅰ部　第2章　日本の会計基準において定めがある主なもの　5　投資損失引当金（3）引当金の算定（当初測定および事後測定)」で説明したとおり，引当金の計上額は以下のとおりとなる。

投資損失引当金計上額＝取得価額－実質価額

　子会社株式等の実質価額の算定は，一般に公正妥当と認められる会計基準に準拠して作成された財務諸表をもとに，原則として資産等の時価評価に基づく評価差額等を加味した実質ベースの財務諸表に基づいて算定される。よって，当該財務諸表の実質ベースへの修正が妥当なものであるか留意する必要がある。また，当該実質価額と子会社株式等の取得価額との差額を引当金として計上するか否かについて，事業計画の合理性等に対する判断が介入するため，十分に留意する必要がある（後記「4　実務上のポイント（2）回復可能性の判断の合理性」参照)。引当金の算定方法は，設例Ⅱ-9-1のとおりである。

9 投資損失引当金 **171**

設例Ⅱ－9－1　投資損失引当金の算定

［前提条件］

① P社がその発行済株式総数の80％を所有する子会社S社の期末日における
実質ベースの貸借対照表は以下のとおりである。なお，P社のS社株式の取
得価額は800とする。

＜S社の貸借対照表＞

科目	金額	科目	金額
資産	2,000	負債	1,600
		資本金 利益剰余金	1,000 △600

② 税効果会計は考慮しない。

［会計処理］

（ケース1）減損処理をする場合

　上記のS社の貸借対照表に基づくと，P社の所有割合に対するS社の実質価
額は純資産額400（＝1,000－600）×80％＝320となっており，取得価額の800に
対して40％（＝320÷800）（60％の低下）となっている。したがって，当該子
会社の実質価額は取得価額に対して50％程度以上の低下であり，実質価額の著
しい低下に該当する。

　したがって，金融商品会計基準に基づき，原則として，減損処理の対象となる。

（借） 子会社株式評価損	（※）480	（貸） 子 会 社 株 式	（※）480

（※）　480＝取得価額800－実質価額320（P社持分相当）

（ケース2）投資損失引当金を計上する場合

　①に対して，ここではS社はP社の子会社であることから，S社株式の実質
価額の回復可能性が十分な証拠によって裏付けられるのであれば，減損処理を
しないか，または投資損失引当金の計上対象とすることができる。

（借） 投資損失引当金繰入額	（※）480	（貸） 投 資 損 失 引 当 金	（※）480

（※）　480＝取得価額800－実質価額320（P社持分相当）

172 第Ⅱ部 引当金別 会計上の論点と実務ポイント

なお，連結子会社および持分法適用関連会社に対する投資損失引当金および同繰入額等は連結財務諸表上ではすでに取込済の損失であるため，連結財務諸表への影響はない。

（2） 計上のタイミング

投資損失引当金は子会社株式等の実質価額が低下し，前記「1 概要（1）具体的事例」の①または②の事象が生じたタイミングで計上される。実質価額は当該子会社等の財務諸表または実質ベースの財務諸表を基礎に算定されることから，当該子会社等の財政状態に係る情報の入手が可能になった時，すなわち，子会社の決算書を入手した時点や，月次決算の速報値を入手している場合には当該資料の入手時点において投資損失引当金の計上を検討することになる。

（3） 繰入・戻入の会計処理

投資損失引当金の繰入は，前記「（2）計上のタイミング」の事象が発生したタイミングで計上される。前記のとおり，投資損失引当金繰入額は特別損失または営業外費用として，投資損失引当金は投資その他の資産の控除項目として計上されることが一般的である。

投資損失引当金の戻入の会計処理について，引当金の過不足が見積時の誤り（誤謬）ではなく，当事業年度中における状況の変化により会計上の見積りの変更を行ったとき，または実績が確定したときの見積金額との差額は，見積りを変更した期あるいは実績が確定した期の営業損益または営業外損益として認識することとされている（過年度遡及会計基準55項）。

したがって，投資損失引当金の計上の対象となった子会社株式等の実質価額が回復し，当該子会社株式等の取得価額と実質価額との差額と，当該投資損失引当金との差額を戻し入れる場合には，当該戻入額を営業外費用のマイナスとして計上するか，営業外収益として計上すると考えられる。

また，投資損失引当金の計上の対象となった子会社株式等の実質価額がさらに下落，または回復可能性が見込めなくなったために減損処理を実施する場合には，従来計上していた当該子会社等に係る投資損失引当金の戻入額と当該子会社株式等の評価損の金額とを相殺表示することが考えられる。

4 ▌実務上のポイント

（1）判定のフロー

　投資損失引当金の計上対象は，子会社または関連会社に対する投資である。したがって，投資損失引当金は，当該投資の時価または実質価額が低下した場合に，図表Ⅱ－9－5のフローに従って計上を検討することになる。

（2）　回復可能性の判断の合理性

　子会社株式等の時価が著しく下落している場合，またはその実質価額が著しく低下している場合に，減損処理を行わないことが認められる要件として，回復可能性が十分な証拠によって裏付けられる必要がある。

　当該子会社株式等の時価を把握することが極めて困難な場合，著しく低下している実質価額が将来回復するという事業計画等が十分に実行可能であるという合理的な説明が必要となる。それには当該子会社等に係る当初（投資時または取得時）の事業計画と現状の実績との間で大きな乖離がないか，経営上の重要な契約の締結，親会社等からの支援等により，当該子会社がどのようにして事業計画上の売上や利益を得ることができるのかという，客観性・確実性・実行可能性の高い合理的な根拠が必要となる。

（3）　他の引当金との混同の有無

　たとえば，子会社等が債務超過となっている場合に，親会社等が当該子会社等に対し債権を有する場合，その債権額に対して貸倒引当金（前記「⑦ 貸倒引当金（一般事業会社（銀行業・保険業以外））」参照）を計上すべきである場合や，同じく子会社等に対する債務保証の履行義務に対する債務保証損失引当金（後記「⑱ 債務保証損失引当金」参照）を計上すべきである場合等に，投資損失引当金を用いていないかどうか留意する必要がある。

（4）　税効果会計上の取扱い

　投資損失引当金繰入額は税務上，損金として認められない。当該引当金の計上対象となっている子会社株式等について，損失が実現した時に税務上も損金として処理することができるため，投資損失引当金の額は将来減算一時差異に

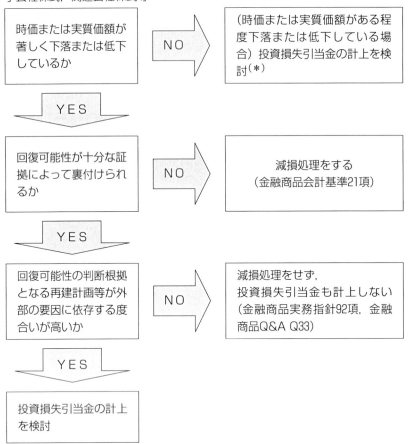

図表Ⅱ-9-5 投資損失引当金の計上判定フロー

(*) 投資損失引当金の計上が恣意的とならないよう，社内における経理規程等において，たとえば，「原則として，子会社株式等の実質価額が取得原価に比し，2期連続で30%以上50%未満低下している場合には当該子会社株式等に対して投資損失引当金を計上する」等の定めを設けることが考えられる。

該当する。

ここで，投資損失引当金を計上する要件を満たしている子会社株式等について，売却や清算が予定されているケースは想定されないことから，当該一時差異はスケジューリング不能の一時差異に該当すると考えられる。

9　投資損失引当金　175

したがって，投資損失引当金に係る将来減算一時差異については，原則として回収可能性適用指針における企業の分類が（分類1）のケース[1]においてのみ，繰延税金資産の計上が可能な一時差異と考えられる。

（5）　連結財務諸表上ののれんとの関係

子会社の実質価額が著しく低下し，金融商品会計基準に基づいて個別財務諸表上で子会社株式の減損処理を実施した場合で，当該子会社に対する連結財務諸表上ののれん未償却残高（借方）がある場合には，のれんの一時償却をしなくてはならない可能性がある。

なぜなら，親会社の個別財務諸表上の当該子会社の減損処理後の帳簿価額が当該子会社の資本の親会社持分額とのれんの未償却残高（純借方残高）との合計額を下回った場合には，減損処理後の帳簿価額との差額のうち，のれん未償却残高（借方）に達するまでの金額について，のれん未償却残高（借方）から控除し，連結損益計算書にのれん償却額として計上しなければならないからである（会計制度委員会報告第7号「連結財務諸表における資本連結手続に関する実務指針」32項）。すなわち，親会社の連結財務諸表上ののれん（純借方残高）も含めた子会社の評価額を，当該親会社の個別財務諸表上の当該子会社株式の減損処理後の簿価まで減額する必要があると考えることができる。

なお，当該会計処理については企業会計基準委員会（ASBJ）において審議中であり，そのなかでは①日本特有の会計処理であり，国際財務報告基準（IFRS）との差異になっていること，②のれんの減損は使用価値を考慮して行うべきであると考えられること，③減損適用指針が開発される以前からの定めであり，減損会計を補完するものとして一定の役割を果たしてきたと考えられるが，個別財務諸表における子会社株式等の減損処理に基づいた「のれんの追加的な償却処理」が必ずしも実態を表さない事例が見られること等の理由により削除してはどうかという意見がある[2]。

ここで，投資損失引当金を計上している場合について考えると，投資損失引

1　次の要件をいずれも満たす企業は，（分類1）に該当する（回収可能性適用指針17項）。
　(1)　過去（3年）および当期のすべての事業年度において，期末における将来減算一時差異を十分に上回る課税所得が生じている。
　(2)　当期末において，近い将来に経営環境に著しい変化が見込まれない。
2　2018年5月11日開催　第384回企業会計基準委員会　審議事項(3)-3-1

当金を計上しているということは，そもそも子会社株式の実質価額が取得原価に比して著しく低下している状況には至っていないか，実質価額の著しい低下があっても回復可能性を見込んで計上されていることとなる。したがって，当該子会社株式の実質価額の低下は一時償却の判断基準を満たさないため，投資損失引当金を計上しても，会計制度委員会報告第7号「連結財務諸表における資本連結手続に関する実務指針」第32項ののれんの一時償却を実施する必要はないと考えられる。

10 製品保証引当金

1 概要

(1) 具体的事例

　製品保証引当金とは，製品の販売後の一定期間に発生が見込まれる製品の修理または交換に無償で応じる無償保証契約や瑕疵担保責任に基づく将来の保証費用に備えて，販売時に引当金として計上されるものである。なお，当該引当金は，注解18においても例示列挙されている。

　また，無償保証契約を締結していない場合であっても，顧客との関係から無償で保証する場合に，製品保証引当金を計上するケースがある。

(2) 会計処理の考え方

　注解18における引当金の要件は以下のとおりである。

---
① 将来の特定の費用または損失であること
② その発生が当期以前の事象に起因するものであること
③ 発生の可能性が高いこと
④ 金額が合理的に見積可能なこと

　上記より，①契約や約款等に基づく将来予想される販売先への保証費用であり，②将来修理や交換が必要となるような欠陥を潜在的に含んだ製品の販売という事象に起因している状況において，③過去の実績から発生の可能性が高いこと，および④その発生金額を合理的に見積ることができる場合は，製品保証引当金を計上することになる。将来発生が予想される製品保証費用を製品販売時に認識することにより，費用と収益の合理的な対応を図ることができる。

2 事例分析

　ここでは，2017年4月から2018年3月に決算を迎えた東証一部上場会社1,912

178　第Ⅱ部　引当金別　会計上の論点と実務ポイント

社における有価証券報告書のうち，連結財務諸表もしくは個別財務諸表または
これらの双方において製品保証引当金が計上されている会社（日本基準適用会
社に限る。また，比較情報においてのみ計上されているケースを含む。以下，
本10において「対象会社」という。）207社[1]を母集団として，開示事例分析を
実施した結果を記載する。

（1）　会計方針の記載

　対象会社について，会計方針の記載から引当金の計算方法を類型化して分析
した結果は，図表Ⅱ－10－1のとおりである。

| 図表Ⅱ－10－1 | 製品保証に係る引当金の会計方針の分析（計算方法に係る記載の類型） |

会計方針の記載（計算方法）	会社数（社）(*)
過去の実績を基礎に算定と記載（実績率，経験率等）	139
個別に見積って算定と記載	42
計算方法に係る具体的な記載なし	29
過去の実績に将来見込みを加味して算定と記載	26
その他	4
合計	240

（＊）　同一の会社において複数の算定方法に関して記載している場合は，算定方法ごとに1
社とカウントしている。

　会計方針の記載は，過去の実績を基礎に算定していると記載している会社が
過半数であったが，個別に見積って算定している旨を記載している会社や，過去
の実績に将来見込みを加味して算定していると書いている会社も一定数あった。
　また，図表Ⅱ－10－1の「その他」には，顧客ごとの見積補修額と売上高に
対するクレーム発生額の過去の実績率を乗じて計算した額を比較して，大きい
方で算定していると記載している会社が見られた。
　対象会社のうち，見積りの際に利用する過去の実績について，売上高に対す

1　連結貸借対照表では「引当金」として掲記されているが，注記にて当該引当金を計上し
ていることが読み取れる会社1社は含んでいない。

る発生割合により算定している旨を明示している会社は41社であった。また，製品の種類等に応じて，算定方法を使い分けている会社は30社であった。

　製品の種類に応じて算定方法を使い分けている事例として，以下のような会計方針の記載が見られた。

会社名：ヤマハ発動機㈱（2017年12月31日：有価証券報告書）

【注記事項】
（連結財務諸表作成のための基本となる重要な事項）
　　　　　　　　　　　　～略～
（3）　重要な引当金の計上基準
　　　　　　　　　　　　～略～
③　製品保証引当金
　販売済製品の保証期間中のアフターサービス費用，その他販売済製品の品質問題に対処する費用に充てるため，発生額を個別に見積ることができる費用については当該費用を，その他については保証期間に基づいて売上高に経験率（アフターサービス費用/売上高）を乗じて計算した額を計上しています。

　また，対象会社207社について，会計方針の記載から引当計上の対象となる費用を類型化して分析した結果は，図表Ⅱ－10－2のとおりである。

図表Ⅱ－10－2　製品保証に係る引当金の会計方針の分析（対象となる費用に係る記載の類型）

会計方針の記載（対象費用）	会社数（社）(*)
無償補修や無償修理の支出に備えると記載	97
アフターサービスの支出に備えると記載	58
クレーム費用の支出に備えると記載	15
対象費用に係る具体的な記載なし	14
その他	29
合計	213

（＊）　同一の会社において複数の費用に関して記載している場合は，費用ごとに1社とカウントしている。

180　第Ⅱ部　引当金別　会計上の論点と実務ポイント

会計方針の記載から，多くの会社が無償補修や無償修理の支出，アフターサービスの支出に備えて引当計上していることが読み取れる。また，対象会社のうち，無償保証契約や保証書の約款，瑕疵担保責任や製造物責任のように引当の根拠を明示している会社は14社であった。

（2）　科目名

対象会社の他，2017年4月から2018年3月に決算を迎えた東証一部上場会社1,912社において，「製品保証引当金」以外の科目名で製品保証に関連する科目名を使用している会社は，図表Ⅱ−10−3のとおりである。

図表Ⅱ−10−3　製品保証に係る引当金の科目名（「製品保証引当金」を除く。）

科目名	会社数（社）
製品補償[2]引当金	11
製品補償損失引当金	4
アフターサービス引当金	4
製造物賠償責任引当金	2
製品自主回収関連損失引当金	3
製品自主回収引当金	1
製品回収関連損失引当金	1
製品回収等関連損失引当金	1
製造物責任損失引当金	1
製品品質保証対応引当金	1
合計	29

また，対象会社における連結貸借対照表または貸借対照表での流動・固定区分については，流動負債として計上している会社が176社であり，一方，固定負債として計上している会社は31社であった。なお，同一の会社で，流動負債と固定負債の両方に計上している会社は16社であった。

2　「保証」は，間違いがない，大丈夫であると認め，責任をもつことであり，一方，「補償」とは，損失を補って，つぐなうことを意味する（「デジタル大辞泉」小学館）。

（3） 損益計算書表示区分

　連結損益計算書または損益計算書の本表，またはそれらに関する注記などから，表示区分を定量的に読み取ることはできなかったが，自動車メーカー等の輸送用機器において，販売費及び一般管理費として表示されている事例が見られた（後記「4　実務上のポイント（4）損益計算書表示区分」参照）。

（4） その他

　製品保証引当金を計上している業種としては，図表Ⅱ-10-4に記載した業種が挙げられる。分析の結果，無償保証契約や保証書の約款に基づき引当計上していることが想定される，電気機器，機械および輸送用機器などの業種において，多くの計上事例が見られた。

図表Ⅱ-10-4　製品保証引当金を計上している業種

業種	会社数（社）
機械	58
電気機器	55
輸送用機器	27
卸売業	11
情報・通信業	9
金属製品	9
化学	8
精密機器	8
その他	22
合計	207

182 第Ⅱ部 引当金別 会計上の論点と実務ポイント

3 ┃ 会計処理等

（1） 計算（見積）方法

将来発生が見込まれる保証金額の見積方法として，以下の2つの方法が考えられる。

- 修理や交換が必要となった製品や商品ごとに個別に見積る方法
- 過去の実績を基礎に見積る方法（販売台数基準，売上高基準等）
---

① 個別に見積る方法

個別に見積る方法は，リコールのように販売時には想定していなかった保証が必要になった場合に採用することが考えられる。このような場合，リコール対象台数を特定し，リコールに伴い発生する費用内容を網羅的に把握して引当計上する。

② 過去の実績を基礎に見積る方法（販売台数基準）

販売台数を基準にする場合は，以下の算定式により計算することが考えられる。

引当金期末残高＝引当金期首残高＋①－②＋③－④

① ＝ 当期の無償保証契約付き製品の販売台数×故障率×平均修理コスト

② ＝ 当期発生の無償保証費用

③ ＝ 期末時点の最新基礎率（故障率や平均修理コスト）で算定した差額

④ ＝ 保証期間終了による取崩額

故障率を算定する場合，各機種の実績無償修理受付率等を利用するが，その際に，無償対応の故障率と有償対応の故障率を区分して算定する必要がある。実務においては，故障率は機種ごとに品質保証部門等から入手し，グルーピン

グして算定することが考えられる。

故障率について，最新機種である等の理由で実績がない場合は，類似機種の過去実績率等により予測故障率を算定する。

また，保証期間が複数年である場合，経過年数により故障率は異なることが想定されるため，実態を踏まえて反映する必要がある。

なお，修理コストには，修理に要する費用だけでなく，製品回収コスト等の関連するコストを網羅的に含める必要がある。

③　過去の実績を基礎に見積る方法（売上高基準）

売上高を基準にする場合は，以下の算定式により計算することが考えられる。

引当金期末残高＝引当金期首残高＋①－②－③

①＝ 当期の無償保証契約付き製品に係る売上高×実績率^{（＊）}

（＊）　実績率＝過去のアフターサービス費用÷過去の売上高

②＝ 当期発生の無償保証費用

③＝ 保証期間終了による取崩額

過去の実績率を算定する場合，保証期間に対応した過去の平均実績率等，実態を踏まえて合理的に算定する必要がある。

④　過去の実績に将来見込みを加味して見積る方法

前記「③ 過去の実績を基礎に見積る方法（売上高基準）」における実績率を基礎に，将来発生が見込まれる保証費用を加味した発生率を算定したうえで，前記「③ 過去の実績を基礎に見積る方法（売上高基準）」と同様に算定することが考えられる。

（2）　計上のタイミング

将来製品保証が必要となる製品の販売時に引当金を認識する。リコールのように製品販売後に販売時に想定していない不具合が判明した場合には，判明した時点で，引当金を認識する。

184　第Ⅱ部　引当金別　会計上の論点と実務ポイント

（3）　繰入・戻入の会計処理

　引当金の計上の要件を満たしたときに引当金繰入額を計上し，実際に製品保証が完了した時点で目的取崩しを行う。その後も故障率や修理単価の変更がないか確認し，合理的な見積金額となっているか毎期見直しを行う。

　以上を踏まえ，具体的な会計処理に関して設例を用いて確認する。

設例Ⅱ－10－1　製品保証引当金の会計処理

［前提条件］

① 　3年間無償保証契約付きの製品を販売している。

② 　X1年度の保証費用は10，X2年度の保証費用は20，X3年度の保証費用は30であった。

③ 　X1年度の製品売上高は900，X2年度の製品売上高は2,100，X3年度の製品売上高は2,000であった。

④ 　X4年度（当期）の製品売上高は2,500であり，X4年度の製品売上高に対してすでに無償保証費用が5発生している。

⑤ 　税効果会計は考慮しない。

［会計処理］

　X4年度の会計処理は，以下のようになされる。

① 　実績率の算定

　実績率1.2％＝（10＋20＋30）÷（900＋2,100＋2,000）×100％

② 　引当金計上時

| （借） | 売上原価または販売費及び一般管理費 | (※)25 | （貸） | 製品保証引当金 | (※)25 |

（※）　25＝売上高2,500×実績率1.2％－既発生費用5

4 ▎実務上のポイント

（1） 保証内容の明確化

　保証契約には，販売後ないし製造後の一定期間における保証以外に，販売後の製品稼働時間や走行距離に応じた保証が定められる場合もあり，引当金の見積りに際しては，保証契約の内容を明確にする必要がある。

（2） 無償保証と有償保証の区分

　無償保証と有償保証を適切に区分し，無償保証契約に係るものを適切に引当計上するように留意する必要がある。

　なお，無償保証期間が経過した後も，一定割合の故障が継続的に発生する場合など，顧客との関係から無償保証を継続するケースもあるため，そのような場合も適切に引当計上されるように留意する。

（3） 有償保証契約の会計処理

　製品の修理や交換に有償で応じる有償保証契約を締結している場合においても，当該契約に基づく保証収入を超える保証費用の発生が将来見込まれる場合，契約時に製品保証引当金を計上する必要がある。また，有償での保証契約に基づき，製品または商品の修理や交換によって生じる費用は，販売時点ではなく，その発生時，すなわち有償保証期間に応じて認識することになると考えられる（引当金研究資料2(2)【ケース4】(b)）。

（4） 損益計算書表示区分

　製品保証は，製造に起因する欠陥を保証する性質から，売上原価として表示することが想定される。保証約款に関連する支出やリコール等の市場措置に伴う支出は，ともに製品の欠陥に起因する修理や取替えに係る費用であるが，両者とも製品の安全性確保や顧客満足の充足を目的としたアフターサービス費用としての性格を有する。このため，製造活動に起因して発生したものであっても，自動車業界に見られるように，販売費及び一般管理費として表示する場合もある。これは，企業が属する業種により保証の内容の捉え方が異なることによるものと想定される。

186　第Ⅱ部　引当金別　会計上の論点と実務ポイント

　また，リコール等で臨時かつ巨額な対策費用が発生した場合については，特別損失として表示することも考えられる（企財審査NEWS第6−1号2参照）。

（5）　保険会社やサプライヤーからの補填が見込まれる場合

　部品メーカーの瑕疵により製品に不具合が生じた場合は，部品メーカーへ求償できる場合もある。このような場合，顧客に対する保証金額の全額を債務として認識したうえで，部品メーカーへの求償可能金額を資産計上し，総額で保証に関する会社負担額を計上することが考えられる。また，リコール等によって支出した保証額に関して保険会社へ求償できる場合も，同様に総額で計上することが想定される。

5 ▍ 収益認識会計基準の影響

（1）　影響の概要

　収益認識会計基準では，提供する保証を，①製品が合意された仕様どおりのものであるという保証（以下「品質保証型の保証」という。）か，②追加の保証サービス（以下「サービス型の保証」という。）に区分することが求められるため，製品保証引当金を計上している会社は，いずれの保証を提供しているかを判断する必要がある。製品保証引当金にサービス型の保証が含まれる場合，後記のように，取引価格のうち，サービス型の保証に該当する部分に配分された金額を契約負債として計上し，当該保証サービスの提供に応じて収益認識することになる。このため，当初収益認識する金額が，現行の会計処理と比較して少なくなる可能性がある。

　したがって，今後は，前記の無償保証と有償保証の区分ではなく，品質保証型の保証とサービス型の保証の区分が，実務上のポイントとなる。なお，品質保証型の保証とサービス型の保証の区分方法については，図表Ⅱ−10−5を参照のこと。

図表Ⅱ-10-5　品質保証型とサービス型の保証の区分方法

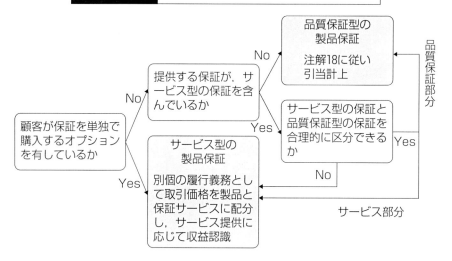

（2） 収益認識会計基準の会計処理

① 製品保証の区分

　提供する保証が，品質保証型の保証のみの場合，引き続き，注解18に定める引当金として処理する（収益認識適用指針34項）。一方，サービス型の保証を提供する場合，別個の履行義務として，取引価格を製品と保証サービスに配分し（収益認識適用指針35項），当該保証サービスの提供に応じて収益認識することになる。提供する保証にサービス型の保証が含まれているか判断するにあたり，たとえば，以下の要因を考慮する（収益認識適用指針37項）。

- 保証が法律で要求されているかどうか
  法律で要求される場合には，当該保証は履行義務ではないことを示している
- 保証の対象となる期間の長さ
  保証の対象となる期間が長いほど，保証サービスを顧客に提供している場合が多く，この場合には，当該保証サービスは履行義務である
- 企業が履行を約束している作業の内容
  製品が合意された仕様に従っているという保証を提供するために，特定の作業を行う必要がある場合には，当該作業は，通常，履行義務を生じさせない

188　第Ⅱ部　引当金別　会計上の論点と実務ポイント

　サービス型の保証を提供する場合の具体的な会計処理の設例は，設例Ⅱ－10－2のとおりである。

設例Ⅱ－10－2　収益認識会計基準適用後の会計処理

[前提条件]

① 　A社は，製品Xを1台120で販売しており，品質保証型の保証（いわゆる基本保証）以外に，販売後3年間はあらゆる欠陥・不具合について修理または交換が可能となる保証サービスが付されている。A社は，製品Xを現金で10台販売した。

② 　上記の保証サービスは，保証期間に応じて継続的に提供されるものと仮定する。

③ 　A社は通常，上記の保証サービスを付けずに，製品Xを1台100で独立して販売している。

④ 　A社は，上記の保証サービスを独立したサービスとしても販売しており，25で販売している。

[会計処理]

① 　販売時（製品に関する収益の計上および契約負債の認識）

（借）現　　　　　　　　金	（※1）1,200	（貸）売　　　上　　　高	（※2）960
		契　約　負　債	（※3）240

（※1）　1,200＝120×10台
（※2）　960＝120×100÷（100＋25）×10台
（※3）　240＝120×25÷（100＋25）×10台

② 　1年経過時（保証サービスに関する収益の認識）

（借）契　約　負　債	（※）80	（貸）売　　　上　　　高	（※）80

（※）　80＝240÷3年

---

② 　品質保証型とサービス型の両方を含む保証の場合

　提供する保証が，品質保証型の保証とサービス型の保証の両方を含んでおり，両者を合理的に区分できない場合，両者を一括して単一の履行義務として処理

し，取引価格を，製品と当該履行義務に配分する（収益認識適用指針36項）。また，保証が個別に価格設定される場合や個別に交渉される場合のように，顧客が保証を単独で購入するオプションを有している場合，当該保証を別個の履行義務として識別し，取引価格を製品と当該保証サービスに配分する（収益認識適用指針38項）。

（3） 表示および開示

収益認識会計基準の適用によって，製品保証引当金の表示区分等への影響はないと考えられる。

ただし，収益については，企業の主要な事業における主な履行義務の内容と当該履行義務に関する収益を認識する通常の時点を財務諸表に注記しなければならないとされている（収益認識会計基準80項）。

（4） 税務上の取扱い

収益認識会計基準の適用に伴い，法基通2－1－1の3が2018年6月に新設され，資産の販売等に伴い保証を行った場合の収益の計上の単位の取扱いが定められた。品質保証型の保証のみを提供する場合，当該保証は製品とは別の収益の計上の単位とはしないこととされている。すなわち，法人税法においても収益認識会計基準と同様の取扱いとされている。

11 完成工事補償引当金

1 概要

(1) 具体的事例

　建設業者は，工事請負契約等により，工事の引渡後一定期間内に瑕疵が発覚した場合，補修工事を無償で行うという瑕疵担保責任を負っている。建設業においては，当該契約等の履行に要する支出に備え，補修費用の見込額を完成工事補償引当金として計上している事例が見られる。

　完成工事補償引当金は，建設業特有の引当金であるが，その性質は製造業等における製品保証引当金と類似している。

(2) 会計処理の考え方

　注解18における引当金の要件は以下のとおりである。

---
① 将来の特定の費用または損失であること
② その発生が当期以前の事象に起因するものであること
③ 発生の可能性が高いこと
④ 金額が合理的に見積可能なこと

　過去に引き渡した工事の瑕疵が発覚した際に，引渡後の一定期間，補修工事に無償で応じる契約に基づいて負担する瑕疵担保費用は，その発生が，工事の施工という当期以前の事象に起因すると考えられるため，注解18の①と②の要件を満たす。このため，過去の経験等から，発生の可能性が高く（注解18の③の要件参照），補修費用の額を合理的に見積ることができる場合（注解18の④の要件参照）には，引当金の計上が要求される。

2 事例分析

　ここでは，2017年4月から2018年3月に決算を迎えた東証一部上場会社1,912

社における有価証券報告書の個別財務諸表[1]のうち，完成工事補償引当金が計上されている会社（日本基準適用会社に限る。また，比較情報においてのみ計上されているケースを含む。以下，本11において「対象会社」という。）108社を母集団として，開示事例分析を実施した結果を記載する。

（1） 会計方針の記載

対象会社108社の会計方針の記載を類型化して分析した結果は，図表Ⅱ－11－1から図表Ⅱ－11－3のとおりである。

この事例分析結果から，引当金の引当対象といった，引当方法の具体的な内容まで記載している会社は半数に満たないものの（図表Ⅱ－11－1参照），過去実績の見積期間の記載を行う会社も，対象会社のうち4社ある点が読み取れる（図表Ⅱ－11－3参照）。

図表Ⅱ－11－1 完成工事補償引当金の会計方針の分析（全般）

会計方針の記載	会社数（社）
過去の実績をもとに見積っている旨を記載	50
引当対象を記載	36
将来の見込額を引当しているとのみ記載	11
引当対象と過去の実績をもとに見積っている旨を記載	11
合計	108

---

1 連結財務諸表においてのみ完成工事補償引当金が計上されるケースは，子会社が建設業であるものの，親会社は異業種であることが想定され，その場合，工事自体が付随的な事業であるといった理由または重要性などの関係で，建設業のときとは異なる処理（損益計算書の表示区分が違うなど）が行われることが想定されるため，対象を個別財務諸表に限定している。

192 第Ⅱ部 引当金別 会計上の論点と実務ポイント

図表Ⅱ-11-2 完成工事補償引当金の会計方針の分析（引当の対象）(*)

引当の対象	会社数（社）
当期の完成工事高または売上高に対して引当と記載	38
完成工事高または売上高に対して引当と記載	7
当期の完成工事高（進行基準工事含む。）に対して引当と記載	1
期末の引渡工事に対して引当と記載	1
引当対象についての記載なし	61
合計	108

（＊） 引当対象について記載のあった47社は，前記図表Ⅱ-11-1の「引当対象を記載」（36
社）と「引当対象と過去の実績をもとに見積っている旨を記載」（11社）と対応している。

図表Ⅱ-11-3 完成工事補償引当金の会計方針の分析（過去実績の見積期間）(*)

過去実績の見積期間	会社数（社）
過去の実績に基づいて見積っているが，期間の記載のないもの	50
過去実績に関する記載なし	47
過去の一定期間	7
2年	3
3年	1
合計	108

（＊） 過去実績に関して記載のあった61社は，前記図表Ⅱ-11-1の「過去の実績をもとに
見積っている旨を記載」（50社）と「引当対象と過去の実績をもとに見積っている旨を
記載」（11社）と対応している。

（2） 科目名

　引当金の科目名については，すべての会社で，建設業法施行規則の様式等に
従い，流動負債の区分に完成工事補償引当金として計上していた。

　一方，損益計算書の科目名については，後記するように，繰入等は通常，完
成工事原価に含めて処理するため，別掲されている開示例が少なかったが，対
象会社のうち，完成工事補償引当金繰入額としている会社が4社，完成工事補

償引当金戻入額としている会社が2社見られた。

（3） 損益計算書表示区分

建設業においては完成工事原価に区分することが通常であるが，対象会社のうち，販売費及び一般管理費に区分している会社が1社，営業外費用に区分している会社が1社，特別損失に区分している会社が2社あった。また，戻入は営業外収益に区分している会社が1社，特別利益に区分している会社が1社あった。

（4） その他

対象会社の業種について分析した結果が図表Ⅱ－11－4である。建設業がほとんどを占めるが，その他の業種においても計上例が見られる結果となった。

図表Ⅱ－11－4 完成工事補償引当金を計上している業種

会計方針の記載	会社数（社）
建設業	83
機械	8
不動産業	6
サービス業	4
上記以外の業種	7
合計	108

3 会計処理等

（1） 計算（見積）方法

期末において瑕疵担保期間を経過していない工事について，補修工事が必要であることが判明している場合，工事ごとに将来発生する補修費用を合理的に見積り，個別に引当計上する。

また，補修工事が必要であることが判明していない工事についても，完成工事高に対する過去の補修実績額の割合をもとに，将来発生する補修費用を合理

194 第Ⅱ部 引当金別 会計上の論点と実務ポイント

的に見積り，一括で引当計上する。工事は案件ごとの個別性が高いが，工事を多く抱えている場合は，工事全体で見れば補修工事割合にも一定の傾向が認められ，過去の完成工事高に対する補修実績割合から工事全体に対する補修見込額を合理的に算出することができると考えられる。

過去の補修実績をもとに引当額を算出する具体的な計算方法としては，引当金の性格をどのように捉えるかというそれぞれの考え方に従い，2つの方法が考えられる。

① 過去の一定期間に完成引渡しした工事に係る請負金額に対する補修費用実績金額の割合を用いる方法

瑕疵担保責任は工事の引渡し以降に生じるものであるため，完成工事の引渡し時に引当金を計上すべきという考え方であり，この考え方に従えば，算定にあたって使用する実績率は，過去の一定期間に完成引渡した工事に係る請負金額に対する補修費用実績金額の割合となる。

② 過去の一定期間における完成工事高に対する補修費用実績金額の割合を用いる方法

工事進行基準の完成工事高は，工事の進捗に伴い計上されるが，費用収益対応の原則によれば，当該工事に係る引渡後に発生が見込まれる瑕疵担保費用を収益と期間対応させるために引当金を計上すべきという考え方である。この考え方に従えば，算定にあたって使用する実績率は，過去の一定期間における完成工事高に対する補修費用実績金額の割合となる。

このように計上の論拠として2通りの考え方があり，完成工事補償引当金の計算方法も実務上は2通りの方法が存在するが，特段の理由がない限り，同一の計算方法を継続して適用する必要がある。

また，補修費用実績金額については，実績算定の基礎となった完成工事高に含まれる工事に対応した補修費用を個別に集計することが最も合理的であるが，実務上は，補修費用を工事ごとに区別することなく，対象年度に発生した補修費用実績金額をすべて集計していると思われる。

11 完成工事補償引当金　195

（2）　計上のタイミング

　補修費用を工事の完成引渡時期に対応させる方法を採用した場合は，完成引渡時点，収益と期間対応させる方法を採用した場合は，完成引渡のいかんを問わず完成工事高を計上した時点で計上することになる。

　一方，補修期間が経過し今後の補修発生がないと判断された時点，または実績率の低下等により補修見込額が減少した時点で引当金の取崩しを行う。

（3）　繰入・戻入の会計処理

　補修工事は個別の工事契約に基づく義務の履行であり，各工事に直接紐づく費用であるため，引当金の繰入額は原価で処理するのが一般的と考えられ，『建設業会計提要』の完成工事補償引当金の項目にも，「完成工事補償引当金の繰入額は，完成工事原価中の経費（補修費）の科目で処理するのが一般的である」と記述されている。一方，引当金の取崩しは，原則として，繰入額と同様の区分に計上することになる。

　以上を踏まえ，具体的な会計処理に関して設例Ⅱ-11-1を用いて確認する。

設例Ⅱ-11-1　完成工事補償の個別引当に係る会計処理

［前提条件］

① 　X0年度末において，引渡しした工事の瑕疵が発覚し，補修工事費用は40と見積られた。

② 　X1年度において，補修工事を実施した。補修工事は想定よりも順調に行われ，実際の補修費用は30であった。

③ 　税効果会計は考慮しない。

［会計処理］

① 　X0年度

＜完成工事補償引当金の繰入＞

| （借） | 完成工事補償引当金繰入額 | (※)40 | （貸） | 完成工事補償引当金 | (※)40 |

（※）　40…前提条件①参照

196　第Ⅱ部　引当金別　会計上の論点と実務ポイント

② X1年度

＜補修工事の実施＞

（借）　完　成　工　事　原　価	^{（※）}30	（貸）　工　事　未　払　金	^{（※）}30
（借）　完成工事補償引当金	^{（※）}30	（貸）　完　成　工　事　原　価	^{（※）}30

（※）　30…前提条件②参照

＜完成工事補償引当金の取崩し＞

（借）　完成工事補償引当金	^{（※）}10	（貸）　完　成　工　事　原　価	^{（※）}10

（※）　10＝40（前提条件①参照）－30（前提条件②参照）

　完成工事補償引当金の実績率の計算方法を定めた会計基準はなく，実務的には複数の計算方法があると考えられるが，設例Ⅱ－11－2において，その一例を示す。

設例Ⅱ－11－2　完成工事補償の一般引当に係る会計処理

［前提条件］
① X2年度末の完成工事補償引当金残高は54であった。
② X3年度において完成工事高を800（完成引渡工事の請負価額は600）計上した。
③ 瑕疵担保期間は2年である。
④ 過年度の補修実績割合は以下のとおりである。

	完成工事高	完成引渡高	補修費用
X0年度	500	300	
X1年度	400	500	24
X2年度	450	400	36
X3年度	800	600	48

⑤ 税効果会計は考慮しない。

［会計処理］

① X4年度

＜完成工事補償引当金の繰入＞

（工事の完成引渡時期に対応させる方法）

補修見積額＝完成引渡高（X3年度）×実績率

実績率＝補修費用（X1年度～X3年度）÷完成引渡高（X0年度～X2年度）

| （借） | 完 成 工 事 補 償
引 当 金 繰 入 額 | (※1)48 | （貸） | 完成工事補償引当金 | (※1)48 |

（※1）　48＝補修見込額54(※2)－引当金残高6(※3)

（※2）　54＝600× 9 %(※4)

（※3）　 6 ＝54－48（前提条件①, ④参照）

（※4）　 9 %＝（24＋36＋48）÷（300＋500＋400）

（収益と期間対応させる方法）

補修見積額＝完成工事高（X3年度）×実績率

実績率＝補修費用（X1年度～X3年度）÷完成工事高（X0年度～X2年度）

| （借） | 完 成 工 事 補 償
引 当 金 繰 入 額 | (※1)58 | （貸） | 完成工事補償引当金 | (※1)58 |

（※1）　58＝補修見込額64(※2)－引当金残高6(※3)

（※2）　64＝800× 8 %(※4)

（※3）　 6 ＝54－48（前提条件①, ④参照）

（※4）　 8 %＝（24＋36＋48）÷（500＋400＋450）

4 実務上のポイント

（1）　実態の把握

　過去の瑕疵担保費用割合は，瑕疵担保責任を負う期間の補修費用実績を集計して算出されるものと考えられる。この期間をどのように設定するかは，瑕疵担保の契約期間などを基準に各企業が自社にとって適切と思われる期間を設定する必要がある。

198　第Ⅱ部　引当金別　会計上の論点と実務ポイント

　また，実務上，瑕疵担保期間経過後も補修の依頼を受け，このように補修義務が契約上はなくなっている場合でも，施工業者の責任と思われる瑕疵については，補修を無償で受けることも想定される。この点については，過去の実態を把握し，瑕疵担保期間経過後の補修費用の重要性が高い場合は，補修費用を集計する範囲を広く捉えることも考えられる。

（2）　見積計算の方法

　個別引当については，工事ごとに施工後の状況やクレームの有無等を把握し，瑕疵が発覚している工事を網羅的に把握する必要がある。そのためにも，瑕疵やクレーム等の情報を適時に集約できる体制の構築が必要であり，また，一定額以上の補修工事を対象に個別引当を行うといった計上の際のルールを設けておくことも考えられる。

　さらに，過去の実績率をもとに一括で引当額を算出する場合であっても，工事規模や工事の種類によって補修発生割合が大きく異なることが想定されるケースでは，補修の発生傾向別に工事をグループ分けし，グループごとに引当額を算出することが必要な場合も考えられる。

5 ▍収益認識会計基準の影響

（1）　影響の概要

　収益認識会計基準では，提供する保証を，①完成工事が合意された仕様どおりのものであるという保証（以下「品質保証型の保証」という。）か，②追加の保証サービス（以下「サービス型の保証」という。）に区分することが求められる。このため，完成工事補償引当金を計上している会社は，完成工事補償が品質保証型の保証のみであるか，品質保証型の保証に加えてサービス型の保証も含まれているか，いずれの保証を提供しているかを判断する必要がある。完成工事補償にサービス型の保証が含まれる場合，取引価格のうちサービス型の保証に該当する部分に配分された金額は契約負債として計上することになる。

　したがって，建設業者等においては工事請負契約書等の内容を確認し，提供する完成工事の補償内容を理解する必要がある。そのうえで，品質保証型の保証とサービス型の保証を区分することが，実務上のポイントとなる。

　なお，品質保証型の保証とサービス型の保証の区分方法については，前記

「⑩ 製品保証引当金　5　収益認識会計基準の影響（1）影響の概要　図表Ⅱ－10－5」を参照のこと。

（2）　収益認識会計基準の会計処理

　提供する保証が，完成工事に対する瑕疵担保責任として補修工事を実施することのみである場合，引き続き，注解18に定める引当金として処理することになる（収益認識適用指針34項）。一方，瑕疵担保責任に基づく補修工事の他に，長期にわたるメンテナンスサービスの実施といった追加的なアフターサービスの提供が工事請負契約に含まれている場合，サービス型の保証に該当することから，別個の履行義務として取引価格を完成工事の対価と保証サービスに配分し（収益認識適用指針35項），当該保証サービスの提供に応じて収益認識することになる。

　提供する保証にサービス型の保証が含まれているか判断するにあたっての考慮事項については，前記「⑩ 製品保証引当金　5　収益認識会計基準の影響（2）収益認識会計基準の会計処理」を参照のこと。

（3）　表示および開示

　収益認識会計基準の適用によって，完成工事補償引当金の表示等への影響はないと考えられる。

　ただし，収益については，企業の主要な事業における主な履行義務の内容と当該履行義務に関する収益を認識する通常の時点を財務諸表に注記しなければならないとされている（収益認識会計基準80項）。

（4）　税務上の取扱い

　収益認識会計基準の適用に伴い，法基通2－1－1の3が2018年6月に新設され，資産の販売等に伴い保証を行った場合の収益の計上の単位の取扱いが規定された。品質保証型の保証のみの場合，すなわち，工事契約において完成工事が合意された仕様どおりであるという保証のみである場合には，当該保証は完成工事と別の取引単位として収益を計上することにはならないとされている。

12 返品調整引当金

1 概要

（1） 具体的事例

① 平成30年度税制改正前に法人税法上で返品調整引当金の計上が認められていた業種

平成30年度税制改正前の法人税法では特定の業種[1]において，一定限度額まで損金算入が認められていたが，これらの業種に属する会社は会計上も返品調整引当金を計上しているケースが多い。なお，平成30年度税制改正後は，法人税法上，返品調整引当金の計上が認められなくなった。詳細は，後記「5 収益認識会計基準の影響（4）その他特有の論点等」参照のこと。

② ①以外の業種

①以外の業種においても，たとえば，販売先への取引条件において，無条件に販売価格での返品を受け入れるような取引上の慣習や特約がある場合などで，引当金の要件を満たしていると判断されるケースでは，返品調整引当金を計上する必要がある。

（2） 会計処理の考え方

前期に販売した製品・商品が当期に返品された場合，返品による損失は，前期の販売に起因して生じたものと考えられる。このため，翌期に返品されることによる損失に備えるため，適切に見積った返品調整引当金を計上することで，収益と費用の期間対応が図られることになる。

なお，注解18にも引当金の具体的な例示として，返品調整引当金が挙げられている。

---

1 出版業，出版に係る取次業，医薬品（医薬部外品を含む。），農薬，化粧品，既製服，蓄音機用レコード，磁気音声再生機用レコードまたはデジタル式の音声再生機用レコードの製造業等の業種が含まれる。

2 ┃事例分析

　ここでは，2017年4月から2018年3月に決算を迎えた東証一部上場会社1,912社における有価証券報告書のうち，連結貸借対照表もしくは貸借対照表またはこれらの双方において返品調整に係る引当金が計上されている会社（日本基準適用会社に限る。また，比較情報においてのみ計上されているケースを含む。以下，本[12]において「対象会社」という。）122社[2]を母集団として，開示事例分析を実施した結果を記載する。

　なお，連結貸借対照表および貸借対照表の双方に計上しているケースは，1社としてカウントしている。

（1）　会計方針の記載

　返品調整引当金の会計方針に関する記載内容について，引当額の算定方法等の記載の有無の観点から集計・分析を実施した。この結果，図表Ⅱ－12－1のとおり，対象会社のうち83社が会計方針に引当額の算定方法等を記載していた。

図表Ⅱ－12－1　返品調整に係る引当額の算定方法等の記載の有無	
算定方法等の記載	会社数（社）
記載あり	83
記載なし	36
会計方針の記載自体省略	3
合計	122

　さらに，図表Ⅱ－12－1において「記載あり」とされた83社について，算定方法等の記載内容の分析を実施した結果は図表Ⅱ－12－2のとおりであり，対象会社のうち，過去の返品実績や返品率等に基づいて算定している旨を記載している会社が合計77社あった。また，77社のうち具体的な算定期間まで明示している会社は2社であり，開示事例としては少なかった。

　また，対象会社のうち，算定基準について11社が売掛金等に基づいて算定し

2　連結貸借対照表および貸借対照表では「その他の引当金」として掲記されているが，注記にて当該引当金を計上していることが読み取れる会社1社を含んでいる。

202　第Ⅱ部　引当金別　会計上の論点と実務ポイント

図表Ⅱ-12-2	返品調整に係る引当金の会計方針の記載における算定方法等の内容

(単位：社)

		売掛金等の算定基準の記載の有無		合計
		記載あり	記載なし	
過去の返品実績・返品率等に基づいて算定している旨の記載の有無	記載あり（算定期間の明示あり）	1	1	2
	記載あり（算定期間の明示なし）	4	71	75
	小計	5	72	77
	記載なし	6	-	6
	合計	11	72	83

図表Ⅱ-12-3	返品調整に係る引当金の会計方針の記載におけるその他の記載内容

	会社数（社）
返品調整引当金に，売買利益相当額等だけでなく，廃棄損相当額等も含めて計上している旨を記載しているケース	3
法人税法の規定(*)に基づく繰入限度相当額を計上している旨を記載しているケース	10

（＊）　平成30年度税制改正により返品調整引当金は廃止されている。経過措置については，後記「5　収益認識会計基準の影響（4）その他特有の論点等」参照。

ている旨の記載をしていたが，記載していないケースは72社であり，大半を占めていた。

　上記の他，引当金に関する会計方針として図表Ⅱ-12-3のような内容を記載している会社が見受けられた。なお，返品調整引当金に，売買利益相当額等だけでなく，廃棄損相当額等も含めて計上している旨を記載しているケースについては，後記「4　実務上のポイント（2）返品後に廃棄による損失が生じるケース」も併せて参照のこと。

（2）　科目名

　対象会社122社のうち，大部分の118社について「返品調整引当金」が使用さ

れていた。そのほかでは，「返品引当金」を使用している会社が3社，「その他の引当金」に含めて開示している会社が1社見受けられた。

なお，「返品調整引当金」を計上している会社118社の中には，同時に「返品廃棄損失引当金」を計上している会社が1社見受けられた（この点は後記「4 実務上のポイント（2）返品後に廃棄による損失が生じるケース」も参照のこと。）。

また，返品は売上から1年以内に行われるケースが多いため，通常は，貸借対照表上，流動負債の区分に計上するケースが多いと考えられる。実際の開示事例分析の結果でも，すべての対象会社が流動負債の区分に計上していた。

（3） 損益計算書表示区分

損益計算書上では，売上総利益の下に表示されることが一般的である。この場合，売上総利益に「返品調整引当金戻入額」，「返品調整引当金繰入額」を総額または純額で加減算し，差引売上総利益を算定する。以下では，戻入額と繰入額を総額で表示している事例と，純額で表示している事例をそれぞれ示している。

会社名：㈱スズケン（2018年3月31日：有価証券報告書）

【連結損益計算書】	
	（単位：百万円）
	当連結会計年度 （自 平成29年4月1日 至 平成30年3月31日）
売上高	2,123,997
売上原価	1,936,504
売上総利益	187,493
返品調整引当金戻入額	543
返品調整引当金繰入額	524
差引売上総利益	187,511
販売費及び一般管理費	167,775
営業利益	19,735
〜略〜	

204　第Ⅱ部　引当金別　会計上の論点と実務ポイント

会社名：㈱ゴールドウイン（2018年3月31日：有価証券報告書）

②　【連結損益計算書】	
	（単位　百万円）
	当連結会計年度 （自　平成29年4月1日 至　平成30年3月31日）
売上高	70,420
売上原価	36,320
売上総利益	34,099
返品調整引当金戻入額	257
差引売上総利益	34,356
販売費及び一般管理費	27,254
営業利益	7,102

　対象会社において，連結損益計算書または損益計算書上の表示の有無および返品調整引当金繰入額・戻入額が総額表示か純額表示について調査したところ，図表Ⅱ-12-4のとおりの結果となった。

　連結損益計算書と損益計算書を比較すると，連結損益計算書では重要性の観点等から返品調整引当金繰入額・戻入額の表示を省略しているケースが見受けられた。総額表示か純額表示かについては，連結損益計算書と損益計算書の間

図表Ⅱ-12-4　連結損益計算書または損益計算書における表示方法の分類(＊1)

（単位：社）

	表示あり		表示なし(＊2)
	総額表示	純額表示	
連結損益計算書	31	20	64
損益計算書	22	19	34

（＊1）　連結損益計算書と損益計算書の両方で返品調整引当金繰入額・戻入額を計上している会社は，それぞれ別々にカウントしているため，合計の会社数は対象会社122社と一致しない。

（＊2）　連結損益計算書または損益計算書上，返品調整引当金繰入額・戻入額の記載自体を省略しているケースを「表示なし」に集計している。

に大きな差は見受けられなかった。

（4） その他

対象会社の業種について分析した結果が図表Ⅱ-12-5である。医薬品メーカー（医薬品）・出版社（情報・通信業）など，平成30年度税制改正前の法人税法上，損金算入が認められていた業種が多い点が特徴である。

図表Ⅱ-12-5　返品調整に係る引当金を計上している業種

業種（＊）	会社数（社）
医薬品	19
卸売業	16
情報・通信業	15
化学	15
その他製品	13
小売業	12
繊維製品	10
上記以外の業種	22
合計	122

（＊）　証券コード協議会における業種（中分類）を示しており，前記「1　概要（1）具体的事例　① 平成30年度税制改正前に法人税法上で返品調整引当金の計上が認められていた業種」において示した業種分類とは必ずしも一致していない。

3 ▍会計処理等

（1）　計算（見積）方法

返品調整引当金は，会計上は詳細な算定方法等の定めがないことから，各社の実態に合わせ，将来の返品により生じる損失額を見積り，引当金を計上することになる。通常は過去の返品実績・売買利益率等に基づいて翌期以降の返品による損失見積額を算定するケースが多いと考えられる。算定にあたっては，たとえば，以下のような算定方法が挙げられる。

206 第Ⅱ部 引当金別 会計上の論点と実務ポイント

> 返品調整引当金計上額＝翌期以降の返品見込額×売買利益率

　上記の翌期以降の返品見込額の算定にあたっては，たとえば，期末売上債権残高または一定期間の売上高に過去の返品実績率を乗じて計算する方法がある。また，売買利益率の算定期間については，商品の返品サイクル・過去の趨勢等を踏まえて，合理的な期間に設定する必要がある。さらに，今後の返品実績率や売買利益率が過去の実績と大きく変動することが予想される場合には，重要性に応じて，それらの影響を引当金の見積りに反映させることも考えられる。

（2） 計上のタイミング

　返品調整引当金は，通常は売上時点で引当金の計上要件を満たす場合が多いと考えられるが，売上取引は日々反復的に行われるものであるため，売上の都度ではなく，期末時点など決算のタイミングに合わせて合計額で計上することが一般的と考えられる。

（3） 繰入・戻入の会計処理

　返品調整引当金は，返品による損失相当額を引当計上することが多く，この場合，繰入・戻入は売上総利益の調整項目として処理されることが一般的である。
　返品の会計処理と返品調整引当金の繰入・戻入の会計処理の一般的な流れは，設例Ⅱ－12－1のとおりである。

設例Ⅱ－12－1 　返品調整引当金の繰入・戻入の会計処理

［前提条件］
① 　X1年度期末の返品調整引当金の繰入額は10（＝ X2年度の返品見込額100×売買利益率10％）とする。
② 　X2年度の実際の返品額は100であり，当該売上の売買利益率は10％であった。
③ 　税効果会計は考慮しない。
［会計処理］
① 　X1年度期末の返品調整引当金の繰入の会計処理

|（借）返品調整引当金繰入額 | （※）10 | （貸）返品調整引当金 | （※）10 |

（※）　10…前提条件①参照

② X2年度の返品時の会計処理

|（借）売　　　　　　　上 | （※）100 | （貸）売　　掛　　金 | （※）100 |
|（借）棚　卸　資　産 | （※）90 | （貸）売　上　原　価 | （※）90 |

（※）　100, 90…前提条件②参照

③ X2年度の返品調整引当金の戻入の会計処理

|（借）返品調整引当金 | （※）10 | （貸）返品調整引当金戻入額 | （※）10 |

（※）　①の会計処理の振戻し

　①の処理での返品による損失の見積りが適切に行われていれば，X2年度の②の処理での返品による損失（売上マイナス）と③の処理における戻入額が相殺され，適切な損益の期間対応が図られることになる。

　なお，返品調整引当金は，返品された製品・商品がいつの期間の売上に対応する返品か判断することが難しいケースも考えられることから，洗替により処理されることが多い。

4 実務上のポイント

（1）　返品調整引当金の範囲

　返品調整引当金の計上に際しては，引当金の設定範囲（グルーピング）を検討する必要がある。

　たとえば，会社が複数の異なる事業を行っており，特定の事業において返品による損失が生じる状況にある場合には，当該事業における返品による損失に備えるために返品調整引当金を計上することが考えられる。

　さらに，事業単位ではなく，特定の製品・商品ごとに返品条件・返品状況が異なるケースも考えられるため，このような場合には，どの製品・商品について返品調整引当金の計上対象とするかを検討する必要がある。

208 第Ⅱ部　引当金別　会計上の論点と実務ポイント

（2）　返品後に廃棄による損失が生じるケース

　製品・商品が返品された後に，それらの製品・商品を廃棄して損失が生じることが見込まれ，引当金の要件を満たすと判断される場合には，廃棄によって生じる損失見込相当額を引当金として計上する処理も考えられる。

　なお，返品調整引当金は，主に将来返品された場合に生じる損失に備えて売買利益相当額を引当金として計上することが多いが，廃棄によって生じる損失見込相当額を引当金として計上する場合には，返品調整引当金に含めて計上する処理や，返品調整引当金とは区分してそのほかの適切な名称の引当金として計上する処理も考えられる。

（3）　税効果会計上の取扱い

①　収益認識会計基準適用前

　後記「5　収益認識会計基準の影響（4）その他特有の論点等」に記載のとおり，平成30年度税制改正により返品調整引当金が廃止され，法人税法上は返品調整引当金繰入額の損金算入が認められなくなる。このため，税制改正後は原則として従来計上していた返品調整引当金を取り崩して益金算入することになる。

　ただし，2018年4月1日において返品調整引当金制度の対象事業を営んでいた法人を対象として，激変緩和のため経過措置が設けられており，2030年3月31日まで段階的に損金限度額が減少する取扱いとされている（改正法附則25条）。このため，会計上は従来の計算方法で返品調整引当金を計上し，税務上は経過措置を適用する場合には，税務上の繰入限度額は会計上の返品調整引当金繰入額よりも小さくなるが，当該差異について一時差異として税効果会計を適用することとなる。

②　収益認識会計基準適用後

　平成30年度税制改正後の法人税法では，販売取引について返品の可能性のある取引についても，返品見込額について，収益の減額または損金算入のいずれの処理も行わないこととなる。一方，会計上では，収益認識会計基準の適用後は，返品見込額について収益の減額として処理される。

　収益認識会計基準の適用により，返品調整引当金繰入額を損金経理しない場

合であっても経過措置の適用が認められる。具体的には，返金負債から返品資産を控除した金額を，経過措置事業年度において損金経理によって返品調整引当金に繰り入れた金額または期中返品調整引当金の金額とみなして，経過措置を適用することとされている。このような会計処理を行う場合には，会計上の返金負債から返品資産を控除した額と税務上の返品調整引当金の差額について，一時差異として税効果会計を適用するものと考えられる。

5 収益認識会計基準の影響

（1） 影響の概要

　収益認識会計基準および収益認識適用指針（以下，本12においてこれらを合わせて「収益認識会計基準等」という。）では，IFRS第15号をベースとした収益認識会計基準による収益の計上額および認識時期が現行のわが国の実務と大きく異なる可能性がある項目の1つとして，返品調整引当金の計上を挙げており，国際的な比較可能性を損なわせないためにも，収益認識適用指針では代替的な取扱いを定めないこととされた（収益認識適用指針182項）。この結果，収益認識会計基準等の適用により，返品調整引当金の計上は認められなくなる。

（2） 収益認識会計基準の会計処理

　返品権付きの商品・製品（および返金条件付きで提供される一部のサービス）を販売した場合は，次のように会計処理することとされている（収益認識適用指針85項）。

- 企業が権利を得ると見込む対価の額（返品されると見込まれる商品・製品の対価を除く。）で収益を認識する。
- 返品されると見込まれる商品・製品については，収益を認識せず，当該商品・製品について受け取ったまたは受け取る対価の額で返金負債を認識する。
- 返金負債の決済時に顧客から商品・製品を回収する権利について資産を認識する。

　なお，商品・製品の販売後は，各決算日において，企業が権利を得ると見込む対価・返金負債の額を見直し，認識した収益の額を変更する必要がある（収

210　第Ⅱ部　引当金別　会計上の論点と実務ポイント

益認識適用指針87項）。

　返金負債の決済時に顧客から商品・製品を回収する権利として認識した資産
の額は，当該商品・製品の従前の帳簿価額から，予想される回収費用（当該商
品・製品の価値の潜在的な下落の見積額を含む。）を控除し，各決算日に当該
控除した額を見直す必要がある（収益認識適用指針88項）。

　返品権付の販売の具体的な会計処理の設例は，設例Ⅱ-12-2のとおりであ
り，収益認識会計基準等の適用により，返品調整引当金は計上されないことと
なる。

設例Ⅱ-12-2　収益認識会計基準適用後の会計処理

［前提条件］

① 　X社は，製品を1個100で販売する10件の契約を複数の顧客と締結し，製
　　品に対する支配を顧客に移転した時に現金を受け取った。

② 　X社の取引慣行では，顧客が未使用の製品を30日以内に返品する場合，全
　　額返金に応じることとしている。

③ 　X社の製品の原価は60/個である。

④ 　契約では顧客が製品を返品することが認められているため，X社が顧客か
　　ら受け取る対価は変動対価である。

⑤ 　X社が権利を得ることとなる変動対価を見積るために，X社は，当該対価
　　の額をより適切に予測できる方法として期待値による方法を使用することを
　　決定し，製品9個が返品されないと見積った。

⑥ 　X社は，返品は自らの影響力の及ばない要因の影響を受けるが，製品およ
　　びその顧客層からの返品数量の見積りに関する十分な情報を有していると判
　　断した。

⑦ 　さらに，返品数量に関する不確実性は短期間（すなわち，30日の返品受入
　　期間）で解消されるため，X社は，変動対価の額に関する不確実性が事後的
　　に解消される時点までに，計上された収益の額900（＝100×返品されないと
　　見込む製品9個）の著しい減額が発生しない可能性が高いと判断した。

⑧ 　X社は，製品の回収コストには重要性がないと見積り，返品された製品は
　　利益が生じるように原価以上の販売価格で再販売できると予想した。

12 返品調整引当金　211

［会計処理］

① 収益の計上および返金負債の認識

（借）	現　　　　　　金	$^{（※3）}$1,000	（貸）	売　　上　　高	$^{（※1）}$900
				返　金　負　債	$^{（※2）}$100

（※1）　900 ＝ 100 × 9 個（前提条件①および⑦参照）
（※2）　100 ＝ 100 × 1 個（前提条件①および⑦参照）
（※3）　1,000 ＝ 900 ＋ 100

② 対応する原価の計上および返品資産の認識

（借）	売　上　原　価	$^{（※1）}$540	（貸）	棚　卸　資　産	$^{（※3）}$600
	返　品　資　産	$^{（※2）}$60			

（※1）　540 ＝ 60 × 9 個（前提条件③および⑦参照）
（※2）　60 ＝ 60 × 1 個（前提条件③および⑦参照）
（※3）　600 ＝ 540 ＋ 60

　売上計上にあたっては，返品されると見込む製品 1 個を除いた 9 個について，900（＝ 100 × 9 個）の収益を認識する。また，返品されると見込む製品 1 個について，100（＝ 100 × 1 個）の返金負債を認識する。

　一方で，返品されると見込む製品 1 個を除いた 9 個について，540（＝ 60 × 9 個）を売上原価として認識する。また，返金負債の決済時に顧客から製品を回収する権利として，60（＝ 60 × 1 個）の返品資産を認識する。

（3）　表示および開示

　表示に関して，返金負債の決済時に顧客から商品・製品を回収する権利として認識した資産は，返金負債と相殺表示してはならない（収益認識適用指針105項）。

（4）　その他特有の論点等

　収益認識会計基準の適用に関連する平成30年度税制改正の影響は以下のとおりである。

　顧客との契約から生じる収益に関する包括的な会計基準として収益認識会計基準が導入され，これを踏まえて平成30年度税制改正において資産の販売等に

212　第Ⅱ部　引当金別　会計上の論点と実務ポイント

係る収益に関する規定の改正が行われた。

　この結果，会計上の返品調整引当金の計上が認められなくなることに伴い，税務上も返品調整引当金が廃止されることとなった。

　一方で，今回の税制改正にあわせて経過措置の取扱いも規定され，2018年4月1日において返品調整引当金制度の対象事業を営む法人については，図表Ⅱ－12－6のとおり，改正前の損金算入限度額の算定方法をベースとして，将来にわたって段階的に損金算入限度額の縮小が図られることとなった（改正法附則25条）。

図表Ⅱ－12－6	平成30年度税制改正後の対象事業年度ごとの返品調整引当金に係る損金算入限度額

対象事業年度	認められる損金算入限度額
2021年3月31日までに開始する各事業年度	改正前と同じ
2021年4月1日から2030年3月31日までの間に開始する各事業年度	改正前の算定方法による損金算入限度額に対して1年ごとに10分の1ずつ縮小した額

13 売上値引引当金・売上割戻引当金

1 概要

（1） 具体的事例

　メーカーや卸売業者が，さまざまな契約条件に基づき，顧客に対して値引きを実施する場合がある。このような場合，製品引渡し後の販売先に対する売上値引きの発生見込額を売上値引引当金として計上する実務が見られる。

　また，顧客との契約に基づき数量，期間および金額等の一定の基準により算定された割戻しを行っている（リベートを支払っている）場合，翌期以降の割戻（リベート）見込額を売上割戻引当金として計上する実務がある。割戻しは，販売価額の一部減額や売上代金の一部返金という性格から実質的には値引きと考えられるため，実務上は，売上値引引当金と売上割戻引当金の勘定科目は明確に使い分けられていない場合もある。なお，売上割戻引当金は，注解18においても例示列挙されている。

（2） 会計処理の考え方

　注解18における，引当金の要件は以下のとおりである。

> ① 将来の特定の費用または損失であること
> ② その発生が当期以前の事象に起因するものであること
> ③ 発生の可能性が高いこと
> ④ 金額が合理的に見積可能なこと

　①将来予想される販売先への売上値引きまたは売上割戻しであり，②売上値引きまたは売上割戻しが必要となる製品や商品の販売という事象に起因しており，③契約や事実上の合意に基づき発生の可能性が高く，さらに，④その金額を合理的に見積ることができるという要件を充足するときは，売上値引引当金または売上割戻引当金を計上することになる。値引きや割戻しは，取引条件を

214　第Ⅱ部　引当金別　会計上の論点と実務ポイント

補完するものであり，将来発生が予想される値引きや割戻しに関する費用等を
製品販売時に認識することにより，適正な期間損益計算を行うことができる。

2 ┃ 事例分析

　ここでは，2017年 4 月から2018年 3 月に決算を迎えた東証一部上場会社1,912
社（日本基準適用会社に限る。また，比較情報においてのみ計上されている
ケースを含む。）の有価証券報告書のうち，連結財務諸表もしくは個別財務諸
表またはその双方において，売上割戻引当金が計上されている会社18社[1]およ
び売上値引引当金が計上されている会社 2 社（以下，本⑬において「対象会社」
という。）を母集団として，開示事例分析を実施した結果を記載する。

（1）　会計方針の記載

①　売上割戻引当金に関する開示事例分析

　会計方針の分析に先立ち，売上割戻引当金を計上している会社18社の業種別
分類は，図表Ⅱ–13–1 のとおりである。

　業種別に見ると，医薬品 7 社や食料品 4 社において事例があったが，このよ

| 図表Ⅱ–13–1 | 売上割戻引当金を計上している業種 |

業種	会社数（社）
医薬品	7
食料品	4
化学	2
小売業	1
電気機器	1
機械	1
卸売業	1
その他製品	1
合計	18

1　連結貸借対照表では「引当金」または「その他の引当金」として掲記されているが，注
　記にて当該引当金を計上していることが読み取れる会社 1 社を含んでいる。

うに事例が少数であるのは，当該引当金が対価である売掛金等の売上債権から控除して表示されることが一般的であることが理由として考えられる（引当金研究資料2(2)【ケース6】(b)参照）。

また，図表Ⅱ-13-1で最も事例が多かった医薬品7社の会計方針の記載について，算定基準に着目して分類した結果は，図表Ⅱ-13-2のとおりである。

図表Ⅱ-13-2 医薬品業における売上割戻引当金に係る会計方針の記載の類型

会計方針の記載（算定基準）	会社数（社）
期末売掛金に割戻率を乗じて計上	5
期末売掛金および期末特約店在庫金額に割戻率を乗じて計上	1
具体的な基準の明示なし	1
合計	7

また，期末売掛金および期末特約店在庫金額に割戻率を乗じて計上した会計方針の記載は，以下のとおりであった。

会社名：持田製薬㈱（2018年3月31日：有価証券報告書）

【注記事項】
（重要な会計方針）

〜略〜

3　引当金の計上基準

〜略〜

（4）　売上割戻引当金
　販売した商品に対して，将来発生する売上割戻の支出に備えて，期末売掛金及び期末特約店在庫に対して過去の実績率を乗じた額を計上しております。

---

②　売上値引引当金に関する開示事例分析

売上値引引当金を計上している会社2社（売上値引等引当金として計上している会社1社を含む。）の会計方針の記載は，図表Ⅱ-13-3のとおりである。

216　第Ⅱ部　引当金別　会計上の論点と実務ポイント

図表Ⅱ-13-3	売上値引引当金に係る会計方針の記載の類型

会計方針の記載（算定基準）	会社数（社）
売上値引等に備えるため，その見込額を計上と記載（算定基準の記載なし）	1
売上値引に備えるため，値引クーポン期末既発行残高および予想使用率を用いた見込額を計上と記載（算定基準の記載あり）	1
合計	2

（2）　科目名

　前掲の図表Ⅱ-13-2の記載にあるように，売上割戻引当金を計上している医薬品業の7社のうち期末特約店在庫に対する補償について，売上割戻引当金に含めて表示している会社は1社あったが，2017年4月から2018年3月に決算を迎えた東証一部上場会社1,912社のなかには，販売促進引当金や値引補償引当金といった独立した勘定科目で表示している会社も見られた。

　なお，対象会社における連結貸借対照表または貸借対照表の表示区分について，すべての会社において当該引当金は流動負債に計上されていた。

（3）　損益計算書表示区分

　対象会社において，連結損益計算書または損益計算書に関する注記から表示区分を読み取れる事例は少なかったが，引当金繰入額を販売費及び一般管理費として表示している会社が1社，また，売上高から控除している会社が3社，それぞれ見られた。

3　会計処理等

（1）　計算（見積）方法

　わが国では，各業種において，会社が顧客に対してさまざまな契約条件や算定根拠に基づく値引きや割戻しを支払う実務が見られる（収益認識研究報告Ⅰ7(4)参照）。以下では，売上値引きと売上割戻しの実務に対応した引当金の計算方法について順に解説する。

① 売上値引き

　競合他社との価格競争が恒常化している業界においては，在庫補償や実売補償という形で，市場価格の下落分を取引先へ補償する実務が見られる。

　在庫補償とは，納入価格を変更した際に，取引先の在庫（通称として，「流通在庫」などと呼ばれ，本⑬においても以下「流通在庫」という。）に対して，過去の納入価格と変更後の納入価格の差額を補償する方法である。

　一方，実売補償は，取引先が消費者へ値引きして販売した際に，値引分を補償する方法である。

　それぞれの補償額の計算方法は以下のとおりである。

- ● 在庫補償額＝流通在庫数量×（納入時点の納入価格－変更後の納入価格）
- ● 実売補償額＝取引先の一定期間販売数量×（当初販売価格－直近販売価格）

　上記の値引きのうち，翌期以降に発生が見込まれるものがある場合，引当金を計上する。

　在庫補償の場合，引当金を適切に見積るためには，期末時点の取引先の流通在庫数量を把握できる体制が構築されている必要がある。

　また，実売補償の場合，引当金を計上するためには，一定期間における取引先から消費者への販売数量を適切に見積る必要がある。見積方法としては，取引先の在庫数量に消化率を乗じて算定することが想定される。

　なお，実売補償において，家電量販店で見られるように，他店の安い価格に合わせて製品を販売する場合や，旧モデルに対する値引きを取引先に補償する場合には，期末時点での最新の情報に基づき，当該値引きを見積計上する。

② 売上割戻し（リベート）

　リベート[2]の算定指標や種類は多様であるが，算定指標から大きく分類すると，納入リベートと販売リベートの2つに分けられる。

　納入リベートには，一定の納入量や納入金額を達成した小売業者に対して一定金額を支払うリベートや，一定の期間の納入数量や納入金額に対して一定の

2　リベートの支払方法には，会社が販売先から請求書を受領した際に販売対価の入金とは別に支払う方法と，販売先からの販売対価の入金との相殺により決済する方法がある。

218 第Ⅱ部 引当金別 会計上の論点と実務ポイント

料率を乗じた金額を支払うリベートがある。

　また，販売リベートも同様に，小売業者から消費者への一定の販売数量や販売額を達成した小売業者に対して一定金額を支払うリベートや，一定の期間の販売数量や販売額に対して一定の料率を乗じた金額を支払うリベートがある。

　それぞれのリベートの額の計算方法は以下のとおりである。

＜販売リベート額の計算方法＞

販売リベート額＝一定期間の小売業者から消費者への売上高×割戻率

または ＝ 一定期間の小売業者から消費者への販売数量×リベート単価

または ＝ 契約に基づく一定金額（一定の条件を達成した場合）

＜納入リベート額の計算方法＞

納入リベート額＝メーカーから小売業者への納入高または納入金額×割戻率

または ＝ 契約に基づく一定金額（一定の条件を達成した場合）

　リベートの計算期間は，1か月単位，3か月単位，半年単位，1年単位等，さまざまであるが，期末時点において金額が確定していない場合には，期末日までを計算対象期間として，上記の算定方法に基づき，適正に見積る。

　期末時点において，一定の基準を達成することがほぼ確実に見込まれる場合には，契約に基づく一定金額を引当計上する。

　また，納入リベートの場合，メーカー側で納入高を把握することが可能であるため，金額がほぼ確定していると判断し，未払金等の確定債務として計上されることも考えられる。

（2）計上のタイミング

　通常は，製品の販売時に引当計上することになる。販売チャネルに残っている在庫に対する価格補償のように，価格見直しの決定が行われた時点で，売上高の減額処理を行う場合もある。

（3）繰入・戻入の会計処理

　期末時点において金額が確定している場合は，確定債務として未払金等を計上するが，期末時点において確定していない場合は，引当金を計上する。

繰入時の会計処理として，借方の処理は，売上高から控除する処理方法と販売費及び一般管理費として処理する方法がある。一方，貸方の処理としては，売掛金から控除して処理する方法と引当金として処理する方法がある。このため，以下のように4通りの仕訳が考えられる。

| （借） | 売 | 上 | ×××╲　╱（貸） | 売 | 掛 | 金 | ××× |
| （借） | 販売費及び一般管理費 | | ×××╱　╲（貸） | 引 | 当 | 金 | ××× |

①　損益計算書科目（借方）の考え方

　顧客との販売条件決定時にリベートを考慮している場合，実質的には販売価額の一部減額，売上代金の一部返金という性格を有すると考えられるため，売上高から控除する。一方，顧客に対する販売促進費等の経費補填であることが明らかな場合においては，販売費及び一般管理費として処理する（収益認識研究報告Ⅰ7⑷，Ⅱ1【ケース3】(d)）。

②　貸借対照表科目（貸方）の考え方

　対価である売掛金等の売掛債権から控除して表示することが一般的であるが，負債性引当金として表示する場合もある（引当金研究資料2⑵【ケース6】(b)）。また，引当金計上時には，いったん負債性引当金として処理し，値引きや割戻しの確定時には，売掛金等の売掛債権の控除として処理する場合もある。

　期末日以降に値引きおよび割戻しが確定した時点で，引当時に売上高から控除する処理を行っていた場合には見積差額を売上高で処理し，引当金の相手勘定を販売費及び一般管理費で処理していた場合には，見積差額も販売費及び一般管理費で処理する。

4 ┃ 実務上のポイント

（1）　引当金の範囲

　引当金の計上に際して，引当金の計上要件を満たす範囲を適切に検討する必要がある。具体的に，卸売業者や小売業者との値引きや割戻しに関する契約や合意に関しては，書面での契約書によるものだけでなく，商慣習や口頭による

220　第Ⅱ部　引当金別　会計上の論点と実務ポイント

事実上の合意がなされている場合も含めて，引当金の計上の要否を検討する必要がある。

（2）　一定基準を超えることが確実なリベートの会計処理

事業年度末だけでなく四半期会計期間末においても，一定の条件を達成することが確実に見込まれる場合は，引当金計上を検討する必要がある。

（3）　会計期間とリベート計算期間が異なる場合

たとえば，会計期間が X1年4月1日から X2年3月31日であり，リベートの計算期間が X2年1月1日から X2年6月30日である場合のように会計期間とリベートの計算期間が異なる場合，引当金として認識する対象期間について留意する必要がある。この場合，引当金として認識する対象期間は，将来の会計期間を含めず，当会計期間の X2年1月1日から X2年3月31日を対象期間とみなして引当計上する必要がある。

（4）　協賛金や報奨金の会計処理

電機業界で見られるように，新機種発表時のイベント等のために家電量販店等へ一定金額を支払う協賛金や，製薬業界で見られるように販売促進費の一部補填するため，医薬品卸売業者へ報奨金（アローアンス）を支払う場合もある。協賛金や報奨金は，販売促進費等の経費補填であることが明確である場合，販売費及び一般管理費として処理する。

5 ▎収益認識会計基準の影響

（1）　影響の概要

値引きの場合や割戻しが後記の変動対価に該当する場合，販売時に将来減額が見込まれる変動部分を取引価格に反映することになるため，前記のように販売時に引当金繰入額を販売費及び一般管理費で処理しているケースでは，当初収益認識する金額が，現行の会計処理と比較して少なくなる可能性がある。また，顧客から受け取った対価の一部を顧客に返金することが見込まれる場合，売上計上時に引当金で処理するのではなく，後記のように返金負債で処理することになる。

13 売上値引引当金・売上割戻引当金　221

割戻しが後記の顧客に支払われる対価に該当する場合，リベートの支払いが，販売代金の一部減額としてなされるようなケースでは，売上計上時に引当金で処理するのではなく，売上計上額を減額することになるため，当初収益認識する金額が，現行の会計処理と比較して少なくなる可能性がある。

（2）　収益認識会計基準の会計処理

①　変動対価

収益認識会計基準では，値引きや割戻しのように，対価に事後的に変動する可能性のある部分（以下「変動対価」という。）を含む場合，販売時に変動対価を見積り，取引価格に反映させて売上計上することが求められる（収益認識会計基準50項，収益認識適用指針23項）。また，顧客から受け取った対価の一部を顧客に返金することが見込まれる場合，受け取った対価のうち，企業が権利を得ると見込まない額について，返金負債を認識することが求められる（収益認識会計基準53項）。

販売時に変動対価を見積るにあたり，以下の方法のうち，企業が権利を得ることとなる対価の額をより適切に予測できる方法を用いる（収益認識会計基準51項）。

- 最頻値法：発生し得ると考えられる対価の額における最も可能性の高い単一の金額による方法
- 期待値法：発生し得ると考えられる対価の額を確率で加重平均した金額による方法

変動対価に関する不確実性の影響を見積るにあたり，契約全体を通じて単一の方法を首尾一貫して適用するとともに，企業が合理的に入手できるすべての情報を考慮し，合理的な数のシナリオを識別する必要がある（収益認識会計基準52項）。また，変動対価の額には，変動対価に関する不確実性が事後的に解消されたときに，その時点までに計上された売上計上額の著しい減額が発生しない可能性が高い部分に限り，取引価格に含めることができる点に留意が必要である（収益認識会計基準54項）。なお，見積った取引価格は，変動対価に関する不確実性が解消されるまで，各決算日に見直す必要がある（収益認識会計基準55項）。

② 顧客に支払われる対価

収益認識会計基準では，顧客に現金等を支払うリベートのような顧客に支払われる対価は，当該対価が顧客から受領する別個の財またはサービスの交換のために支払われる場合を除き，取引価格から減額することが求められる（収益認識会計基準63項）。なお，顧客に支払われる対価に変動対価が含まれる場合には，前記の変動対価の定めに従って処理する。

顧客に支払われる対価を取引価格から減額する場合，以下のいずれか遅い方が発生した時点で（または発生するにつれて），売上計上額を減額する（収益認識会計基準64項）。

- 関連する財またはサービスの移転に対する収益を認識する時
- 企業が対価を支払うかまたは支払を約束する時

また，顧客に支払われる対価が，顧客から受領する別個の財またはサービスの交換のために支払われる場合，当該財またはサービスを仕入先から購入する場合と同様の方法で処理することが求められる（収益認識適用指針30項）。このため，リベートの支払いが，前記の協賛金や報奨金のように，顧客による販売促進活動に対する対価として経費補填がなされるような場合，現行の会計処理と同様に，販売費及び一般管理費として処理することが考えられる。

（3） 表示および開示

収益認識会計基準の適用に伴い，顧客から受け取った対価の一部を顧客に返金すると見込む場合，販売時に変動対価を見積り，取引価格に反映させて売上計上すると同時に，返金負債を計上することとなるため，基本的に売上値引引当金・売上割戻引当金を計上する会社はなくなるのではないかと想定される。

（4） 税務上の取扱い

① 変動対価

収益認識会計基準の適用に伴う平成30年度税制改正により，法基通2－1－1の11が新設され，値引きや割戻し等により対価が変動する可能性のある取引（返品および貸倒の可能性は除く。）の取扱いが規定された。この結果，変動対価が一定の要件を満たす場合には，引渡し等の確定した決算において，収益の

額を減額し，または増額して処理した金額は，引渡し時の価額等の算定に反映することとされた。

② 顧客に支払われる対価

収益認識会計基準の適用に伴う平成30年度税制改正により，法基通2－1－1の16が新設され，顧客に支払われる対価は，会計上の取扱いと同様の取扱いとすることが規定された。ただし，経過的な取扱いとして，支払をした日に費用処理することも認められている。

224　第Ⅱ部　引当金別　会計上の論点と実務ポイント

14　工事損失引当金・受注損失引当金

1 | 概要

（1）　適用対象

　建設業や機械業，情報・通信業を中心に個別受注形態による事業を営む会社において，工事契約や機械装置の製造，受注制作のソフトウェアなどから損失が見込まれる場合に，その工事損失見込額や受注損失見込額に対して工事損失引当金や受注損失引当金等が計上されている。

　工事契約会計基準では工事損失引当金という名称が使われているが，工事損失引当金，受注損失引当金等の名称の違いにかかわらず，受注契約から損失が見込まれる場合に計上される引当金については，工事契約会計基準が適用される。

　本14では，工事損失引当金および受注損失引当金について，その実務上の取扱いを中心に解説する。なお，会計基準における定めについては，前記「第Ⅰ部 第2章 日本の会計基準において定めがある主なもの　6 工事損失引当金」を参照のこと。

（2）　会計処理の考え方

　工事契約会計基準では，工事契約や受注制作のソフトウェアから損失が発生する可能性が高く，かつ，その金額を合理的に見積ることができる場合に引当金の計上を求めている。

　特定の工事契約の履行により発生すると見込まれる損失は将来の特定の損失に当たるが，そのような損失が発生すると見込まれることになる原因はさまざまである。工事契約を締結した当初から損失が見込まれる場合，または工事契約締結後の環境変化によって損失が見込まれる場合のいずれであっても，その発生はそのような工事契約を締結したという過去の事象に起因すると考えることができる。

　このため，工事損失の発生の可能性が高く，かつ，その金額を合理的に見積

ることができる場合には，工事契約の全体から見込まれる工事損失（販売直接経費を含む。）から，工事契約に関してすでに計上された損益の額を控除した残額（すなわち，工事契約に関して，今後見込まれる損失の額）について，工事損失引当金を計上する（工事契約会計基準63項）。

2┃事例分析

ここでは，2017年4月から2018年3月に決算を迎えた東証一部上場会社1,912社における有価証券報告書のうち，連結財務諸表もしくは個別財務諸表またはこれらの双方において工事損失に係る引当金または受注損失に係る引当金が計上されている会社（日本基準適用会社に限る。また，比較情報においてのみ計上されているケースを含まない。以下，本⑭において「対象会社」という。）258社を母集団として，開示事例分析を実施した結果を記載する。

なお，連結財務諸表および個別財務諸表の双方に計上しているケースは，1社としてカウントしている。また，工事損失に係る引当金と受注損失に係る引当金をそれぞれ計上している会社については，それぞれ1社としてカウントしている。

（1）　会計方針の記載

工事損失引当金等の計上に関する会計方針の記載は，工事契約会計基準を一部引用した定型的な記述の事例が多い。以下では，工事損失引当金および受注損失引当金のそれぞれについて，開示事例を紹介する。

会社名：㈱大林組（2018年3月31日：有価証券報告書）

【注記事項】
（連結財務諸表作成のための基本となる重要な事項）
〜略〜
（3）　重要な引当金の計上基準
〜略〜
③　工事損失引当金
　受注工事に係る将来の損失に備えるため，当連結会計年度末手持工事のうち損失の発生が確実視され，かつ，その金額を合理的に見積ることができる工事について，当該損失見込額を計上している。

226　第Ⅱ部　引当金別　会計上の論点と実務ポイント

会社名：ウシオ電機㈱（2018年 3 月31日：有価証券報告書）

【注記事項】
（連結財務諸表作成のための基本となる重要な事項）
〜略〜
（ 3 ）　重要な引当金の計上基準
〜略〜
（ヘ）　受注損失引当金
　受注契約に係る将来の損失に備えるため，当連結会計年度末において将来の損失が見込まれ，かつ，当該損失額を合理的に見積ることが可能なものについて，翌連結会計年度以降の損失見込額を引当計上しております。

（ 2 ）　科目名

　対象会社の科目名を分析した結果は，図表Ⅱ－14－ 1 のとおりである。

　建設業では，ほとんどすべての会社で工事損失引当金という科目名が使用されている。また，機械業では，工事損失引当金，受注損失引当金のほか受注工事損失引当金といった科目名も使用されている。情報・通信業では受注損失引当金という科目名が多く使用されている。

　また，連結貸借対照表または貸借対照表上の表示区分としては，257社が流動負債に， 1 社が固定負債と流動負債の双方に表示していた。

図表Ⅱ－14－1　工事損失・受注損失に係る引当金の科目名と計上されている業種

（単位：社）

科目名　＼　業種	建設業	情報・通信業	機械業	その他（*）	合計
工事損失引当金	81	9	21	51	162
受注損失引当金	1	32	9	40	82
受注工事損失引当金	－	－	5	6	11
その他	－	2	－	1	3
合計	82	43	35	98	258

（ * ）　その他には電気機器業，サービス業，輸送用機器業等が含まれている。

（3） 損益計算書表示区分

　工事損失引当金の繰入額は売上原価に含めて計上する（工事契約会計基準21項）。なお，売上原価に含まれている工事損失引当金繰入額は注記することが求められている（工事契約会計基準22項(3)，連結財規52条の２，財規76条の２第１項）（以下の開示例参照）。なお，有価証券報告書に含まれる財務諸表において，連結財務諸表提出会社では当該注記は免除される（財規76条の２第２項）。

会社名：㈱大林組（2018年３月31日：有価証券報告書）

【注記事項】
　　　　　　　　　　　　　　　　〜略〜
（連結損益計算書関係）
　　　　　　　　　　　　　　　　〜略〜
※２　完成工事原価のうち，工事損失引当金繰入額
　　　　当連結会計年度
　（自　平成29年４月１日
　　至　平成30年３月31日）
　　　　　2,010百万円

（4） その他

　工事損失引当金の残高は，貸借対照表に流動負債として計上される。

　同一の工事契約に関する棚卸資産と工事損失引当金がともに計上されることとなる場合には，貸借対照表上，①棚卸資産と工事損失引当金を相殺せず両建てで表示する方法，または②棚卸資産と工事損失引当金を相殺して表示する方法のいずれかの方法が認められているが（工事契約会計基準21項なお書き），比較可能性を担保するため，以下の事項を貸借対照表注記として記載する（工事契約会計基準22項(4)）。

---

①　棚卸資産と工事損失引当金を相殺せず両建てで表示した場合
　　「その旨」および「棚卸資産の額のうち工事損失引当金に対応する額」
②　棚卸資産と工事損失引当金を相殺して表示した場合
　　「その旨」および「相殺表示した棚卸資産の額」

228　第Ⅱ部　引当金別　会計上の論点と実務ポイント

　実務上は棚卸資産と工事損失引当金を相殺せず両建てで表示している事例が多い。対象会社258社のうち，当該表示に関する注記をしている会社が158社，このうち両建て表示している会社は138社（87.3％），相殺表示している会社は20社（12.7％）であった。

①　両建てで表示している例

会社名：日立造船㈱（2018年3月31日：有価証券報告書）

```
【注記事項】
                           ～略～
（連結貸借対照表関係）
                           ～略～
※7　損失が見込まれる工事契約に係る棚卸資産と工事損失引当金は，相殺せ
　　ずに両建てで表示している。損失の発生が見込まれる工事契約に係る棚卸
　　資産のうち，工事損失引当金に対応する額は，次のとおりである。
────────
　　当連結会計年度
　　（2018年3月31日）
　　　　816百万円
```

②　相殺して表示している例

会社名：TIS㈱（2018年3月31日：有価証券報告書）

```
【注記事項】
                           ～略～
（連結貸借対照表）
                           ～略～
※7　損失が見込まれる請負契約に係る仕掛品は，これに対応する受注損失引
　　当金と相殺表示しております。相殺表示した仕掛品に対応する受注損失引
　　当金の額は次のとおりであります。
────────
　　当連結会計年度
　　（平成30年3月31日）
　　　　815百万円
```

3 ┃ 会計処理等

（1） 計算（見積）方法

工事損失の発生の可能性が高く，かつ，その金額を合理的に見積ることができる場合には，工事契約の全体から見込まれる工事損失（販売直接経費を含む。）から，工事契約に関してすでに計上された損益の額を控除した残額（すなわち，工事契約に関して今後見込まれる損失の額）について，工事損失引当金を計上する。

この取扱いは，当該工事契約について適用されている工事契約に係る認識基準が工事進行基準であるか工事完成基準であるかにかかわらず，また，工事の進捗の程度にかかわらず適用される（工事契約会計基準20項）。

＜工事進行基準＞

$$\text{工事損失引当金計上額} = （\text{工事原価総額等} - \text{工事収益総額}） - \begin{array}{c}\text{計上済みの}\\ \text{工事損益額}\end{array}$$

＜工事完成基準＞

$$\text{工事損失引当金計上額} = \text{工事原価総額等} - \text{工事収益総額}$$

具体的会計処理は，前記「第Ⅰ部 第2章 日本の会計基準において定めがある主なもの 6 工事損失引当金（2）引当金の計上（発生の認識）」を参照のこと。

（2） 計上のタイミング

① 引当計上の要否の判断

引当計上の判断および会計処理は，合理的な見積データに基づいて行う必要がある（工事契約適用指針6項）。このため，工事損失引当金の計上の要否に関する判断や，会計処理を行うために必要な工事収益総額および工事原価総額を合理的に見積ることが可能となるのは，通常，施工者が当該工事契約について最初の実行予算等を策定した時点と考えられている（工事契約適用指針22項）。

一般的には，工事を受注する際，事前に見積原価を作成し，工事損益を見積る。受注時に算出されるデータは，短期間で見積金額を概括的に算定するため，

金額の信頼性や合理性に欠ける場合が多い。このようなデータに基づいて工事損失引当金に係る会計処理を行うことは適切ではなく，一方，受注後に作成される実行予算等は，一般的に，実際の施工を担当する建設会社等が施工方法を具体的に検討し，仕様書，作業工程および原材料単価等を積み上げて作成されるため，合理的な見積りとなっている場合が多い。実務上も，基本的には実行予算作成後の決算から工事損失引当金の計上の要否等の検討がなされている。

②　引当金計上後の見積りの見直し

　工事損失引当金を計上した後も，工事収益総額や工事原価総額の見積額が変動することは実務的にもよく見られることであるが，当該工事契約について，工事損失引当金を最初に計上する場合のみならず，その後の見直しについても，実行予算等の合理的な見積データによるべきと考えられる（工事契約適用指針23項）。工事損失引当金の算定上，工事収益総額，工事原価総額等の見直しおよび実行予算等への反映は，適時に行う必要がある。

③　四半期決算における取扱い

　引当金計上後の見積りの見直しは前記「②　引当金計上後の見積りの見直し」に記載のとおりである。しかし，四半期ごとに，すべての工事原価総額の見直しをかけることは実務的な負荷が加重になるおそれがある。

　そこで，四半期財務諸表に求められる開示の適時性の観点から，四半期では，四半期会計期間末における工事原価総額が，前事業年度末または直前の四半期会計期間末に見積った工事原価総額から著しく変動していると考えられる工事契約等を除き，前事業年度末または直前の四半期会計期間末に見積った工事原価総額を，当該四半期会計期間末における工事原価総額の見積額とすることが認められている（工事契約適用指針9項）。工事原価総額の著しい変動をもたらす要因としては，たとえば，重要な工事契約の変更や資材価格の高騰などが考えられる。

　なお，工事の完成が間近であれば，工事原価総額を容易に見積ることが可能な場合も多いと考えられる。このような場合は，上記の簡便的な取扱いによることは適当ではないと考えられ，四半期会計期間末においても，事業年度末と同様の取扱いが求められることに留意する必要がある（工事契約適用指針31項）。

④ 為替変動による損失

　見込まれる工事損失の中に為替相場の変動による部分が含まれている場合は，その部分を含めて，会計処理の要否の判断および計上すべき工事損失引当金額の算定を行う。詳細は前記「第Ⅰ部　第2章　日本の会計基準において定めのある主なもの　6　工事損失引当金（6）その他（為替変動により工事損失が発生する場合）」を参照のこと。

（3）　繰入・戻入の会計処理

　工事損失引当金の繰入額は売上原価に含めて計上する。工事の進捗や完成・引渡しにより，工事損失が確定した場合または工事損失の今後の発生見込額が減少した場合には，それに対応する引当金の額を取り崩すこととなる（工事契約会計基準64項）。しかしながら，取崩しに際して生じた見積差額については，過去の見積りが財務諸表作成時において入手可能な情報に基づき，最善の見積りを行った場合に生じたものである限りは，原則として繰入時と同様に売上原価に含めて計上することになる（過年度遡及会計基準55項）。

4 ▎実務上のポイント

（1）　引当金計上の時期

　実務上は工事損失引当金をいつ計上すべきか，計上時期の判断が難しい場合も多い。

　引当計上の判断は，通常，施工者が当該工事契約について最初の実行予算等を策定した時点で行われる。

　最初の実行予算が形式上は策定されているが，実質的には受注時に算出される積算原価と同等の精度である場合は，合理的な見積りとはいえないと考えられる。一方，最初の実行予算の策定前であっても，施工方法を具体的に検討し，工事に必要な費用の詳細な積上計算を行っている場合は，工事原価総額が合理的に見積られていると考えることができる場合もある。実務的には，会社が工事損失引当金適用対象とするうえでの基準を定め，適用対象を決めることになる。

（２）　引当金計上の要件

　工事進行基準を適用するための要件と，工事損失引当金を計上するための要件とは異なっていることに留意する必要がある（工事契約会計基準68項なお書き）。

　工事進行基準の要件である成果の確実性の３要素（工事収益総額，工事原価総額，決算日における工事進捗度）について信頼性をもって見積ることができずに，工事進行基準を適用していない場合でも，たとえば，工事収益総額と工事原価総額については，合理的に見積ることができるため，工事損失引当金の計上要件は満たしている場合があると考えられる。

　なお，工事進行基準が適用されている場合は，工事損失引当金の計上要件も満たしていると考えられる。

　また，工事損失が見込まれる工事が網羅的に集計されない場合には，工事損失が発生する工事契約について，工事損失引当金が計上されない可能性がある。このため，工事契約内容や損益見込みを一覧できる情報システムの構築などにより，漏れなく工事損失引当金の検討対象とし，工事損失が見込まれる工事契約を網羅的に集計できる体制の構築が必要である（工事進行基準監査取扱い52項）。

（３）　実行予算の管理体制

　実行予算は，工事の採算管理，業績評価の基礎となることから，適時に実行予算が作成されるような内部管理体制が必要不可欠である。VE（バリュー・エンジニアリング）提案やCD（コスト・ダウン）の見込額を考慮する場合は，技術的な問題や発注者の了解が必要なこともあるため，実行予算策定時には実現可能性について十分検討する必要がある。

　また，工事期間はさまざまであるが，工期は１年を超えることも珍しくない。このため，実行予算は，経済環境や物価変動の影響を受けやすい面があり，工事着工後も追加変更工事の発生や価格変動などにより変動することも多い。したがって，追加工事受注に伴う設計変更や，工事の進捗遅延による経費増加，想定外の資材価格の高騰等状況の変化を適時に把握し，実行予算の変更を行う内部体制を整備することが求められる。

　実行予算が保守的に組まれている場合，あるいは，実行予算を見積るにあ

たって，VE・CDの見込額を考慮している場合は，見積りと実績の乖離が生じることも多い。引当金の過去の見積りと実績を比較し，見積りを行った時点での仮定とその後の状況変化を分析することは，財務諸表作成時点での最善の見積りについての事後的検証とそれ以後の合理的な見積りの精度向上のための手続として有効であると考えられる。

なお，受注制作のソフトウェアは，通常の工事契約よりも当初の工事原価総額を実際の工事原価総額が超過する可能性が比較的高く，適切な原価総額の見積りが困難な場合も少なくないことから，通常の工事契約に比べ原価の発生や工事原価総額の見積りに対するより高度な管理体制が必要と考えられる（工事進行基準監査取扱い38項）。

（4） 工事契約や受注制作のソフトウェア以外の受注契約

工事契約や受注制作のソフトウェア以外の受注契約から損失が見込まれる場合についても，その発生は契約締結（または契約締結後の環境の変化）という過去事象に起因するものである。このため，契約履行による損失発生の可能性が高く，かつ，その金額を合理的に見積ることができる場合には，引当金を計上することになると考えられる（引当金研究資料2(3)【ケース8】(b)）。

5 ▎収益認識会計基準の影響

（1） 影響の概要

2021年4月1日以後開始する連結会計年度および事業年度の期首からの収益認識会計基準の適用に伴い工事契約会計基準は廃止される。しかし，収益認識適用指針第162項に記載のとおり，現状では，包括的な引当金の会計基準が定められていないことを踏まえ，工事契約会計基準における工事損失引当金の定め等を踏襲しており，収益認識会計基準適用後も，影響はないと考えられる。

（2） 収益認識会計基準の会計処理

収益認識適用指針第90項によると，工事契約について，工事原価総額等が工事収益総額を超過する可能性が高く，かつ，その金額を合理的に見積ることができる場合には，その超過すると見込まれる額のうち，当該工事契約に関して既に計上された損益の額を控除した残額を，工事損失が見込まれた期の損失と

して処理し，工事損失引当金を計上することとなる。

また，受注制作のソフトウェアについても，工事契約に準じて前項の定めを適用するとされており（収益認識適用指針91項），それぞれこれまでと同様の会計処理が踏襲されている。

（3）　表示および開示

表示に関して，工事損失引当金は，貸借対照表の流動負債の部に，また，工事損失引当金の繰入額は，損益計算書の売上原価として表示することとされている。なお，同一の工事契約に関する棚卸資産と工事損失引当金がともに計上されることとなる場合には，貸借対照表の表示上，相殺して表示することができる（収益認識適用指針106項）。

なお，工事契約会計基準第22項(4)で求められていた，同一の工事契約に係る棚卸資産および工事損失引当金がある場合における注記事項の規定（財規第54条の4，連結財規第40条，中間財規第31条の3，中間連結財規第43条）は削除されている（平成30年内閣府令第29号「財務諸表等の用語，様式及び作成方法に関する規則等の一部を改正する内閣府令」等）。したがって，収益認識会計基準適用後において当該注記は不要となる。なお，具体的な注記内容については，前記「2　事例分析（4）その他」を参照のこと。

ただし，工事契約会計基準における工事損失引当金に係る注記事項等の定めについては，会計基準が適用される時（2021年4月1日以後開始する連結会計年度および事業年度の期首）まで（準備期間を含む。）に，収益認識適用指針に含めることの要否を検討することとされている（収益認識適用指針162項なお書き）。

15 不利な契約に係る引当金（転貸損失引当金等）

1 概要

（1） 具体的事例

いわゆる不利な契約についての引当金の典型例は前記の工事損失引当金（⑭参照）であるが，その他にも，実務上で不利な契約に係る引当金（以下，本⑮において「不利な契約に係る引当金」という。）が計上されるケースがある。

1つは，小売業などの業種で計上される転貸損失引当金である。これは，一定期間解約ができない不動産の賃貸借契約を締結しているときに，支払義務のある賃借料総額（賃貸借契約の解除に係る違約金を含む。）から転貸に伴って受け取ることのできる見積賃貸収入総額を控除した金額を引当金として計上するものである（引当金研究資料2(3)【ケース10】(a)）。

もう1つは，原材料等の購入（買付）契約に関連して計上される買付契約評価引当金等の引当金である。これは，メーカーなどが仕入価格の低減や仕入数量の確保を目的として，原材料等の棚卸資産について解約不能の長期買付契約を締結したときに，契約締結後に市場価格が下落し，棚卸資産の正味売却価額が将来の購入価額を下回ることがある。このようなときに，将来の棚卸資産の購入に伴って発生する損失に備えて，不利な契約に係る引当金の一種である買付契約に関連する引当金が計上されることがある（引当金研究資料2(3)【ケース9】(a)）。

（2） 会計処理の考え方

転貸損失引当金については，当期以前に締結した解約不能である賃貸借契約を原因として転貸損失が発生する可能性が高く，かつ，その損失金額を合理的に見積ることができる場合に，注解18の要件を満たすものとして，引当金が計上されることになる。より具体的には，当初は自社の店舗を出店するために賃貸借契約を締結したが，販売不振により当該店舗を閉店し，ただし解約不能期間が残っているために当該物件を転貸するようなケースがこれに当たる。この

236 第Ⅱ部 引当金別 会計上の論点と実務ポイント

ようなときに，将来支払う賃借料に比して，転貸によって受け取る賃貸料が下回るようなときには，将来見込まれる転貸損失に対応して引当金が計上される（引当金研究資料2(3)【ケース10】(b)）。

また，買付契約評価引当金については，将来の棚卸資産の購入に伴って生じると見込まれる損失が注解18の要件を満たす場合に，当該引当金が計上される。すなわち，当期以前に締結した解約不能の買付契約が存在し，かつ，市場価格の下落などの要因が生じているときには，その発生可能性と金額の見積可能性を勘案し，引当金計上の要否を検討することになる。当該引当金については，連続意見書第四「棚卸資産の評価について」第一 三 1（注8）においても，棚卸資産の確定買付契約が締結されており，契約上の代価よりも時価が下落し，かつ，その回復が見込まれない場合に，棚卸資産の購入に先立って引当金が計上されることが是認されるとしている。ここで連続意見書が「是認」としているのは，棚卸資産に対するいわゆる「低価法」の処理が当時においては選択可能な会計方針であったことに起因しているものであり，棚卸資産会計基準の定めによる簿価切下げが求められている現行会計基準下においては，当該引当金の計上が必要になるものと考えられる。

なお，これらに類するような現在の契約に基づく将来の損失については，注解18の要件を満たし，引当金の計上が必要かどうか，慎重な検討が求められる。

2 事例分析

ここでは，2017年4月から2018年3月に決算を迎えた東証一部上場会社1,912社の有価証券報告書のうち，連結財務諸表もしくは個別財務諸表またはその双方に不利な契約に係る引当金が計上されている会社（日本基準適用会社に限る。また，比較情報においてのみ計上されているケースを含む。以下，本15において「対象会社」という。）32社を母集団として，開示事例分析を実施した結果を記載する。

（1） 会計方針の記載

転貸損失引当金については，「転貸借契約の残存期間に発生する損失に備えるため，支払義務のある賃料等総額から転貸による見込賃料収入総額を控除した金額を計上している」といったような記載が大勢を占めた。

また，買付契約評価引当金については，（将来の）棚卸資産の収益性の低下

15　不利な契約に係る引当金（転貸損失引当金等）　237

に備え，回収不能と見込まれる額を計上していると記載している例があった。

　さらに，契約損失引当金については，単に「将来の契約履行」または「将来の契約不履行」によって見込まれる損失に対して計上している，としているケースと，具体的な契約の種別（不動産賃貸借，固定資産の購入または売却など）に言及しているケースの双方の事例が見られた。

（2）　科目名

　対象会社における連結貸借対照表または貸借対照表上の科目名は，図表Ⅱ－15－1のとおりである。

図表Ⅱ－15－1　不利な契約に係る引当金の科目名	

科目名	会社数（社）
転貸損失引当金	11
契約損失引当金	9
買付契約評価引当金	3
転貸事業損失引当金	2
賃借契約損失引当金	2
リース契約損失引当金	1
賃貸事業損失引当金	1
用船契約損失引当金	1
関係会社用船契約損失引当金	1
購入契約損失引当金	1
合計	32

　また，連結貸借対照表または貸借対照表上の表示区分であるが，対象会社のうち13社が固定負債に，9社が流動負債に表示しており，10社が流動負債と固定負債の双方に表示していた。

（3）　損益計算書表示区分

　不利な契約に係る引当金について，連結損益計算書または損益計算書の表示区分を調査したところ，連結損益計算書または損益計算書（注記を含む。）か

238　第Ⅱ部　引当金別　会計上の論点と実務ポイント

ら表示区分が判然としない会社が23社ともっとも多い結果となった。

　その他の９社に係る表示区分は，売上原価が１社，販売費及び一般管理費が１社，営業外費用が２社，特別損失（比較情報を含む。）が５社であった。営業費用と営業外費用の区分については，引当金の要因となる損失が営業費用または営業外費用のいずれに表示されるのかによるものと考えられる（後記「４　実務上のポイント（３）損益計算書表示区分」参照）。なお，事例として特別損失が見られるのは，経常的に計上されるようなものではない不利な契約に係る引当金が，臨時的かつ巨額に計上されていたことが原因ではないかと考えられる。

（４）　その他

　対象会社32社を業種別に分析した結果は，図表Ⅱ－15－２のとおりである。なお，小売業10社のうち９社の科目が「転貸損失引当金」である。

図表Ⅱ－15－２　不利な契約に係る引当金を計上している業種

業種	会社数（社）
小売業	10
海運業	5
不動産業	4
電気機器	2
情報・通信業	2
その他(*)	9
合計	32

（＊）　その他に含まれる業種は，空運業，電気・ガス業，鉱業，その他製品，化学，卸売業，陸運業，精密機器，鉄鋼が各１社である。

3 ▌会計処理等

（１）　計算（見積）方法

　転貸損失引当金については，解約不能期間の賃借料総額（契約の解除に伴う

違約金を含む。）から転貸によって受け取る契約上の賃貸料（または見積賃料収入）総額を控除して引当金額を算定する。

また，買付契約評価引当金については，期末時点の正味売却価額（見積販売直接経費等の考慮後）と契約上の引取価額との差額が引当金額になると考えられる。

（2） 計上のタイミング

契約に伴う義務が発生し，かつ，損失が見込まれることとなった時点が計上のタイミングとなる。

小売業等における転貸損失引当金に係るトリガーとしては自社店舗の閉店が考えられるが，自社での営業から撤退したとしても，転貸により利益が計上されるのであれば，引当金の計上は要しない。この場合には，転貸契約の更新時に（たとえば，交渉や転貸先の変更による賃料の引下げによって），引当金の計上が必要となっていないか，検討が必要となる。

また，買付契約評価引当金については，通常の棚卸資産の簿価切下げと同様，期末時点における正味売却価額の下落がトリガーとなる。このため，一定の期間にわたり，固定価格で購入する契約がある場合には，棚卸資産の簿価切下げと同様の検討フローを決算手続のなかに組み込んでおく必要があると考えられる。

（3） 繰入・戻入の会計処理

これらの引当金の繰入は，前記「（2）計上のタイミング」に記載した引当金の要件を満たした時点で行われる。

他方，戻入について，実際に契約履行に伴って損失が発生した時点で目的取崩しが行われることになる。すなわち，転貸損失引当金であれば，転貸損失の発生時点で戻し入れられ，買付契約評価引当金であれば，棚卸資産の購入時点で棚卸資産を相手勘定として引当金の戻入が行われる。

なお，転貸については契約の更新（賃貸料の上方への修正）によって将来の転貸損失の金額が減少した場合には，目的外の取崩しとして戻入がなされる。また，買付契約については，正味売却価額の上昇によって，引当金額が減少することになる。棚卸資産の簿価切下げであれば，切放し法を用いているケースではその戻入は行われないが，当該会計方針は引当金の会計処理には影響を及

240　第Ⅱ部　引当金別　会計上の論点と実務ポイント

ぼさないのではないかと考えられる。

4 ┃ 実務上のポイント

（1）　不利な契約の網羅的な確認

　不利な契約に関する引当金については，いわゆる「不利な契約」に該当する
ような契約を網羅的に確認できているか，という点がポイントとなる。

　小売業における転貸損失引当金のように，すでに一定の業界慣行として定着
しているものであれば，自社の業務フローとして組み込まれていることも考え
られるが，そういったもの以外の不利な契約については，必要な情報を正しく
網羅的に把握できているか，という点が重要となってくる。

　契約時点で不利な契約に該当するかどうか検討すべきものについては，稟議
決裁の回付時などに，各事業部および経理部門で重要な損失が生じるものでは
ないか，という点を吟味する必要がある。また，買付契約のように，将来的に
市場価格が下落することによって不利な契約となる可能性があるものについて
は，重要な影響が生じる可能性があるかどうか，という点を契約時点で洗い出
して，事後的にウォッチしていくことが考えられる（図表Ⅱ−15−3参照）。

図表Ⅱ−15−3　不利な契約に該当するかどうかの検討ポイント

種別	ポイント
契約全般	●解約不能であることで義務（損失）を生じさせるようなことになっていないか
買付契約	●固定価格による購入になっていないか ●正味売却価格との関係はどうか
賃貸借契約やリース契約（オペレーティング・リース取引）	●事業の用に供されているか （重要なリース契約ですでに事業の用に供されていないようなものがあれば，引当の検討が必要となる。） ●事業の用に供されていても，当該取引から重要な損失が生じているようなことはないか

（2） 将来の営業損失との関係

不利な契約に係る引当金の計上に際しては，過去に締結した契約に基づく義務性が必要であり，リストラクチャリングなどに伴って，単に将来の営業損失を引き当てるようなことがないよう，留意する必要がある。

このような保守的に計上される将来の営業損失に係る引当金は，注解18の引当金の要件のうち，その発生が当期以前の事象に起因している，という要件を満たさないことから，引当金の計上は認められない（引当金研究資料2(6)【ケース16】(b)）。

（3） 損益計算書表示区分

不利な契約に係る引当金の繰入額における営業費用と営業外費用の区分については，たとえば転貸損失引当金であれば，転貸に係る収益および費用を営業損益に表示しているのであれば，対応する引当金繰入額も営業費用に表示することになると考えられる。他方，当該収益および費用を営業外損益に表示しているのであれば，対応する引当金繰入額も営業外費用に表示されることになると考えられる。

242 第Ⅱ部 引当金別 会計上の論点と実務ポイント

16 訴訟損失引当金

1 概要

（1） 具体的事例

　訴訟損失引当金とは，訴訟事件等によって損害賠償を求められている状況において，損害賠償の支払等の損失に備えて計上される引当金をいう。

　訴訟が進行中であっても敗訴の可能性が高まっており，支払総額を合理的に見積ることができる場合に，訴訟損失引当金が計上されている事例がある（引当金研究資料2(4)【ケース11】(a)）。

（2） 会計処理の考え方

　訴訟が過去の事象を対象としており，訴訟損失が発生する可能性が高く，その金額を合理的に見積ることができる場合には，訴訟損失引当金を認識することになると考えられる。

　訴訟の前提となる事実関係が他の訴訟と同一であることは少なく，その進行状況もさまざまであるが，決算日後監査報告書の提出日までに敗訴または支払いを伴う和解が確定した場合には，当該監査報告書の対象となる決算日において引当金を認識することになると考えられる。また，監査報告書の提出日までに敗訴または支払いを伴う和解が確定しない場合であっても，裁判のいずれかの段階で敗訴した場合には，一般的には訴訟損失の発生可能性が高まっていると考えられるため，通常，当該監査報告書の対象となる決算日において引当金を認識することになると思われる（引当金研究資料2(4)【ケース11】(b)）。

　なお，決算日時点において支払いを伴う和解が確定した場合，または敗訴が確定した場合（敗訴判決が言い渡され，その後所定の期限までに上訴しなかった場合）には，未払金が計上される。

2 事例分析

　ここでは，2017年4月から2018年3月に決算を迎えた東証一部上場会社1,912

社の有価証券報告書のうち，連結財務諸表もしくは個別財務諸表またはこれらの双方において訴訟損失に係る引当金を計上している会社（日本基準適用会社に限る。また，比較情報においてのみ計上されているケースを含む。以下，本16において「対象会社」という。）31社を母集団として，開示事例分析を実施した結果を記載する。

なお，連結財務諸表および個別財務諸表の双方に計上しているケースは，1社としてカウントしている。

（1） 会計方針の記載

対象会社における訴訟損失に係る引当金の会計方針に関する記載については，一部簡略的な記載はあるものの，訴訟に対する損失に備えるため，将来負担する可能性のある損失を見積り，必要と認められる損失見込額を計上している旨を各社記載している。

（2） 科目名

対象会社の連結貸借対照表または貸借対照表上の勘定科目は，図表Ⅱ－16－1のとおりである。開示事例を見ると「訴訟損失引当金」という科目を用いている会社が最も多い。

図表Ⅱ－16－1 訴訟損失に係る引当金の科目名	
科目名	会社数（社）
訴訟損失引当金	28
訴訟関連引当金	1
訴訟関連費用引当金	1
海外訴訟損失引当金	1
合計	31

また，連結貸借対照表または貸借対照表上の表示区分であるが，15社が流動負債に，15社が固定負債に，1社が流動負債と固定負債の双方に表示していた。

244　第Ⅱ部　引当金別　会計上の論点と実務ポイント

（3）　損益計算書表示区分

　引当金繰入額について連結損益計算書または損益計算書の区分を調査したところ，対象会社のうち15社が，特別損失の区分に当該引当金繰入額を表示しており，対象会社のうち1社が，営業外費用の区分に当該引当金繰入額を表示していた。残りの15社については，注記も含めて連結損益計算書または損益計算書に引当金繰入額の表示がなく，区分は不明である。

　特別損失は，企業の通常の活動以外の特別な要因によって臨時的に発生した損失であり，かつ金額が大きいものをいう（企業会計原則注解【注12】，財規ガイドライン95の2の1，企財審査NEWS第6－1号2）。一般的に，訴訟によって発生する損失は臨時的な損失であり，また，その金額は多額にのぼることが多いことから，訴訟損失引当金繰入額を特別損失として計上している事例が多いものと思われる。

　また，当該引当金の戻入額についても対象会社の連結損益計算書または損益計算書の区分を調査したところ，4件の事例があり，いずれも特別利益で表示していた。

3 会計処理等

（1）　計算（見積）方法

　敗訴判決を受けた場合，その判決文において支払うべき金額が示されているため，当該金額が訴訟損失引当金の計上額になると考えられる。

　また，支払いを伴う和解の場合には，和解案において支払うべき金額が示されていると考えられるため，当該金額が訴訟損失引当金の計上額になると考えられる。さらに，支払いを伴う和解が確定した場合には最終的に当事者間で合意した金額が計上額になると考えられる。

（2）　計上のタイミング

　通常，裁判は，おおむね図表Ⅱ－16－2に示す段階で進行する。

　訴訟が提起された後，第一審から最高裁までのいずれの段階の判決の時点で訴訟損失引当金を計上するべきかがポイントになる。

　この点については，注解18に従って判断することになる。具体的には，訴訟

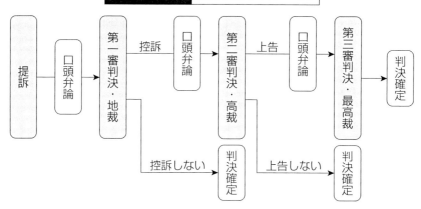

図表Ⅱ-16-2　裁判の流れ（イメージ）

の原因となった事実が過去の事象であり，また，訴訟が損失要因であることは疑いがないので，残りの要件，すなわち発生の可能性が高いか，および金額を合理的に見積ることが可能か，で判断する。

発生の可能性が高いかどうかは，口頭弁論が進み，訴訟の後半にならないと判断材料が乏しいと考えられ，また，たとえ訴訟を優位に進めていたとしても蓋を開けてみれば敗訴判決を受けたというケースもあり，判決の結果を合理的に予想することは実務的に極めて困難であることも考えられる。また，仮に会社が敗訴を見越していたとしても，判決によって示される金額を合理的に見積ることができない場合には，訴訟損失引当金を計上することはできず，偶発債務としての注記に留まることが考えられる（企業会計原則　第三　一　C，注解18参照）。

これらの点を考慮すると，裁判が終結していなくても，いずれかの段階で敗訴の判決を受けた時には，当該判決によって損失の金額を合理的に見積ることが可能になり，また，訴訟損失の発生の可能性が高まっている場合が多いと考えられるため，訴訟損失引当金を計上する必要が生じると考えられる。

また，提起された訴訟が事実関係を含めて先行する他の訴訟と同一または類似する案件であり，その訴訟において敗訴判決を受けているような場合には，すでに過去の判例で一定の方向性が明らかになっているわけであるから，訴訟が提起された時点で，過去の判例を参考に引当金の計上を検討する必要がある。

実務上，判決まで至らず当事者間で和解が成立する可能性が高く，和解案に

おける金額に合理性がある等の場合には，訴訟損失引当金の計上を検討する必要があると考えられる。なお，判決を受ける前に当事者間で和解が成立した場合には，和解が成立した時点で当該損失を計上する必要があることはいうまでもない（ただし，確定債務の場合には引当金ではなく未払金で計上する必要がある。）。

（3） 繰入・戻入の会計処理

繰入，戻入の会計処理について固有の論点はない。引当金の要件を満たした段階で，訴訟損失引当金（および同繰入額）を計上し，その後，判決が確定した，あるいは和解が成立した時点で引当金を取り崩す処理を行う。

また，裁判が進行する過程で，上級審の判決額が下級審の判決額よりも少なくなる等，過去に引き当てた金額が過大になるケースがある。この場合にも，引当金残高のうち過大になった部分を戻し入れることになると考えられる。

なお，引当金計上額は毎期見直しを行う必要がある。見直しの結果生じた見積差額は，会計上の見積りの変更となり，原則として営業外損益として計上することになると考えられる（過年度遡及会計基準55項）。

4 ┃ 実務上のポイント

（1） 偶発債務との関係

訴訟が提起された場合，その提起によって債務が存在しているとまではいえないが，敗訴判決等の一定の事由によって将来の債務が発生する可能性があることから，偶発債務として，その訴訟の内容および金額を財務諸表に注記することを検討する必要がある（企業会計原則　第三　一　C，連結財規39条の2，財規58条，会社計算規則103条5号）。

そのうえで，その訴訟が過去の事象を対象としており，訴訟損失が発生する可能性が高く，その金額を合理的に見積ることができる等，注解18に定められる引当金を計上するための要件を満たしている場合には，当期の負担に属する金額を当期の費用または損失として引当金に繰り入れ，当該引当金の残高を貸借対照表の負債の部に計上する必要がある。

偶発債務と訴訟損失引当金の関係は図表Ⅱ−16−3に示すとおりである。

なお，この考え方は，訴訟損失引当金を計上した後でも同様である。判決によって損害賠償等の支払いを求められたとしても，その金額が相手方（原告）

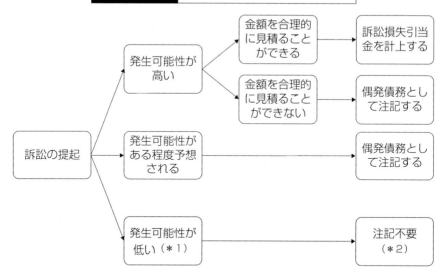

図表Ⅱ-16-3 偶発債務と訴訟損失引当金の関係

(＊1) 債務保証においては，基本的に発生可能性が低いものについても，当事者間での契約等により義務が生じていることから注記が行われる。他方，本16が対象としている訴訟や仲裁等の偶発債務については，発生可能性が低い場合などにおいて，企業に義務があるのかどうかという点が不確実であるという状況と性質があることから，注記が不要と判断されるケースがあるとされている（偶発事象研究報告2(3)④）。
(＊2) 連結財務諸表または財務諸表における注記は不要となるが，経理の状況の「その他」に重要な訴訟事件等として記載することを検討する必要がある（開示府令第三号様式（記載上の注意）㊌ c）。

によって提起された金額（訴額）よりも少なく，また相手方（原告）も判決を不服として控訴をしている場合には，依然として判決で示された金額と訴訟で提起された金額との差額については債務として発生する可能性が存在していると考えられる。したがって，当該差額については，計上された訴訟損失引当金の他に偶発債務として財務諸表に注記をすることを検討する必要がある。両者の関係を示すと次頁の図表Ⅱ-16-4のようになる。

(2) 控訴等を行った場合の取扱い

判決の結果を不服として控訴等を行ったことを理由に，引当金を計上しないことが可能かが論点になる。この点について，いずれかの段階で敗訴の判決を

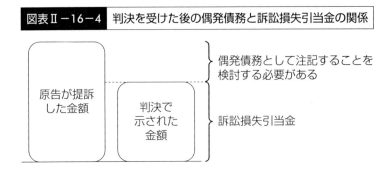

図表Ⅱ-16-4 判決を受けた後の偶発債務と訴訟損失引当金の関係

受けているときは，その時点で引当金を計上するための要件を満たしているので，その判決を覆すだけの合理的な反証がない限り，引当金を計上しない，あるいは判決で示された金額以下の金額をもって引当金を計上する処理は認められないと考えられる（企業会計基準第27号「法人税，住民税及び事業税等に関する会計基準」8項，34項，35項参照）。

（3） 後発事象との関係

訴訟は，発生した事象の実質的な原因が決算日現在すでに存在している場合には，修正後発事象として取り扱われる。金融商品取引法に基づく有価証券報告書の提出がある会計監査人設置会社における実務上の取扱いは以下のとおりである。

① 会社法に基づく会計監査人の監査報告書日以前

提起されている訴訟につき，会社法に基づく会計監査人の監査報告書の提出日以前に敗訴または支払いを伴う和解が確定した場合には，期末において訴訟損失引当金を認識する必要がある。

また，会社法に基づく会計監査人の監査報告書日以前に敗訴または支払いを伴う和解が確定しない場合であっても，裁判のいずれかの段階で敗訴した場合には，引当金を計上するための要件を満たしていると考えられるため，期末日において訴訟損失引当金を計上する必要がある（後発事象取扱い4(2)① a.）。

② 会社法に基づく会計監査人の監査報告書日後

i 金融商品取引法監査

会社法に基づく会計監査人の監査報告書提出日後，金融商品取引法に基づく監査報告書の提出日以前に，敗訴または支払いを伴う和解が確定した場合，あるいは敗訴または支払いを伴う和解が確定しない場合であっても裁判のいずれかの段階で敗訴した場合には，開示後発事象として財務諸表に注記する必要がある（後発事象取扱い 4(2)① b.(a)）。

ii 会社法監査

すでに会社法に基づく会計監査人の監査報告書は提出されているので，計算書類等の修正は困難である。監査役の監査報告書にその内容を追加して記載する，あるいは監査役等の監査報告日後に事象が発生した場合には株主総会において取締役から報告する必要がある（後発事象取扱い〔付表1〕I 2〔修正後発事象〕）。

（4）　法律専門家への確認

訴訟は，それが提起された後，結審まで長期にわたることが少なくない。さらに，その結果を予想することは極めて困難である。引当金の計上にあたっては裁判の進展状況を注意深く観察する必要があり，そのためにも決算期ごとに顧問弁護士等の法律専門家に対して裁判の進捗状況，判決の見込み等を確認する必要がある。

250 第Ⅱ部 引当金別 会計上の論点と実務ポイント

17 独占禁止法等の違反に関連する引当金

1 概要

（1） 具体的事例

独占禁止法等[1]に関連した課徴金等[2]の支払い，およびその原因となった違法行為に関連して提起された訴訟などにおける損害賠償金ないし和解金および訴訟費用の支払い[3]に備えて，独占禁止法等の違反に関連する引当金（以下，本17において便宜的に「独禁法引当金」という。なお，勘定科目の分析については，後記「2 事例分析（2）科目名」を参照のこと）が計上されている事例が見られる。

（2） 会計処理の考え方

独占禁止法等に関連する課徴金等については，当局の決定などにより最終的に確定し，費用（損失）が発生するものである。ただし，その発生の可能性が高く，金額を合理的に見積ることができるケースにおいては，確定に先立って独禁法引当金が計上されることになる。これは，当局の調査などが契機となって過去の違反行為が認定されることにより，将来の特定の費用ないし損失（課徴金等の支払い）が当期以前の事象（過去の違反行為（価格カルテルなど））に起因しているといえるためである。

また，当該引当金の計上に際しては，事前に当局の立入調査などが行われ，調査の内容等が把握できていることから，その状況に応じて発生可能性や金額

---

1 本17では，わが国における「私的独占の禁止及び公正取引の確保に関する法律」（独占禁止法）（昭和22年法律第54号），米国における反トラスト法，欧州における EU 競争法などを総称して「独占禁止法等」と表記する。

2 本17の主題である引当金に関連するものとして，わが国における独占禁止法の規定により課される「課徴金」，および欧州における EU 競争法の規定により課される「制裁金」はいずれも行政罰であり，米国における反トラスト法の規定により課される「罰金」は刑事罰であるが，これらなどを総称して，本17では「課徴金等」と表記する。

3 当該支払いに対する引当は訴訟損失引当金（16参照）として計上することも考えられる。

などを検討することになるという特徴を有する（引当金研究資料2(4)【ケース12】(b)参照）。

実務的には，発生可能性の見積りの困難性，金額の見積りの困難性といった点が，独禁法引当金に関して財務諸表作成者を悩ませる最大の検討事項となっていると思われる（詳細は後記「4　実務上のポイント（1）不服申立等を行う場合の取扱い」など参照）。

2 ▌事例分析

ここでは，2017年4月から2018年3月に決算を迎えた東証一部上場会社1,912社の有価証券報告書のうち，連結財務諸表もしくは個別財務諸表またはこれらの双方において独禁法引当金が計上されている会社（日本基準適用会社に限る。また，比較情報においてのみ計上されているケースを含む。以下，本⒄において「対象会社」という。）16社[4]を母集団として，開示事例分析を実施した結果を記載する。また，開示分析に際しては，直近の有価証券報告書だけではなく，独禁法引当金の当初計上時点，または独占禁止法等の違反事項に関連する偶発債務を最初に注記した時点まで遡っている。

なお，連結財務諸表および個別財務諸表の双方に計上しているケースは，1社としてカウントしている。

（1）　会計方針の記載

①　会計方針の類型分析

対象会社の会計方針の記載を類型化して分析した結果は，図表Ⅱ-17-1のとおりであり，一般的な記載に留まる会社がすべてとなっている。なお，参考欄は本書初版のときの調査結果（2012年4月から2013年3月決算の1,696社が母集団）であり，そのときは，調査等の状況に応じた記載を行う会社も半数弱ある点が読み取れていた。また，調査等の状況の変化に伴い，会計方針の記載を変更していく例が見られる点も，当該引当金に係る会計方針の記載の特徴として挙げられていたが，今回調査では検出されなかった。

また，同様に会計方針の記載から読み取れる限りにおいて分析した課徴金等

4　条件に当てはまるケースは17社あるが，ある東証一部上場会社の子会社で計上された当該引当金が，同社の親会社（同じく東証一部上場会社）の連結財務諸表に含まれているケースがあり，これらは1社として取り扱っている。

252　第Ⅱ部　引当金別　会計上の論点と実務ポイント

図表Ⅱ－17－1　独禁法引当金に係る会計方針の記載

会計方針の記載	会社数（社）	参考
将来発生する損失見込額を引当と記載	16	9
課徴金納付命令書の金額を引当と記載	－	3
課徴金納付命令書（案）の事前通知の金額を引当と記載	－	3
異議告知書の受領により引当金を計上と記載	－	1
合計	16	16

図表Ⅱ－17－2　課徴金等の発生国・地域

国・地域	会社数（社）[*2][*3]
日本	12
米国[*1]	3
欧州[*1]	3
その他[*1]	2
合計	20

（＊1）　これらのうち1社（同一の会社）については，集団訴訟に関連する引当金も独禁法
　　　　引当金に含めて計上している旨が，会計方針の注記に記載されていた。
（＊2）　1社で複数の国・地域に係る課徴金等に引当金を計上している場合，それぞれ1社
　　　　としてカウントしている。
（＊3）　このほかに，会計方針等から発生国・地域が読み取れなかった会社が1社あった。

の発生国・地域の状況は，図表Ⅱ－17－2のとおりである。

（2）　科目名

　対象会社における科目名は，図表Ⅱ－17－3のとおりである。
　また，連結貸借対照表または貸借対照表上の表示区分であるが，12社が流動
負債に，3社が固定負債に，1社が固定負債と流動負債の双方に表示していた。

（3）　損益計算書表示区分

　引当金繰入額について，連結損益計算書または損益計算書の表示区分を調査

17　独占禁止法等の違反に関連する引当金　253

図表Ⅱ-17-3　独禁法引当金の科目名	
科目名	会社数（社）
独占禁止法関連損失引当金	10
独禁法関連引当金	3
課徴金引当金	1
独禁法関連損失引当金	1
競争法関連損失引当金	1
合計	16

したところ，対象会社16社すべてが，特別損失に当該引当金繰入額を表示していた。

　なお，事後的な見積りの変更や実績との差額，戻入の際の表示は，原則どおり，営業外損益に表示している例が見られた（過年度遡及会計基準55項参照）。

（4）　その他

　引当金の計上に先立ち，当該課徴金等を偶発債務（貸借対照表注記）として記載しているかどうかを調査したところ，16社中2社が引当金の計上より前に偶発債務の注記を行っていた[5]。また，偶発債務（貸借対照表注記）ではなく，引当金を計上する直前四半期の重要な後発事象の注記に記載があるケースが1社見受けられた。

　引当金の計上に先立ち偶発債務の注記を記載している例は，以下のとおりである。

5　本書初版執筆時の調査においては，16社中7社が引当金の計上より前に偶発債務の注記を行っていたという調査結果が出ていた。この点，前回調査時は，調査期間が相対的に長いと思われる欧米における独禁法引当金の計上事例が多かった。他方，今回の調査では国内の公正取引委員会による調査等に基づく課徴金に対する引当金の計上事例が多いという違いがあり，この点が注記の有無に影響を及ぼしている可能性があるのではないかと思われる。

254 第Ⅱ部　引当金別　会計上の論点と実務ポイント

会社名：日本郵船㈱（2013年12月期：四半期報告書）

【注記事項】

~略~

（四半期連結貸借対照表関係）

~略~

　偶発債務
（1）　偶発債務等

~略~

（2）　~略~
（3）　~略~
（4）　連結子会社である日本貨物航空㈱は，航空貨物輸送に関わる価格カルテル等に関連して，米国において，請求金額を特定しないまま損害賠償請求訴訟（集団訴訟）を提起されています。

　　　集団訴訟の結果については，日本貨物航空㈱の経営成績に影響を及ぼす可能性がありますが，その結果を合理的に予測することは困難です。なお，前連結会計年度からの変動はありません。

（5）　連結子会社である郵船ロジスティクス㈱は，国際航空貨物利用運送サービスに係る米国反トラスト法違反に関連して，米国において，国際航空運送事業者60社超とともに請求金額を特定しないまま損害賠償請求訴訟（集団訴訟）を提起されています。

　　　集団訴訟の結果については，郵船ロジスティクス㈱の経営成績に影響を及ぼす可能性がありますが，その結果を合理的に予測することは困難です。なお，前連結会計年度からの変動はありません。

（6）　（当第3四半期連結会計期間）
　　　当社及び連結子会社1社は，平成24年9月より自動車，車両系建設機械等の貨物輸送に関して独占禁止法違反の疑いがあるとして，日米当局により調査を受け，欧州当局から質問状を受領しています。また，当社及び一部の子会社は，完成自動車車両等の海上輸送について，主要自動車船社と共同して運賃を設定したとして，請求金額を特定しないまま損害賠償及び差し止め等を求める集団民事訴訟を，米国その他の地域にて提起されています。

　　　日本の調査に関しては，平成26年1月に公正取引委員会から排除措置命令・課徴金納付命令に係る事前通知書を受領したことに伴い，課徴金納付に伴う損失に備え独禁法関連引当金を計上しています。

　　　米欧当局による調査及び集団民事訴訟については，現時点ではそれらの結果を合理的に予測することは困難です。

3 会計処理等

（1）計算（見積）方法

　他の引当金と同様，独禁法引当金についても，発生の可能性が高く，金額を合理的に見積ることができるという注解18の要件を満たした場合において，引当金が計上される。ただし，前記「2　事例分析（4）その他」において記載したように，一部の会社は偶発債務の注記を行っており，発生の可能性は高くとも，金額の合理的な見積りが困難と判断されることもあると思われ，金額の見積りの可否が論点となる。

　引当金の額の計算（見積）方法としては，たとえば，以下のような方法が考えられる。

- ●課徴金，制裁金のような行政罰において，法令等で定められている課徴金等の計算式に当てはめて金額を見積る。
- ●当局からの通知書等に記載された金額を合理的な見積りとして用いる。
- ●上記金額の妥当性も含め，専門家（弁護士）より金額の見積りに係る意見書などを入手し，その内容を吟味する。

（2）計上のタイミング

　前記「（1）計算（見積）方法」にも記載したように，引当金計上の4要件のうち，発生可能性が高まった段階でも，金額が合理的に見積ることができないために，引当金を計上せず，偶発債務として注記するようなケースも考えられる。すなわち，当局の調査が行われることなどにより損失の発生可能性が高まったとしても，金額の見積りの分布が広範囲にわたっており，かつ，それぞれの確率が不明であるようなケース（たとえば，損失見積りが10億円から100億円までにわたり，かつ，それぞれの確率が見積ることができないような状況）がこれに当たる。

　その後，調査の進展や書面の受領などにより，損失の見積額（生起する可能性の最も高い単一の金額）が明確になってくることにより，金額の見積りが可能な状況となるものと思われる。

256　第Ⅱ部　引当金別　会計上の論点と実務ポイント

　実務的には，どの段階で合理的な見積りが可能と判断されるのか，という点を慎重に検討する必要があるが，タイミングも含め，将来の損失を適切に見積るために，以下の点などに留意することが考えられる。

- ●経理部門と法務部門との間で緊密なコミュニケーションを取ること
- ●法務部門と顧問弁護士等の法律専門家との間で緊密なコミュニケーションを取ること
- ●法令の内容や行政罰の計算方法など，制度を充分に理解すること
- ●調査などの状況を正確に把握すること

（3）　繰入・戻入の会計処理

　繰入・戻入の会計処理について，固有の論点はない。

　引当金計上の要件を満たした段階で引当金（繰入額）を計上し，その金額は毎期見直しを行う。見直しの結果，金額が増加するケース，または減少するケースの双方が考えられるが，いずれの場合も，会計上の見積りの変更となり，原則として，営業外費用（または営業外収益）として計上することが考えられる。

　また，実際に課徴金等を納付した時点では目的取崩しとなり，一方，発生可能性が高くなくなった場合には，金額の戻入（目的外取崩し）が行われる。

4 実務上のポイント

（1）　不服申立等を行う場合の取扱い

　行政罰である課徴金や制裁金の納付に対して，不服申立や上訴を行った場合（または行う意図を持っている場合）に，引当金を不計上とすることができるかどうかが論点となる。このとき，引当金の4要件は，会社の意図とは関係なく発生可能性を検討するものとなっており，不服申立等のような手段を取ることのみで，引当金（または損失）の計上を行わないという判断は適切ではないと考えられる（企業会計基準第27号「法人税，住民税及び事業税等に関する会計基準」8項，34項，35項参照）。

（2） 複数の国・地域で引当金を計上している場合

複数の国・地域で独占禁止法等に係る調査を受け，課徴金等に対応する引当金を計上する場合，ある国・地域における目的外取崩しの額を，他の国・地域の引当不足や繰入に充当するようなことはできないと考えられる。なぜなら，それぞれの国・地域の課徴金等は異なる制度の下で運用されているものであり，それらに対応する引当金も異なる性質を有し，異なる算出過程を経て計上されたものであるためである。

（3） 税効果会計上の取扱い

独禁法引当金について，対応する課徴金等がその支出時に損金算入されない（永久差異である）ケースでは，税効果会計の対象とならない点に留意が必要である（税効果適用指針78項，83項参照）。

258　第Ⅱ部　引当金別　会計上の論点と実務ポイント

18 債務保証損失引当金

1 ┃ 概要

（1）　具体的事例

　債務保証を行っているケースで，被保証先の財政状態等が悪化した場合に，債務保証に伴う損失に備える目的で，被保証先の財政状態等を勘案し，損失負担見積額を債務保証損失引当金等として計上する実務が，業種を問わず広く行われている（引当金研究資料2(5)【ケース14】(a)）。

（2）　会計処理の考え方

　債務保証を行っているケースで，注解18の引当金の計上要件を満たす場合には，債務保証損失引当金を計上する必要がある。

　具体的には，主たる債務者の財政状態の悪化等により，債務不履行となる可能性があり，その結果，保証人が保証債務を履行し，その履行に伴う求償債権が回収不能となる可能性が高い場合で，かつ，これによって生ずる損失額を合理的に見積ることができる場合には，保証人は，当期の負担に属する金額を債務保証損失引当金に計上する必要がある（債務保証取扱い4(1)）。なお，債務保証取扱いにおける定めについては，前記「第Ⅰ部 第2章 日本の会計基準における定めがある主なもの　7　債務保証損失引当金」を参照のこと。

2 ┃ 事例分析

　ここでは，2017年4月から2018年3月に決算を迎えた東証一部上場会社1,912社の有価証券報告書のうち，連結財務諸表もしくは個別財務諸表またはこれらの双方において債務保証損失に係る引当金が計上されている会社（日本基準適用会社に限る。また，比較情報においてのみ計上されているケースを含まない。以下，本18において「対象会社」という。）107社を母集団として，開示事例分析を実施した結果を記載する。

　なお，連結財務諸表および個別財務諸表の双方に計上しているケースは，原

18 債務保証損失引当金　259

則として，1社とカウントしているが，必要に応じて連結財務諸表と個別財務諸表に分け，それぞれ1社として集計・分析している。

（1）　会計方針の記載

対象会社における債務保証損失引当金等の会計方針に関する記載内容は，大部分の会社で債務保証等に係る損失に備えるため損失負担見込額を計上している旨等の定型的な記載がされていた。

一方，図表Ⅱ-18-1のとおり，定型的な記載内容以外の開示事例も見受けられた。図表Ⅱ-18-1の会社には，主に営業取引の一環で債務保証を行っている会社が多く，定型的な記載よりも詳細な内容を記載する傾向があることが読み取れた。

図表Ⅱ-18-1　債務保証に係る引当金の会計方針の記載における定型的な記載以外の記載内容

記載内容	会社数（社）
債務保証の内容を具体的に記載している	7
債務保証の内容を具体的に記載し，かつ，過去の損失発生実績率等に基づき算定している旨を記載している	6
債務超過解消不能見込額を計上している	1
合計	14

（2）　科目名

対象会社について調査したところ，連結貸借対照表または貸借対照表上の勘定科目としては，図表Ⅱ-18-2のとおり「債務保証損失引当金」が使用されるケースが多い。また，債務保証損失引当金等は，ワンイヤールールに基づき表示される。図表Ⅱ-18-3のとおり，対象会社の連結貸借対照表または貸借対照表では，債務保証損失引当金等が固定負債の区分に計上されているケースが多く見受けられた。

（3）　損益計算書表示区分

対象会社における，連結損益計算書または損益計算書の表示区分について調

260 第Ⅱ部 引当金別 会計上の論点と実務ポイント

図表Ⅱ-18-2 債務保証損失に係る引当金の科目名

科目名	会社数（社）
債務保証損失引当金	100
債務保証等損失引当金	3
関係会社債務保証損失引当金	3
債務保証引当金	1
合計	107

図表Ⅱ-18-3 債務保証損失引当金等の貸借対照表における表示区分

表示区分	会社数（社）
流動負債に計上	26
固定負債に計上	79
流動負債と固定負債の両方に計上	2
合計	107

図表Ⅱ-18-4 債務保証損失引当金等の繰入額・戻入額の損益計算書における表示区分

（単位：社）

計上区分	連結損益計算書	損益計算書
販売費及び一般管理費に計上(＊1)	3	5
営業外損益に計上	7	21
特別損益に計上	16	45
計上区分が読み取れないケース	21	27
合計(＊2)	47	98

（＊1） 「営業費用」に計上している会社も含む（連結損益計算書で計上している会社が1社，損益計算書で計上している会社が2社ある。）。

（＊2） 複数の区分で計上している会社があるため，後記図表Ⅱ-18-5の会社数とは一致しない。

査した結果は図表Ⅱ−18−4のとおりである。

　図表Ⅱ−18−4のとおり，連結損益計算書または損益計算書の表示区分は，開示内容からは読み取れないケースが一定数あるものの，一般的に，債務保証は通常の営業取引以外で行われるケースが多いと考えられることから，特に損益計算書上は債務保証損失引当金等の繰入額・戻入額を営業外損益や特別損益に計上している会社数が販売費及び一般管理費に計上している会社数より多かった。

　商品等の販売に付随して得意先等の借入れやその他債務に対して債務保証を行っているケースや，金融サービスを提供している会社が顧客を被保証先として債務保証を行っているケースなど，営業取引として債務保証を行っている場合には，債務保証損失引当金等の繰入額を販売費及び一般管理費または営業費用の区分に計上することが考えられる。対象会社において，債務保証損失引当金等の繰入額を販売費及び一般管理費または営業費用の区分に計上している会社が，連結損益計算書で3社，損益計算書で5社あった。

（4）　その他

　債務保証損失引当金等は，連結貸借対照表と貸借対照表のどちらにも計上されるが，図表Ⅱ−18−5のとおり，対象会社における集計結果では，会社数・合計金額ともに，貸借対照表で債務保証損失引当金等が計上されるケースのほうが多く見受けられた。特に，債務保証損失引当金等の計上金額の合計を比較すると，貸借対照表のほうが連結貸借対照表と比べ，4倍以上の金額が計上されていた。

図表Ⅱ−18−5　債務保証損失引当金等を計上している会社と合計金額

	会社数（社）(*)	合計金額（百万円）
連結貸借対照表で債務保証損失引当金等を計上しているケース	47	35,897
貸借対照表で債務保証損失引当金等を計上しているケース	95	149,269

（＊）　連結貸借対照表と貸借対照表のいずれにおいても債務保証損失引当金等を計上している会社が35社ある。

262 第Ⅱ部　引当金別　会計上の論点と実務ポイント

これは，一般的に親会社が連結子会社を被保証先とする債務保証を行うケースが多いため，連結貸借対照表上は，貸借対照表上で計上された連結子会社に対する債務保証損失引当金等が戻し入れられた結果と考えられる。

3 ┃ 会計処理等

（1）　計算（見積）方法

債務保証損失引当金は，主たる債務者の財政状態等を勘案して，合理的な損失見積額を計上する必要があるが，実務上は，たとえば以下の方法により算定することが考えられる。

①　被保証先ごとに個別に損失額を見積る方法

多くのケースで，債務保証は子会社や関連会社といった関係会社や，特定の取引先に対して行っていることが考えられ，その場合，被保証先1社ごとに個別の事情を勘案して損失額を見積ることが考えられる。このとき，損失見積額の算定にあたっては，主たる債務者の財政状態だけでなく，被保証先の資金調達の状況，他の保証人の負担能力，担保の状況およびその処分見込みなどを総合的に勘案する必要があるとされているが（債務保証取扱い4(1)参照），特に，子会社が債務超過の状況に陥った際の引当金計上額の見積りが実務上論点となる。

一般的には，親会社が子会社の経営に責任を持つという観点から，子会社の債務超過額全額を負担することが多い。このため，被保証先が子会社であって，かつ，当該子会社が債務超過のケースで，債務超過額の全部または一部について保証債務の履行に伴う求償債権が回収できる可能性が高いと判断できる場合以外には，債務保証額を上限として債務超過額を債務保証損失引当金として計上することが考えられる。

また，子会社に自社（親会社）以外の株主（非支配株主）が存在し，当該株主とあらかじめ損失負担契約等を締結しているケースでは，債務超過額全額ではなく，契約に基づく負担割合相当額を損失見積額として，債務保証損失引当金を計上することが考えられる。

被保証先が関連会社で，かつ，関連会社が債務超過のケースにおいて，債務超過額のうち持分相当額について損失を負担すると見込まれると判断される場

合には，その金額を債務保証損失引当金として計上することが考えられる。

なお，債務超過額が債務保証額を超過する部分については，関係会社に関する引当金等により損失見積額を計上するかどうか検討する必要がある（後記「⑲ 関係会社に関する引当金 3 会計処理等 (1) 計上（見積）方法 ① 関係会社事業損失引当金 iv 関係会社に対する債務保証の有無」参照）。

② 過去の損失実績率等に基づき損失額を見積る方法

営業取引やその一環として債務保証を行っているケースでは，多数の得意先や顧客の債務に対して債務保証を行うことが想定されるため，すべての被保証先について個別に債務保証による損失見積額を算定することが実務上困難なケースもある。このような場合には，重要な被保証先は個別に損失額を見積り，それ以外の被保証先については保証債務の履行による過去の損失実績率等に基づいて，損失見積額を算定し，債務保証損失引当金を計上することが考えられる。

（2） 計上のタイミング

債務保証損失引当金を計上するかどうかは，主たる債務者の状況が大きく影響する。具体的には，主たる債務者が，前記「第Ⅰ部 第2章 日本の会計基準において定めがある主なもの 7 債務保証損失引当金 (2) 引当金の計上（発生の認識）」の「発生可能性が高いと認められるケース」に記載した状況にある場合には，債務保証損失引当金の計上対象となる（債務保証取扱い4(1)）。たとえば，被保証先が債務超過に陥ったケースでは，債務保証損失引当金の計上要件を満たす可能性があるため，引当金の計上要否について留意が必要となる。

（3） 繰入・戻入の会計処理

繰入の会計処理については，引当金の計上要件を満たした段階で引当金を計上し，その金額は毎期見直しを行う。

保証債務の履行による債務保証損失引当金の目的取崩しにあたっては，前記「第Ⅰ部 第2章 日本の会計基準において定めのある主なもの 7 債務保証損失引当金 (5) 表示・開示 ③ 履行時の取扱い」に記載のとおりである。すなわち，債務保証の履行請求または履行時の債務保証損失引当金の目的取崩額と

264 第Ⅱ部 引当金別 会計上の論点と実務ポイント

求償債権に対する貸倒引当金繰入額または貸倒損失の計上額は，相手先ごとの相殺後の純額で表示する必要がある。この場合，債務保証取扱い4(4)④なお書きに記載のとおり，引当金明細表において，両者を相殺した旨および相殺した貸倒引当金繰入額の金額を記載する必要があり，具体的には，次のような開示事例がある。

会社名：㈱クレディセゾン（2018年3月31日：有価証券報告書）

【引当金明細表】 （単位：百万円）

区分	当期首残高	当期増加額	当期減少額		当期末残高
			目的使用	その他	
貸倒引当金	41,485	27,103	24,083	－	44,504
賞与引当金	1,500	1,687	1,500	－	1,687
役員賞与引当金	128	149	128	－	149
利息返還損失引当金	28,822	－	7,468		21,353
商品券回収損失引当金	144	0	5		139
債務保証損失引当金	6,128	6,999	6,126	－	7,000
ポイント引当金	94,033	16,642	9,356		101,319

（注）1．損益計算書上，債務保証損失引当金の取崩額と貸倒引当金繰入額は，相殺後の純額で表示しております。なお，相殺した貸倒引当金繰入額は6,126百万円であります。

4 実務上のポイント

（1） 債務保証損失引当金の計上検討の対象とする範囲

① 債務保証の範囲

債務保証の範囲には，通常の債務保証のほか，保証予約，経営指導念書等の差入等の保証類似行為も含まれる（債務保証取扱い2）。このため，債務保証損失引当金の計上を検討する前提として，債務保証だけでなく，保証類似行為がないかどうかも確認し，注記および引当計上の対象とすべき債務保証の範囲を適切に把握することが必要である。

② 個別財務諸表と連結財務諸表の債務保証の検討対象範囲

個別財務諸表上は，原則として，当該会社が行っている債務保証がすべて債務保証損失引当金計上の検討対象となる。

一方，連結財務諸表上は，親会社が行っている債務保証だけでなく，連結子会社が行っている債務保証についても，債務保証損失引当金計上の検討対象となる。このため，連結財務諸表の観点から，親会社は連結子会社が債務保証を行っているかどうかを正確に把握する必要がある。連結子会社が多い場合では，債務保証の件数が多くなる可能性があるため，把握している内容に漏れがないか留意が必要となる。

（2） 債務保証損失引当金の流動・固定分類

債務保証損失引当金を流動負債または固定負債に区分するワンイヤールールについて，債務保証の対象となる被保証先の債務の流動・固定区分に従うのか，あるいは，将来的に会社が保証債務を履行する（代理して弁済する）タイミングに従うのかが問題となる。

この点，債務保証損失引当金の表示区分については，一般の引当金と同様にワンイヤールールに従うと定められている（債務保証取扱い4(4)②）。ここでいうワンイヤールールとは，1年内に使用されることが見込まれる引当金を流動負債に記載することを示しているものと考えられ（財規47条4号，財規ガイドライン52-1-6），その引当金の使用とは，その引当金の計上目的に鑑みて，特定の費用または損失が発生する際に取り崩すことであると考えられる。

したがって，債務保証損失引当金の表示区分は，保証対象の債務の形式的な表示区分の影響を受けず，保証債務に関する損失の発生見込時期に応じて，流動負債または固定負債のいずれかに区分して記載することになると考えられる。

（3） 債務保証損失引当金以外の引当金との関係

関係会社の外部からの借入金に対して債務保証を行っている場合には，同時に貸付けを行っているようなケースも多いと考えられる。このような場合，被保証先である関係会社の財政状態が悪化し，債務超過になると，債務保証損失引当金の計上要否だけでなく，貸倒引当金の計上要否，さらには関係会社に関する引当金の計上要否が問題となるケースがある。この点について，詳細は前記「[7] 貸倒引当金（一般事業会社（銀行業・保険業以外））」および後記「[19] 関

266　第Ⅱ部　引当金別　会計上の論点と実務ポイント

係会社に関する引当金」を参照のこと。

（4）　債務保証損失引当金の計上額と債務保証注記金額との関係

　会社が保証債務を有している場合，重要性が乏しいものを除いて，その内容および金額について注記する必要がある（企業会計原則　第三　一　C，連結財規39条の2，財規58条，会社計算規則103条5号）。

　このとき，債務保証の内容と金額を注記するにあたっては，すでに債務保証損失引当金を計上している場合，債務保証の総額から債務保証損失引当金の計上額を控除した残額を注記する必要がある（債務保証取扱い4(4)⑤）。このため，引当計上済みの金額と注記に記載した金額が重複していないか留意が必要となる。

19 関係会社に関する引当金

1 概要

（1） 具体的事例

　子会社や関連会社といった関係会社（以下，本⒆においては単に「関係会社」という。）に対する投資を保有している場合に，主に親会社（または投資会社）の個別財務諸表において，当該投資に関連して将来発生すると見込まれる費用または損失に関連し，（関係会社）投資損失引当金，関係会社事業損失引当金，関係会社整理損失引当金，（関係会社）債務保証損失引当金といった引当金を計上する場合がある。

（2） 会計処理の考え方

① （関係会社）投資損失引当金

　金融商品会計基準を適用して減損処理の対象とはならなかった子会社株式および関連会社株式について，実質価額が著しく低下している状況ではないもののある程度低下した場合や，実質価額が著しく低下したものの回復可能性が見込めると判断し減損はしないが回復可能性のリスクに備える場合には，健全性の観点から投資損失引当金を計上することができる（投資損失引当金取扱い）。

　なお，投資損失引当金の具体的な内容および実務上のポイント等については前記「第Ⅰ部　第2章　日本の会計基準において定めがある主なもの　5　投資損失引当金」および「⑨　投資損失引当金」を参照のこと。

② 関係会社事業損失引当金

　関係会社の事業が赤字で当該会社が債務超過に陥っている場合には，現在保有している投資はもはや回収できないばかりでなく，仮に当該関係会社が清算する場合には，当該欠損部分について親会社が負担することが見込まれる。このような場合，親会社が将来負担する費用（損失）は，通常発生可能性が高いと考えられるため，金額を合理的に見積ることができる場合には引当金が計上

268　第Ⅱ部　引当金別　会計上の論点と実務ポイント

されることになる。また，関係会社の事業構造改革費用を親会社が負担する場合等，関係会社との間に事業に係る損失負担等の個別の契約がある場合や親会社が将来費用（損失）を負担すると考えられる場合には，引当金の要件を満たすことがあると考えられる。

③　関係会社整理損失引当金

　関係会社の解散または清算，持分の一部譲渡，関係会社での事業整理に伴う将来の費用（損失）を親会社が負担することが見込まれる場合に，その金額を合理的に見積ることができるときは，引当金の要件を満たすことになる。

④　（関係会社）債務保証損失引当金

　債務保証損失引当金の具体的な内容および実務上のポイント等については前記「第Ⅰ部 第2章 日本の会計基準において定めがある主なもの　7　債務保証損失引当金」および「18　債務保証損失引当金」を参照のこと。

　以下，本19では②関係会社事業損失引当金および③関係会社整理損失引当金について主に検討することとする。

2 ┃ 事例分析

　ここでは，2017年4月から2018年3月に決算を迎えた東証一部上場会社1,912社の有価証券報告書のうち，連結財務諸表もしくは個別財務諸表またはこれらの双方において「関係会社」または「子会社」を科目名に含む引当金を計上している会社（日本基準適用会社に限る。また，比較情報においてのみ計上されているケースを含まない。以下，本19において「対象会社」という。）122社を母集団として，開示事例分析を実施した結果を記載する。

　まず，図表Ⅱ-19-1では，対象会社における科目名を集計している。

（1）　会計方針の記載

①　関係会社事業損失引当金

　個別財務諸表に関係会社事業損失引当金を計上している84社は，いずれも関係会社事業損失引当金に係る会計方針を記載しているが，一般的な記載にとどまっているものが多く見られた。

図表Ⅱ－19－1	関係会社に関する引当金の科目名

分類	科目名	連結(社)	個別(社)(＊4)
① 関係会社投資 損失引当金およ び同種の引当金	関係会社投資損失引当金(＊1)	2	7
	関係会社投資等損失引当金	－	2
	小計	2	9
② 関係会社事業 損失引当金およ び同種の引当金	関係会社事業損失引当金(＊2)	13	84
	関係会社損失引当金(＊1)	1	6
	関係会社支援損失引当金	－	3
	子会社支援引当金	－	1
	関係会社船舶投資損失引当金	－	1
	関係会社用船契約損失引当金	－	1
	小計	14	96
③ 関係会社整理 損失引当金およ び同種の引当金	関係会社整理損失引当金(＊3)	12	13
	関係会社事業整理損失引当金	1	－
	小計	13	13
④ 関係会社債務 保証損失引当金	関係会社債務保証損失引当金	1	2
	小計	1	2
合計		30	120

（＊1） 連結財務諸表においてこれらの引当金を計上している会社は，すべて個別財務諸表
においても当該引当金を計上していた。
（＊2） 個別財務諸表のみ計上している会社が72社，連結財務諸表のみ計上している会社が
1社，双方ともに計上している会社が12社あった。
（＊3） 個別財務諸表のみ計上している会社が5社，連結財務諸表のみ計上している会社が
4社，双方ともに計上している会社が8社あった。
（＊4） 連結財務諸表および個別財務諸表の双方に当該引当金を計上している会社は，連
結・個別の列でそれぞれ1社とカウントしているため，連結の合計社数と個別の合計
社数の和が122に一致しない。

　会計方針の記載のうち，引当金の目的については，関係会社の事業の損失に
備えるとする例が72社，関係会社に対する投資等の損失に備えるとする例が5
社見られた。また，引当金の見積方法について，関係会社の財政状態を勘案し
て決定したとする記載が51社，関係会社に対する投資等の額を超えて負担する
額とした会社が24社あった。

270　第Ⅱ部　引当金別　会計上の論点と実務ポイント

　以下は，関係会社事業損失引当金の会計方針の記載についての開示例である。

会社名：住友林業㈱（2018年3月31日：有価証券報告書）

（重要な会計方針）
　　　　　　　　　　　　　　　〜略〜
　4．引当金の計上基準
　　　　　　　　　　　　　　　〜略〜
（6）　関係会社事業損失引当金
　　関係会社の事業に係る損失に備えるため，当該会社の財務状況等を勘案して，
損失見込額を計上しております。

---

②　関係会社整理損失引当金
　対象会社のうち，個別財務諸表における関係会社整理損失引当金に係る会計
方針の記載状況については，図表Ⅱ-19-2のとおりであった。

図表Ⅱ-19-2　関係会社整理損失引当金に係る会計方針の記載状況

引当金の計上方法に記載されている引当計上理由	会社数（社）
関係会社の整理に伴う損失に備えるため	7
関係会社の事業の整理に伴う損失に備えるため	3
清算に伴う損失に備えるため	2
関係会社への投資に対する損失に備えるため	1
合計	13

（2）　科目名

　図表Ⅱ-19-1で示したとおり，①関係会社投資損失引当金および同種の引
当金については関係会社投資損失引当金，②関係会社事業損失引当金および同
種の引当金については関係会社事業損失引当金，③関係会社整理損失引当金お
よび同種の引当金については関係会社整理損失引当金が過半数を占めている。
　金融庁より公表されている財務諸表本表タクソノミでは，関係会社に関する
引当金として，関係会社事業損失引当金および関係会社整理損失引当金が設定

されているため，これに沿った事例が多く見られる。

（3） 損益計算書表示区分

対象会社のうち，貸借対照表に関係会社事業損失引当金または関係会社整理損失引当金を計上している97社のうち，損益計算書に繰入額または引当対象となった損失が計上されていた会社は40社であった。このうち，特別損失の区分に計上している事例は30社あり，10社は営業外費用として計上していた。

また，科目名の分析結果としては，それぞれの引当金に係る繰入額として計上している事例が34社あり，残りの6社は引当対象の関係会社事業損失または関係会社整理損失として計上していた。

40社のうち，計上した引当金繰入額等について，損益計算書関係の注記を付している事例は5社あり，うち2社は引当対象となった損失の内容に関して定性的な記載を行っていた。

これらに加えて，関係会社事業損失として，関係会社に対する債権に係る貸倒引当金繰入額や，関係会社株式評価損，関係会社事業損失引当金繰入額等の内訳を注記により開示したうえで，損益計算書上は一括した費用科目を用いて表示している事例も3社あった。

対象会社のうち，貸借対照表に関係会社事業損失引当金または関係会社整理損失引当金を計上している会社97社のうち，損益計算書に引当金の戻入に関する利益を計上している会社は21社であった。そのうち特別利益の区分に計上している事例は16社あり，5社は営業外収益としていた。

いずれの会社も，引当金に対する戻入額の科目をもって計上しており，損益計算書関係の注記を付し，戻入の理由について開示している事例が1社あった。

3 会計処理等

（1） 計上（見積）方法

① 関係会社事業損失引当金

保有している投資金額または出資金額を超えて将来負担することとなる金額を見積るにあたり，以下のような考慮すべき事項があると考えられる。

272　第Ⅱ部　引当金別　会計上の論点と実務ポイント

> i　関係会社の損失に対する負担割合
> ii　関係会社の資産（負債）の含み損益等
> iii　関係会社に対する貸付金の有無
> iv　関係会社に対する債務保証の有無

i　関係会社の損失に対する負担割合

　関係会社が債務超過になった場合，会社が将来どの程度その損失を負担することになるかを検討する必要がある。

　関係会社事業損失引当金の計上対象が子会社である場合（子会社に係る損失について引当金を計上する場合）には，通常親会社が全額債務超過額について損失を負担することになると考えられるため，非支配株主が損失を負担する契約等がなければ，基本的に親会社は子会社の債務超過額全額について引当金を計上することになると考えられる。

　一方で，関連会社に係る損失を計上対象として引当金を計上する場合には，自社の持分割合に応じるなど，将来負担すると見込まれる金額を見積計上する。

　なお，関連会社といえども他の株主が個人株主である等の理由で，会社が当該関連会社の損失填補を行うと合理的に見込まれる場合には，その債務超過額について全額負担することも考えられる。

ii　関係会社の資産（負債）の含み損益等

　関係会社事業損失引当金の計上に際しては，対象となる関係会社の債務超過額を基本に要引当額を見積る。ただし，その際には，関係会社の貸借対照表に含まれる資産（負債）について，金銭債権（債務），棚卸資産および固定資産の含み損益等が債務超過額に適切に反映されているかどうかを考慮する必要がある。

iii　関係会社に対する貸付金の有無

　関係会社事業損失引当金の計上を検討する必要がある場合，親会社が関係会社に対して支援を目的とした貸付けを行っている場合も多い。このような場合，当該貸付金に対して貸倒引当金を計上していると考えられるため，関係会社事業損失引当金の見積りにあたっては，当該貸倒引当金の金額を控除する必要がある。なぜなら，親会社が当該会社を最終的に清算する際には，当該貸付金について債権放棄を行うと想定されることから，関係会社の事業に関して将来負

担すべき金額は貸倒引当金としてすでに担保されていると考えられるからである。

　よって，関係会社事業損失引当金の計上額は，関係会社で発生している債務超過金額から親会社で保有している貸付金額を控除した金額が上限となる。

　数値例を用いて整理すると，設例Ⅱ－19－1のように当該会社の債務超過額（80）が債権金額（100）を下回る場合には，関係会社に係る将来の損失負担は貸倒引当金として計上（80）され，関係会社事業損失引当金は計上されない。

設例Ⅱ－19－1　債務超過額＜貸付金額のケース

［前提条件］

① 　子会社の債務超過額は80である。

② 　債権金額は100である。

③ 　税効果会計は考慮しない。

④ 　親会社および子会社の貸借対照表（抜粋）は以下のとおりである。

子会社			親会社			
	（貸方）		（借方）		（貸方）	
	借入金	100	貸付金	100	関係会社事業損失引当金	0
			貸倒引当金	△80		
	純資産合計	△80				

［会計処理］

（ケース1）債務超過額＜貸付金額のケースの仕訳例：貸倒引当金の計上

（借）	貸倒引当金繰入額	（※）80	（貸）	貸 倒 引 当 金	（※）80

（※）　80…債務超過額（前提条件①参照）

（ケース2）債務超過額＜貸付金額のケースの仕訳例：関係会社事業損失引当金の計上

仕訳なし（※）

（※）　債務超過額＜貸付金額であるため，関係会社事業損失引当金は計上されない。

　一方で，設例Ⅱ－19－2のように債務超過額（250）が債権金額（100）を上回る場合には貸倒引当金（100）に加え，関係会社事業損失引当金（150）が計上されることになると考えられる。

274　第Ⅱ部　引当金別　会計上の論点と実務ポイント

設例Ⅱ-19-2　債務超過額＞貸付金額のケース

[前提条件]
① 子会社の債務超過額は250である。
② 債権金額は100である。
③ 税効果会計は考慮しない。
④ 親会社および子会社の貸借対照表（抜粋）は以下のとおりである。

子会社			親会社			
	（貸方）		（借方）		（貸方）	
	借入金	100	貸付金	100	関係会社事業	150
			貸倒引当金	△100	損失引当金	
	純資産合計	△250				

[会計処理]
（ケース1）債務超過額＞貸付金額のケースの仕訳例：貸倒引当金の計上

（借）	貸倒引当金繰入額	(※)100	（貸）	貸 倒 引 当 金	(※)100

（※）　100…子会社への債権金額（前提条件②参照）

（ケース2）債務超過額＞貸付金額のケースの仕訳例：関係会社事業損失引当
　　　　　金の計上

（借）	関 係 会 社 事 業 損失引当金繰入額	(※)150	（貸）	関係会社事業損失引当金	(※)150

（※）　150＝子会社の債務超過額250－①の貸倒引当金100

iv　関係会社に対する債務保証の有無

　関係会社が銀行等から受けている借入れについて，親会社と第三者がともに債務保証を行っている場合には，当該第三者の債務保証によって，親会社が将来負担すべき金額が減額される。また，親会社の債務保証分についても，債務保証損失引当金が計上されていれば，そちらでカバーされていることになる。

　したがって，関係会社の借入金について設定されている債務保証の金額についても，対応する引当金が計上されている場合には，関係会社事業損失引当金の見積額から控除する必要がある。

その他の考慮事項として，関係会社事業損失引当金の見積りにあたっては，関係会社から将来発生すると見込まれる事業損失は含まれないことに留意が必要である。

② 関係会社整理損失引当金

関係会社整理損失引当金については，関係会社の整理に伴って将来負担すると見込まれる額を計上することから，まずは関係会社を整理することにより，当該関係会社において損失がいくら発生するかを見積る必要がある。

その後，引当対象となる関係会社の費用（損失）について，どこまで負担することになるのか，関係会社事業損失引当金同様，損失負担の範囲について考慮する必要があると考えられる。

（2） 計上のタイミング

① 関係会社事業損失引当金

関係会社事業損失引当金は，通常当該関係会社の財務情報を入手して債務超過であることが判明し，貸付金や債務保証等を考慮したうえで当該関係会社に関連して将来費用（損失）を負担することが合理的に見込まれることになった時点（原則として，債務超過額のうち貸倒引当金および債務保証損失引当金によりカバーされていない部分があることが判明した時点）で計上することになる。

② 関係会社整理損失引当金

関係会社整理損失引当金の計上のタイミングについては，注解18の要件に照らして，整理損失の発生可能性が特に問題となると考えられる。

清算等を行う場合であれば，株主総会での決議が必要になるため，その時点で整理損失の発生可能性という要件を満たすと考えられる。

一方で，関係会社の取締役会で決議されるような，事業譲渡等やリストラクチャリングについては，整理損失の発生可能性という要件を満たすタイミングについて留意が必要である。特に，関連会社の場合には，他の主要株主の意思等も考慮しながら，整理損失の発生可能性について検討する必要があると考えられる。

（３） 繰入・戻入の会計処理

① 関係会社事業損失引当金

　関係会社事業損失引当金を戻し入れるケースとしては，実務上，以下のような場合が考えられる。

ⅰ　引当対象となっている関係会社等を清算する場合
ⅱ　関係会社に対して追加の資金注入をする場合
ⅲ　関係会社の財政状態が改善した場合

ⅰ　引当対象となっている関係会社等を清算する場合
　このケースは，引当計上していた損失が実際に発生する場合であることから，目的使用による取崩しを行う。
ⅱ　関係会社に対して追加の資金注入をする場合
　このケースは，親会社が貸付金を行うことにより将来の損失負担額が減少することから，関係会社事業損失引当金の要引当額が減少し，関係会社事業損失引当金の戻入（目的外取崩し）を行う。
　この場合，追加の貸付金については，親会社の財務諸表上貸倒引当金が計上されることから，表示上，貸倒引当金繰入額と関係会社事業損失引当金戻入額を相殺することが考えられる。
ⅲ　関係会社の財政状態が改善した場合
　このケースは，将来会社が負担するべき損失金額が減少した場合であるため，当該減少に従って引当金の戻入（目的外取崩し）を行う。

② 関係会社整理損失引当金

　関係会社整理損失引当金の戻入については，引当対象となっている関係会社の整理または事業の整理が実行された段階で実績額の取崩しが行われることになるので，それほど論点はないと考えられる。

4 ┃ 実務上のポイント

（1） 連結財務諸表での取扱い

① 関係会社事業損失引当金

　連結子会社の欠損（債務超過額）に対応し計上された関係会社事業損失引当金は，当該子会社の連結に際し全額戻入処理を行う。なぜなら，子会社の貸借対照表を連結することにより，子会社の欠損が反映されることになるからである。

　なお，非支配株主がいる場合であっても，子会社の欠損のうち，当該子会社に係る非支配株主持分に割り当てられる額が当該非支配株主の負担すべき額を超える場合には，当該超過額は，親会社の持分に負担させる処理を行うことにより（連結会計基準27項），将来の損失負担が連結財務諸表に反映される。

　関連会社の場合も同様で，関係会社事業損失引当金は連結に際して全額戻入処理を行う。そのうえで，将来負担すると考えられる費用（損失）の金額が投資および貸付金等の額を超える場合は，当該超過部分は「持分法適用に伴う負債」等適切な科目をもって負債の部に計上することになる（持分法実務指針21項）。

② 関係会社整理損失

　関係会社整理損失については，債務超過相当額に対して引き当てている部分を除き，連結財務諸表の作成段階でも関係会社事業損失引当金のように戻入はされない。なぜなら，関係会社整理損失引当金は，通常は親会社（または投資会社）が関係会社の整理に伴い将来負担することになる費用について計上するものであり，個別決算と連結決算で，計上方法や計上タイミングが異なるものではないためである。なお，債務超過相当額に対して引き当てている部分を除き，当該関係会社の財務諸表上で同一の費用（損失）に対して引当金を計上している場合には，連結に際して，関係会社における引当金の計上額を消去する必要がある。

（2） 負担する損失範囲の検討

　親会社において，関係会社事業損失引当金が計上される関係会社は，事業が赤字で資金繰りも厳しいことから，当該関係会社に対して親会社から資金を別

途貸し付けている場合や，通常の営業債権についても回収期日を遅延させることに合意している場合もある。また，引当対象会社の関係会社の借入金等について債務保証を行っている場合もあると考えられる。

このため，すでに述べたように貸倒引当金や債務保証損失引当金と併せて，計上の網羅性についての検討が必要である。

また，関連会社である場合には，将来会社が負担すべき損失の範囲や発生可能性にも十分検討が必要であり，実務上のポイントになると考えられる。

20 環境対策引当金

1 概要

(1) 具体的事例

環境対策引当金として，環境関連の法令等に基づいて，将来の環境対策の支出に備えるため，引当計上する実務が見られる。環境関連の法令に基づく環境対策には，ポリ塩化ビフェニル[1]（以下，本20において「PCB」という。）の処分対策，土壌汚染対策[2]，石綿予防対策[3]等がある。

また，法令により要求はされていないが，行政への確約や社会的な要請により自主的に実施する環境対策もあり，幅広い環境対策に備えて引当計上する実務が見られる。

(2) 会計処理の考え方

注解18における引当金の要件は，以下のとおりである。

---

1 2001年6月に「ポリ塩化ビフェニル廃棄物の適正な処理の推進に関する特別措置法」（以下，本20において「PCB特別措置法」という。）が施行され，PCB保管事業者は，2016年7月まで（その後2027年3月まで延長）に自ら処理するか，処理業者へ委託することが義務付けられ，同時に毎年国へ保管状況を届け出ることが義務付けられた。その後，PCB特別措置法が改正され，2016年8月に施行されたが，保管事業者に課された処理期限の前倒しや，PCB廃棄物だけでなく高濃度PCB使用製品に対しても新たに処分が義務付けられている。
2 土壌汚染対策法は，①有害物質使用特定施設の廃止時，②有害物質使用特定施設の廃止時，③都道府県知事が健康被害のおそれありと判断し調査命令を出した時に，土地所有者に土壌調査を義務付けている。当該の調査により汚染基準値を超過し，都道府県知事が健康被害のおそれありと判断し「要措置区域」に指定し，さらに土地所有者または汚染原因者に対して汚染除去等の措置の実施命令を出した時，土地浄化義務が発生する。
3 石綿障害予防規則等の法令により，自社所有の建物の建材等に使用されている石綿（アスベスト）は飛散防止措置や撤去工事が義務付けられている。義務履行時の石綿の飛散性レベルに応じて措置作業が異なる。

280　第Ⅱ部　引当金別　会計上の論点と実務ポイント

---

① 将来の特定の費用または損失であること
② その発生が当期以前の事象に起因するものであること
③ 発生の可能性が高いこと
④ 金額が合理的に見積可能なこと

---

　①将来予想される環境対策費用であり，②当該費用が土壌を汚染するなどの過去の操業やPCBの使用という過去の事象（債務発生事象）に起因しているような状況において，③発生の可能性が高いこと，および④その発生金額を合理的に見積ることができることという要件を充足するときは，環境対策引当金を計上することになる。

2 ┃ 事例分析

　ここでは，2017年4月から2018年3月に決算を迎えた東証一部上場会社1,912社の有価証券報告書のうち，連結財務諸表もしくは個別財務諸表またはこれらの双方において環境対策に係る引当金が計上されている会社（日本基準適用会社に限る。また，比較情報においてのみ計上されているケースを含む。以下，本20において「対象会社」という。）178社を母集団として，開示事例分析を実施した結果を記載する。

　なお，連結財務諸表および個別財務諸表の双方に計上しているケースは，1社としてカウントしている。

（1）　会計方針の記載

　対象会社の会計方針の記載を分析した結果は，図表Ⅱ-20-1のとおりである。

　ここからは，一般的な記載をしている会社を除き，会計方針の記載から，PCB等の有害物質の処分関連費用や，土壌改良工事・土壌汚染拡散防止工事等の土壌関連費用等の具体的な環境対策の内容が読み取れる。また，環境対策に係る引当金の多くは，PCB処理に関する引当であることがわかる。

20　環境対策引当金　281

図表Ⅱ-20-1	環境対策に係る引当金の会計方針の分析

会計方針の記載	会社数（社）(*)
PCB処理費用に関する引当と記載	117
環境対策目的に関する引当と記載（一般的な表現）	35
土壌汚染処理費用等に関する引当と記載	20
炭鉱の環境整備費用に関する引当と記載	3
石綿除去費用に関する引当と記載	1
その他	5
合計	181

（＊）　同一の会社において複数の環境対策に関して記載している場合は，環境対策ごとに1
　　　社とカウントしている。

　土壌汚染対策とPCB処理費用を含めた環境対策引当金に関する会計方針の
記載として，以下の開示事例が見られた。

会社名：コスモエネルギーホールディングス㈱（2018年3月31日：有価証券報
告書）

【注記事項】
（連結財務諸表作成のための基本となる重要な事項）
　　　　　　　　　　　　　　　～略～
（4）　重要な引当金の計上基準
　　　　　　　　　　　　　　　～略～
④　環境対策引当金
　汚染された土壌の処理費用の支出に備えるため，その見積り額を計上してお
ります。
　また，「ポリ塩化ビフェニル廃棄物の適正な処理の推進に関する特別措置法」
に基づき，PCB廃棄物の処理費用等の支出に備えるため，その見積り額を計上
しております。

282　第Ⅱ部　引当金別　会計上の論点と実務ポイント

（2）　科目名

　対象会社における科目名は，図表Ⅱ-20-2のとおりである。

図表Ⅱ-20-2　環境対策に係る引当金の科目名[*]	
科目名	会社数（社）
環境対策引当金	166
環境安全対策引当金	7
環境対策費用引当金	2
環境安全整備引当金	1
環境整備費引当金	1
環境費用引当金	1
合計	178

（*）　環境対策に係る引当金として「環境」と付された引当金を対象としている。

　環境対策引当金として，PCB処理関連費用や土壌改良工事等の環境関連費用を含めて計上されているのが一般的であり，PCB処理引当金やアスベスト対策引当金のように具体的な内容を示す科目で開示している事例も見られた。なお，対象会社を調査した結果，PCB処理費用に関して，PCBに係る費用に対して計上していることがわかる科目で開示している会社は，PCB処理引当金4社，PCB廃棄物処理費用引当金4社，PCB対策引当金2社，PCB廃棄物処理引当金1社であった。また，アスベスト対策引当金を計上している会社は1社であった。

　また，流動・固定区分については，環境対策やPCB処分は長期にわたるため，対象会社のうち，固定負債に掲記している会社が173社と多かったが，流動区分に表示している会社も42社あった。同一の会社で，流動負債と固定負債の双方に表示している会社は37社であった。

（3）　損益計算書表示区分

　連結損益計算書もしくは損益計算書の本表またはこれらに関する注記から表

示区分を定量的に集計することはできなかったが，対象会社において，特別損失として表示している事例，営業外費用として表示している事例，見積差額を特別利益として表示している事例が見られた。

3 ┃ 会計処理等

（1） 計算（見積）方法

将来の環境対策費用の測定方法としては，以下の方法が考えられる。

- ●外部業者や社内管理部門により個別の見積りを行う方法
- ●過去の実績に基づき見積る方法（容積当たりの掘削単価や土壌処分単価等）
- ●過去の実績に個別の見積りを加味して見積る方法

PCB処理に関しては，現在，中間貯蔵・環境安全事業㈱（以下「JESCO」という。）のみが，高濃度PCBの処理を受託しており，全国一律の処理単価を公表している。保管事業者は，国への届出の際にトランスやコンデンサ等のPCB保管数量を把握しているため，当該処理単価と保管数量により処理費用を見積ることができる。なお，処理単価には，処理施設までの収集運搬費用が含まれていないため，運搬費用も含める必要がある。

土壌処理対策費用や石綿撤去費用等については，外部の専門業者へ見積りを依頼し個別に見積ることが想定される。また，過去に自社において土壌対策工事を実施した実績がある場合は，過去の土壌汚染工事における容積当たりの掘削単価や土壌処分単価等を用いて，個別の要素を加味して算定する方法が想定される。

（2） 計上のタイミング

法令等の制定あるいは改正時点や自主的な義務の発生時点に債務を認識する。自主的な義務は，行政に対して汚染浄化を確約した時点や，土地の売却の意思決定時点等のように債務を受け入れた時点に認識する。

（3） 繰入・戻入の会計処理

引当金の計上の要件を満たした時に引当金繰入額を計上し，実際に環境対策

284　第Ⅱ部　引当金別　会計上の論点と実務ポイント

工事が完了した時点やPCB処分の完了報告を受けた時点で目的取崩しを行う。

　その後は，土壌対策工事の進捗状況や処分単価の変更がないか確認し，合理的な見積金額となっているか毎期見直しを行う。

4 ┃ 実務上のポイント

（1）　資産除去債務との関係

①　PCB処分費用

　PCB特別措置法により義務付けられているPCBを含有し，かつ，現在使用しているコンデンサやトランス等の除去費用は，有形固定資産の除去と同時に処理する場合は，資産除去債務として認識する。一方，有形固定資産の除去前に処理する場合は引当金または未払金（以下，本20において「引当金等」という。）として認識すると考えられる。

　また，資産除去債務会計基準適用時において，PCBを含有している有形固定資産（コンデンサやトランス等）の使用がすでに終わっており，処理待ちのため保管しているこれらの処分費用も，引当金等として認識すると考えられる。

②　土壌汚染や土壌改良に対する費用

　土壌汚染対策法等で義務付けられている有害物質使用特定施設の廃止時の土壌調査費用や土地浄化費用は，建物等の解体や撤去を伴う場合は資産除去債務として認識する。一方，建物等の解体や撤去の除去を伴わない場合や，関連する建物等が解体済みの場合は，引当金等として認識すると考えられる。

　法的な土壌浄化義務はないが，汚染浄化義務等を行政や地域住民等へコミットしており，外部者が当該責務を企業が果たすことを当然に期待する場合[4]には，法的な義務がないため資産除去債務として計上することにはならないが，損失の発生の可能性が高く，金額を合理的に見積ることができる場合には，引当金等として認識すると考えられる（引当金研究資料2(7)【ケース17】(b)）。

　4　土壌汚染対策は，法令により要求される浄化義務が限定的であることから，自主的に浄化義務を認識する場合が多いと想定される。

③ 石綿（アスベスト）

建物解体前に実施する飛散防止措置に係る費用や撤去処理に係る費用，すなわち固定資産使用中に実施する環境修復や修繕は，資産除去債務の計上の対象外であり（資産除去債務会計基準24項），引当金等として認識する。

一方，建物解体時に実施する撤去に係る費用は，法的な義務がある場合，資産除去債務として認識すると考えられる[5]。

（2） 微量 PCB の取扱い

微量 PCB は，従来は処理方法が定められていなかったが，2009年11月施行の改正「廃棄物の処理及び清掃に関する法律」により，環境大臣が認定した業者が処理を行えるようになり，無害化処理の認定制度が整備された。施行時点では，認定された業者がない状況であったが，現在認定される業者が増えてきており，処理単価もある程度収斂してきたことから，金額の見積りが可能になったと判断し，引当金計上する事例も見られる。

（3） PCB 処理期限の延期による税効果会計上の取扱い

「ポリ塩化ビフェニル廃棄物の適正な処理の推進に関する特別措置法施行令の一部を改正する政令」が2012年12月12日に公布・施行され，PCB 廃棄物の処理期限が2016年7月から2027年3月まで延長された。

このため，PCB 処分費用を税務上加算したことにより生ずる将来減算一時差異について，税効果会計の適用において延長前の期限に基づきスケジューリング可能な一時差異として取り扱っている場合は，スケジューリングを見直す必要がある。

（4） PCB 処理の中小企業者等軽減制度の取扱い

中小企業が保有する PCB 処分費用については，一定の要件を満たす場合，PCB 廃棄物処理基金からの助成および国からの国庫補助金による軽減措置として，処理単価の減額（70%）を受けることができる中小企業者等軽減制度がある。本制度の適用を希望する企業は，前記の JESCO へ適用申請を行い，JESCO より適用要件を満たす旨の通知の到着後，期限内（本通知到着後90日

---

5 建物の解体時期が明確でないため，除去費用の総額を環境対策引当金として計上する事例も見られる。

286　第Ⅱ部　引当金別　会計上の論点と実務ポイント

以内）に廃棄物処理委託契約を締結した後，軽減額が確定する。

　本制度の適用を受ける企業がPCB保管数量にJESCO処理単価を乗じて引当金を計上している場合，引当額の見直しのタイミングとして，以下の時点が考えられる。

- ●通知到着時：軽減制度が適用される可能性も引当額の見積りに含まれると考え，軽減制度が適用される可能性が高いと判断された場合には，軽減制度の適用が確定していなくても，引当金の見積額の見直しを行う。
- ●契約締結時：当該軽減措置はPCB廃棄物処理基金からの助成および国からの国庫補助金である点を踏まえ，助成金および補助金を収受したと考えられる軽減額が確定した時点で，引当金の見積額の見直しを行う。

---

21 リサイクル費用引当金

1 概要

（1） 具体的事例

リサイクル制度に基づき，リサイクル費用引当金として，販売した製品の回収時に会社が負担するリサイクル費用の将来発生見込額を引当金として計上する実務が見られる。リサイクル制度には，法的な義務である PC リサイクル制度[1]や自主的な取組みである二輪車リサイクルシステム[2]がある（引当金研究資料2(7)【ケース18】(a)参照）。

なお，再資源化燃料用廃プラスチックに係る移送・保管等の支出に備える再資源化費用引当金や電力業界に見られる使用済燃料再処理等引当金を計上する実務もあるが，本21では対象外としている。

---

[1] 2003年10月1日より，2000年改正の「資源の有効な利用の促進に関する法律」に基づく2003年改正の「パーソナルコンピュータの製造等の事業を行う者の使用済パーソナルコンピュータの自主回収及び再資源化に関する判断の基準となるべき事項を定める省令」が施行され，制度施行以降に販売された家庭向けパソコンについては，原則として各メーカーが，不要となった家庭用パソコンを無償でリサイクルすることが義務付けられた。なお，制度施行以前に販売されたパソコンは有償リサイクルとなる。家庭用パソコンには，パソコン本体だけでなく，CRT および液晶ディスプレイも含まれる。

[2] 二輪車リサイクルシステムは，二輪車のリサイクルを促進し，循環型社会の実現をめざす自主的な取組みである。二輪車リサイクルシステム参加事業者は，2004年10月からの制度運営の開始に伴い，メーカー希望小売価格にリサイクル費用の一部を含んだ車両を販売し，廃棄時に新たなに費用を徴収することなくリサイクルを実施する。当初，当該制度運営開始以前に販売された車両は，販売価格に処理再資源化費用を含んでいないことから，有償リサイクルであった。なお，2011年10月から，制度運用開始以前に販売されたリサイクルマーク無の車両についても，新たな費用を徴収することなくリサイクルが実施されるように見直されている。

288　第Ⅱ部　引当金別　会計上の論点と実務ポイント

（2）　会計処理の考え方

　注解18における引当金の要件は，以下のとおりである。

---
①　将来の特定の費用または損失であること
②　その発生が当期以前の事象に起因するものであること
③　発生の可能性が高いこと
④　金額が合理的に見積可能なこと
---

　①法律や自主規制に基づく将来予想されるリサイクル費用であり，②将来リサイクルが必要となる製品の販売という事象に起因しており，③過去の実績から，発生の可能性が高いこと，および④その発生金額を合理的に見積ることができることの要件を充足する時は，リサイクル費用引当金を計上することになる。

　将来発生が予想されるリサイクル費用を製品販売時に認識することにより，費用と収益の合理的な対応を図ることができる。なお，引当金の測定にあたり，リサイクル対象となる製品の販売価格にリサイクル費用が含まれているため，メーカーが実質的に負担する費用として，将来予想されるリサイクル費用から販売価格に含まれる消費者が負担するリサイクル費用を控除した額を引当計上することが考えられる。この場合，消費者から徴収した料金は，売上高から控除し，将来のリサイクル費用支出時まで預り金として計上することが考えられる（引当金研究資料2(7)【ケース18】(b)参照）。

　しかし，実際の回収率が低く，販売価格に占めるリサイクル費用の割合が小さく，かつ，消費者に比べメーカーが費用負担する割合が大きい状況においては，売上高から控除するのではなく，消費者が負担するリサイクル費用も含め，将来予想されるリサイクル費用全額を，売上原価あるいは販売費及び一般管理費として処理する方法も実務上は考えられる。

2 ┃ 事例分析

　ここでは，2017年4月から2018年3月までに決算を迎えた東証一部上場会社1,912社の有価証券報告書のうち，連結財務諸表もしくは個別財務諸表またはこれらの双方においてリサイクル関連の引当金を計上している会社（日本基準

適用会社に限る。また，比較情報においてのみ計上されているケースを含む。以下，本21において「対象会社」という。）4社を母集団として，開示事例分析を実施した結果を記載する。なお，連結財務諸表および個別財務諸表の双方に計上しているケースは，1社としてカウントしている。

　また，対象会社のうち，PCリサイクルに係る引当金を計上している会社は3社，二輪車リサイクルに係る引当金を計上している会社は1社であった。

（1）会計方針の記載

　対象会社の会計方針の記載を分析した結果，対象会社のすべての会社が，市場保有台数，売上台数等の算定基準を記載していた。

　なお，会計方針の記載に関して，以下のような開示事例が見られた。

会社名：スズキ㈱（2018年3月31日：有価証券報告書）

【注記事項】
（重要な会計方針）

〜略〜

4　引当金の計上基準

〜略〜

（8）リサイクル引当金
　当社製品のリサイクル費用に備えるため，市場保有台数等に基づいてリサイクル費用見込額を計上しています。

会社名：EIZO㈱（2018年3月31日：有価証券報告書）

【注記事項】
（重要な会計方針）

〜略〜

6　引当金の計上基準

〜略〜

（6）リサイクル費用引当金
　リサイクル対象製品等の回収及び再資源化の費用支出に充てるため，売上台数を基準として費用発生見込額を計上しております。

290　第Ⅱ部　引当金別　会計上の論点と実務ポイント

（2）　科目名

　対象会社における引当金の科目名は，図表Ⅱ－21－1のとおりである。

　また，連結貸借対照表または貸借対照表上の表示区分については，4社すべてが固定負債に表示していた。これは，1年内にその一部の金額の使用が見込まれるものであっても，1年内に使用額を正確に算定できないため，その全額を固定負債として表示しているものと思われる（連結財規ガイドライン38－1－5，財規ガイドライン52－1－6）。

図表Ⅱ－21－1　リサイクル関連の引当金の科目名		
科目名	業種	会社数（社）
リサイクル費用引当金	電気機器	3
リサイクル引当金	輸送用機器	1
合計		4

（3）　損益計算書表示区分

　対象会社のうち，連結損益計算書または損益計算書に関する注記から表示区分を読み取れる事例は少なかったが，引当金繰入額を販売費及び一般管理費として表示する事例が二輪車メーカーにおいて見られた。

3 ┃ 会計処理等

（1）　計算（見積）方法

　将来発生が見込まれるリサイクル費用の見積方法として，たとえば，以下の算定方法が考えられる。

> 引当金＝販売台数×1台当たりのリサイクルコスト×リサイクル回収率

　販売台数は，販売システムより製品カテゴリごとに集計することが想定される。また，1台当たりのリサイクルコストは，外部委託先への処分単価を使用することが考えられる。会社が製品の回収費用を負担する場合は，1台当たり

の物流費用も含める。

リサイクル回収率の見積りにあたり，引当対象期間を設定し，引当対象期間末日における回収率を見積る。その際，引当対象期間内の各年度の回収率をもとに，引当対象期間末日の累積回収率を算定することが考えられる。その際，業界の平均回収率や自社の無償リサイクル実績等を考慮し，将来の回収率を合理的に見積る必要がある。リサイクル制度開始直後のように無償リサイクルの回収実績がない状況では，業界団体が実施するアンケートや有償リサイクルの回収実績を考慮し，将来の回収率を見積ることが考えられる。

（2） 計上のタイミング

将来リサイクルが必要となるパソコンや二輪車等の販売時に引当金を認識することになる。

（3） 繰入・戻入の会計処理

パソコンや二輪車等の販売時に引当金繰入額を計上する。また，外部委託先のリサイクル工場等でリサイクルが完了し，リサイクル費用の請求を受けた時点で目的取崩しを行う。引当対象期間を経過した場合，未使用の引当残高について目的外取崩しを行う。また，引当対象期間における回収スケジュールに応じて，毎期目的外取崩しを行う場合も考えられる。

引当金計上後は，実績回収率を確認し，想定回収率が実態に即しているか把握し，引当金残高が適正であるかを確認する必要がある。

4 ┃ 実務上のポイント

（1） 回収率の見直し

2013年4月1日より，「使用済小型電子機器等の再資源化の促進に関する法律」（小型家電リサイクル法）が施行され，従前のメーカーのみが行っていた使用済み家庭用パソコンの回収処分を，自治体や認定事業者（家電量販店等）も行えるようになり，回収ルートが2つに拡大した。このため，メーカーによる回収率は従来より低下することが見込まれ，同法施行を踏まえて回収率を見直すケースも想定される。

この点，PCリサイクル費用引当金を計上している会社数は，2012年4月か

292 第Ⅱ部 引当金別 会計上の論点と実務ポイント

ら2013年3月に決算を迎えた東証一部上場会社を対象とした本書初版執筆時の調査における6社から3社に減少している。これは，回収率が低下したことに伴い，PCリサイクル費用引当金の金額的重要性が低下したことも要因として考えられる。

（2） 税効果会計上の取扱い

税務上は，リサイクル費用を引当計上した時点では損金と認められず，外部委託先よりリサイクル費用の請求を受けるなどした事業年度に損金として認められる。このため，会計上費用認識される時点と税務上損金算入される時点が異なり，一時差異が発生する。当該一時差異のスケジューリングについては，販売後の製品が使用済みとなり委託業者に回収され，リサイクルが実施される時期を予測することは通常難しく，スケジュール不能な一時差異として取り扱われることが考えられる。

22 事業構造改善引当金

1 概要

（1） 具体的事例

　企業が行うリストラクチャリングの手法として，企業会計基準委員会の作成した「リストラクチャリングに関連する会計処理の調査・検討」[1]では，以下のような例を挙げている。

- ●事業の整理（譲渡，統合，撤退等）や子会社の整理（売却，清算等）
- ●事業所の統廃合，工場の閉鎖および縮小，不採算店舗の閉鎖
- ●従業員の配置転換，子会社等への転籍，希望退職者の募集

　このような事業構造改善に伴って発生する一連の費用または損失のうち引当金の要件を満たすと考えられるもので，明瞭性の観点などから事業構造改善に係る一連の費用・損失の見込額を一括して表示することが妥当であると判断された場合には，リストラクチャリングに係る引当金（以下，後記「2 事例分析」を除き，本22において「事業構造改善引当金」という。）が計上される場合がある。

（2） 会計処理の考え方

　リストラクチャリングにより，以下のような費用または損失が発生することが考えられる。

（個別の会計基準で直接定められている項目）
- ●事業が保有している棚卸資産の評価損または廃棄損
- ●固定資産除却損（解体費用を含む。）または売却損
- ●賃貸借契約に基づく原状回復費用
- ●リストラクチャリングに伴う早期割増退職金

1　2014年7月10日開催　第21回基準諮問会議　資料(1)－3

294　第Ⅱ部　引当金別　会計上の論点と実務ポイント

- ●子会社のリストラクチャリングに伴う子会社株式の評価損

（上記以外の項目）
- ●移転費用
- ●賃貸借契約に基づく中途解約違約金，解約不能期間の家賃
- ●リース契約に基づく中途解約違約金（規定損害金）
- ●入居しているテナントに対する営業補償費用
- ●リストラクチャリングの対象拠点に従事している人員整理に係る費用（上記の割増退職金を除く。）

①　個別の会計基準で直接定められている項目

　リストラクチャリングに伴い発生する費用または損失のうち，特定の会計基準によってその処理が明示的に定められている項目については，当該会計基準を適用して会計処理を行い，表示することが原則である。

　列挙した費用または損失のうち，棚卸資産の評価損または廃棄損，固定資産除却損または売却損および賃貸借契約に基づく原状回復費用は，それぞれ個別に関連する会計基準があることから，一義的には事業構造改善引当金の引当対象には含まれないと考えられる。

　たとえば，原状回復費用であれば資産除去債務会計基準に従って資産除去債務として計上される。また，固定資産除却損についてはリストラクチャリングによる除却が決定した時点で，耐用年数の見積りを変更すべきかどうかや減損会計基準に従って減損損失を認識すべきかどうかが検討されることになる。さらに，棚卸資産の評価損または廃棄損については，棚卸資産会計基準に基づいて棚卸資産の収益性の低下による簿価切下額を財務諸表に反映することになる。

　なお，リストラクチャリングに伴う割増退職金については，退職給付適用指針第10項の定めに従い会計処理されることになるが，当該項目については，後記「24 リストラクチャリングに係る割増退職金に関する引当金」で取り扱うため本22では対象としない。

　また，子会社の整理に関して発生する子会社株式の評価損は，金融商品会計基準に従い処理されるが，このほか，子会社の整理に関して，親会社が追加的に負担することになる費用については，前記「19 関係会社に関する引当金」で取り扱う。

② 移転費用

移転費用について，その発生の原因となる事象は，あくまで移転の実行により財またはサービスの提供を受けた時点で発生し，その時点で債務を負うものであり，意思決定や契約により債務を負う性質のものではない（引当金論点整理42項(3)参照）。

このため，取締役会等でリストラクチャリングの一環として移転の決議をし，業務請負契約を締結していたとしても，移転がまだ行われていない場合，注解18の要件に照らして費用の発生が当期以前の事象に起因しているとは判断されない。一般的に，将来の移転費用について，意思決定や契約の時点で引当金の認識要件を満たしている場合は多くないものと考えられる（引当金研究資料2(8)【ケース20】(b)参照）。

③ 契約に基づく解約違約金，テナント営業補償金等

これらの項目については，後記「23 店舗閉鎖損失引当金・移転費用引当金・本社移転損失引当金等」で取り扱うため本22では対象としない。

④ 一括表示

個別の会計基準では直接定められていない項目のうち，発生の可能性が高く，その金額を合理的に見積ることができる場合には事業構造改善引当金を認識する場合がある。

また，リストラクチャリングに関連する引当金については，リストラクチャリングそのものに明確な定義がないことから，その実施に関連して発生する費用または損失のうちどのようなものが引当対象となるかが実務上問題となる。

なお，リストラクチャリングとして，複数の施策が実行されることが多いため，個別に基準で定められている項目も併せて，一括して事業構造改善引当金として計上されることも実務では行われている。

2 ▌事例分析

ここでは，2017年4月から2018年3月に決算を迎えた東証一部上場会社1,912社の有価証券報告書のうち，連結財務諸表もしくは個別財務諸表またはこれらの双方において，リストラクチャリングに関連する引当金を計上している会社[2]（日本基準適用会社に限る。また，比較情報においてのみ計上しているケー

296　第Ⅱ部　引当金別　会計上の論点と実務ポイント

| 図表Ⅱ-22-1 | リストラクチャリングに関連する引当金の科目名 |

科目名	会社数（社）
事業構造改善引当金	28
事業整理損失引当金	15
事業撤退損失引当金	4
事業構造改革引当金	3
事業再編関連損失引当金	2
事業再編損失引当金	2
開発・生産拠点再構築関連引当金	1
機能別再編関連費用引当金	1
工場再編損失引当金	1
構造改革関連費用引当金	1
構造改革費用引当金	1
事業構造改革損失引当金	1
事業構造再編費用引当金	1
事業再構築引当金	1
事業再編引当金	1
事業再編関連引当金	1
事業再編整理損失引当金	1
事業終了損失引当金	1
整理損失引当金	1
合計（＊）	67

（＊）　事業構造改善について，2つの科目で引当金を計上している会社があるため，母集団
　　　の会社数と，合計の会社数が一致しない。

スを含まない。）66社を母集団として開示事例分析を実施した結果を記載する。
　なお，連結財務諸表と個別財務諸表のいずれにも計上している会社について
は，1社としてカウントしている。

2　科目名や会計方針の記載より，該当すると思われる引当金を個別に抽出している。

まず，リストラクチャリングに関連する引当金を計上している会社66社における科目名は，図表Ⅱ－22－1のとおりであった（後記「23 店舗閉鎖損失引当金・移転費用引当金・本社移転損失引当金等」に記載する事例は除く。）。

（1） 会計方針の記載

　連結財務諸表もしくは個別財務諸表またはこれらの双方に事業構造改善引当金または事業整理損失引当金を計上している会社（以下，本22において「対象会社」という。）のうち，「連結財務諸表作成のための基本となる重要な事項」または「重要な会計方針」において，会計方針の記載を行っていた事例は42社であった。このうち，将来支出が見込まれる損失に備えるため，損失見積額を計上しているという一般的な記載を行っている事例が30社，一般的な記載に加えて，会社，工場，事業といった事業構造改善を行った具体的な対象を記載している事例が3社，また，生産体制の見直し，事業整理，人員の適正化等，費用発生要因となった事象を一般的な記載に加えて注記している事例が7社，具体的な対象と費用発生要因となった事象の両方を記載している会社が2社あった。

　以下は，会計方針の記載についての開示例である。

会社名：コスモエネルギーホールディングス㈱（2018年3月31日：有価証券報告書）

（連結財務諸表作成のための基本となる重要な事項）
～略～

　4．会計方針に関する事項
～略～

（4） 重要な引当金の計上基準
～略～

③ 事業構造改善引当金
　連結子会社コスモ石油㈱が保有する製油所の閉鎖及び製油所の稼働に係る法対応等に伴い将来発生が見込まれる費用又は損失に備えるため，その見積り額を計上しております。

298　第Ⅱ部　引当金別　会計上の論点と実務ポイント

会社名：東ソー㈱（2018年3月31日：有価証券報告書）

（連結財務諸表作成のための基本となる重要な事項）
　　　　　　　　　　　　　　～略～
　4．会計方針に関する事項
　　　　　　　　　　　　　　～略～
　（3）　重要な引当金の計上基準
　　　　　　　　　　　　　　～略～
　⒟　事業整理損失引当金
　　工場閉鎖及び跡地整備等事業整理に伴い発生することとなる損失に備えるため，当該損失見積額を計上しております。

（2）　科目名

　前記図表Ⅱ-22-1で示したとおり，引当金の科目名としては，金融庁より公表されている財務諸表本表タクソノミに設定されている事業構造改善引当金または事業整理損失引当金の科目を使用している事例が多かったが，類似の科目名の使用例も幅広く見られた。

　金融庁が公表している「報告項目及び勘定科目の取扱いに関するガイドライン」Q2にも記載されているとおり，会社は，その財政状態等を適切に表示できる範囲において，財務諸表本表タクソノミに設定されている勘定科目を用いることとされており，使用したい勘定科目が財務諸表本表タクソノミに設定されている勘定科目よりも狭い意味の場合であっても，財務諸表本表タクソノミの勘定科目を用いたうえで，さらに内容の注記を付す等により，使用したい勘定科目の性質を示すこととされている。

　すなわち，財務諸表本表タクソノミに設定のない科目を使用する場合というのは，財務諸表本表タクソノミの勘定科目に合わせることにより，会社の財政状態，経営成績およびキャッシュ・フローの状況を適切に表示できない場合に限定されていることに留意する必要がある。

（3）　損益計算書表示区分

　対象会社のうち，連結損益計算書または損益計算書に引当金に関する費用を計上している会社は17社で，すべての会社が特別損失として計上していた。

　このうち，引当金繰入額の名称で計上している会社は5社，関連する費用項

目の名称（たとえば構造改善費用など）をもって計上している会社は12社であった。

17社のうち，（連結）損益計算書関係の注記を記載している会社は14社あり，そのうち7社は主要な内訳およびその金額的影響を記載していた。さらに2社については減損会計基準で要求されている注記事項をあわせて記載していた。

金額の内訳等はなく定性的な情報のみ記載している事例は7社であった。

3 会計処理等

（1） 計算（見積）方法

事業構造改善引当金の見積りを行う際に論点となるのは，どのような費用（損失）が事業構造改善引当金の引当対象の範囲に含まれるかという点である。

また，そもそも企業は継続して事業改善，業務効率化を行う存在であることを考えると，事業構造改善費用を原則として特別損失に計上することが妥当であるか，という点についてもリストラクチャリングから生じる一連の費用・損失が財務諸表全体に与える影響を考慮して十分に検討する必要がある。

なお，個別具体的な見積方法については，後記「23 店舗閉鎖損失引当金・移転費用引当金・本社移転損失引当金等」および「24 リストラクチャリングに係る割増退職金に関する引当金」を参照のこと。

（2） 計上のタイミング

事業構造改善引当金を，取締役会の決議をもって計上している場合も実務上多いと考えられるが，前記「（1）計算（見積）方法」における記載と同様に，計上のタイミングについても，引当対象となっている各費用・損失が期末時点（たとえば，決議後の時点）で引当金の認識要件を満たしているか，それぞれ要素別に発生の可能性や見積りの合理性について慎重に判断することが必要である。

要素別の判断の参考として，前出の「リストラクチャリングに関連する会計処理の調査・検討」では，事業の整理により発生すると見込まれる典型的な施策の費用認識のタイミングについて，次のとおり触れている。

工場や店舗等の固定資産の除売却損については，機関決定により減損の兆候があると考えられることから，通常は機関決定時に減損損失が計上されるとし

300　第Ⅱ部　引当金別　会計上の論点と実務ポイント

ている。

　また，棚卸資産の処分については，機関決定により処分見込みの棚卸資産となることから，通常は機関決定時に帳簿価額の切下げの検討が必要となるとしている。

　これ以外に，リース物件の中途解約による損失および希望退職の実施による早期割増退職金についても触れられているが，これらについてはそれぞれ後記「23　店舗閉鎖損失引当金・移転費用引当金・本社移転損失引当金等」および「24　リストラクチャリングに係る割増退職金に関する引当金」で取り扱う。

（3）　繰入・戻入の会計処理

　事業構造改善引当金は，その計上の要件を満たした段階で繰り入れられる。

　また，いったん計上した事業構造改善引当金は，実際の支出に応じて取崩しを行うのみであり，それほど論点はない。

　なお，対象となる構造改革が終了し，見積と実績の間に差額が発生して引当金を取り崩す際には，事業構造改善費用または事業構造改善引当金戻入額として当該差額を計上する。

4┃実務上のポイント

（1）　他の基準で定められている項目を含める場合

　本来，事業構造改善引当金およびそれに対応する損益計算書の科目は，企業が行うリストラクチャリングによって複合的に発生する将来の損失を一括して1つの科目として表示したほうが財務諸表利用者にとっての明瞭性に資するなどと判断して使用されるものであるため，他の基準で別途要求されている注記内容がある場合には比較可能性を担保する観点から，それらも漏れなく開示されるべきと考えられる。

　たとえば，固定資産の減損損失であれば，減損損失を認識した資産，減損損失の認識に至った経緯，減損損失の金額，資産のグルーピングの方法，回収可能価額の算定方法等の事項について注記する必要がある。

（2）　引当金の対象範囲

　事業構造改善引当金については，どのようなものが引当対象となるかが実務

上問題となり，個別の事例ごとに実態に応じた判断を要する。

　特に，在外子会社等で発生するものについては，その内容を要素別で把握し，引当金の要件を満たしているか，臨時損益としての性質・影響を有しているかという観点から慎重に検討し，適切な計上金額を見積ることが必要である。

　また，引当金の網羅性という観点から，海外での事業所・拠点の閉鎖においては国ごとに特有の法的な要請や労働者保護に関連した商慣行等について十分考慮されているかという点に留意する必要がある。

302　第Ⅱ部　引当金別　会計上の論点と実務ポイント

23　店舗閉鎖損失引当金・移転費用引当金・本社移転損失引当金等

1┃概要

（1）　具体的事例

　リストラクチャリングの一環として，本社，事業所，工場および店舗等の移転または閉鎖等を行うことがある。また，小売業界に属する会社が，スクラップ・アンド・ビルドの一環として，変化する地域のニーズに対して適合性が低下した立地や店舗規模，店舗構造，あるいは設備，業態などビジネスの最適化を図るために，収益性の悪化した店舗を閉鎖することは一般的であると考えられる。このような移転または閉鎖に伴って発生するオフィスの賃貸解約違約金等の店舗閉鎖や本社移転等に伴い発生する損失に係る引当金が計上されることがある。

（2）　会計処理の考え方

　本社の移転，店舗の閉鎖等を行う場合には，前記「22 事業構造改善引当金　1　概要（2）会計処理の考え方」で記載したとおり，賃貸借契約に基づいて解約違約金や解約不能期間に対する賃借料を支払うことがある。また，リース契約についても同様の費用・損失が生じる場合がある。さらに，店舗にテナントを有する場合には，契約に基づいて営業補償金を支払う場合がある。これらの将来の費用・損失について，契約の解約条項を満たすような事象がすでに発生している場合で，金額を合理的に見積ることが可能であれば，引当金として認識することになる。

2┃事例分析

　ここでは，2017年4月から2018年3月に決算を迎えた東証一部上場会社1,912社の有価証券報告書のうち，連結財務諸表もしくは財務諸表またはこれらの双方において，店舗閉鎖や本社移転に関連する引当金を計上している会社（日本基準適用会社に限る。また，比較情報においてのみ計上されているケースを含

23　店舗閉鎖損失引当金・移転費用引当金・本社移転損失引当金等　303

まない。）51社を母集団として開示事例分析を実施した結果を記載する。なお，連結財務諸表と個別財務諸表のいずれにも計上している会社については，1社としてカウントしている。

　まず，店舗閉鎖や本社移転に関連する引当金を計上している会社51社における科目名は，図表Ⅱ－23－1のとおりであった（前記「22 事業構造改善引当金　2　事例分析」に記載された事例は除く。）。

図表Ⅱ－23－1　店舗閉鎖や本社移転に関連する引当金の科目名

科目名	会社数（社）
店舗閉鎖損失引当金	36
移転損失引当金	3
本社移転損失引当金	3
店舗等閉鎖損失引当金	2
閉店損失引当金	2
工場閉鎖損失引当金	1
事業所閉鎖損失引当金	1
事業所閉鎖等引当金	1
事業場閉鎖損失引当金	1
事務所移転損失引当金	1
合計	51

（1）　会計方針の記載

　図表Ⅱ－23－1で示した会社のうち，店舗閉鎖損失引当金を貸借対照表に計上していた会社（以下，本23において「対象会社」という。）36社について調査したところ，すべての会社が引当金の会計方針について記載していた。このうち，移転または閉鎖に伴い将来発生すると合理的に認められる金額を見積るという記載が28社であり，大多数を占めた。残りの8社についてはこのような一般的な記載に加えて，中途解約違約金等，主な損失内容を記載していた。

　以下は，主な損失内容の記載を行っている会社の開示例である。

304　第Ⅱ部　引当金別　会計上の論点と実務ポイント

会社名：イオン㈱（2018年2月28日：有価証券報告書）

（連結財務諸表作成のための基本となる重要な事項）
　　　　　　　　　　　　　〜略〜
４．会計方針に関する事項
　　　　　　　　　　　　　〜略〜
（３）　重要な引当金の計上基準
　　　　　　　　　　　　　〜略〜
⑤店舗閉鎖損失引当金
　一部の連結子会社は，店舗閉店に伴い発生する損失に備え，店舗閉店により合理的に見込まれる中途解約違約金等の閉店関連損失見込額を計上しております。

（２）　科目名

　前記図表Ⅱ-23-1のとおり，科目名としては，そもそもの事象の発生件数が多いこと，および金融庁による財務諸表本表タクソノミとして設定されている科目名であることから，店舗閉鎖損失引当金の科目を利用している例が最も多かった。基準で明確な定めがないため，引当対象となる費用が発生した事象の名称をもって幅広い科目名が使用されている。しかし，前記「22 事業構造改善引当金　2 事例分析（2）科目名」でも記載したとおり，財務諸表本表タクソノミに設定のない科目を使用する場合というのは，財務諸表本表タクソノミの勘定科目に合わせることにより，会社の財政状態，経営成績およびキャッシュ・フローの状況を適切に表示できない場合に限定されていることに留意する必要がある。

（３）　損益計算書表示区分

　対象会社のうち，損益計算書に引当金繰入額または引当金に関連すると考えられる費用を計上している会社は24社であり，特別損失の区分に計上していた事例が23社，販売費及び一般管理費の区分に計上していた事例が1社あった。また，科目名としては，各引当金の繰入額として計上していた事例が10社，繰入額と費用項目（たとえば，店舗閉鎖損失など）の双方を計上していた事例が11社，費用項目のみを計上していた事例が3社であった。さらに，損益計算書項目について，追加情報の注記を付している会社が1社あり，定性的な内容に

加えて内容別の金額を示していた。

3 ▌ 会計処理等

（1） 計算（見積）方法

　店舗閉鎖損失引当金，移転費用引当金，本社移転損失引当金ともに，それぞれ将来発生すると考えられる費用・損失の額を見積計上することになる。

　具体的には，オフィスに係る賃貸借契約や，リース契約に基づいて支払う解約不能期間に係る賃借料および中途解約違約金（規定損害金）について，個別の契約書の条項に基づいて見積計上する。また，人員整理に係る費用については，社内規程や対象従業員との協議結果に基づいて見積計上する。

　さらに，店舗閉鎖損失引当金に含まれるテナントに対する営業補償金については，過去の実績に基づいて，店舗面積比で見積計上する方法や営業補償金の金額の交渉のベースとなるテナントの営業利益等を基に，合理的に見積る方法等が考えられる。

（2） 計上のタイミング

　実務的には，取締役会決議や経営会議等の決議など，会社としての意思決定がなされたタイミングで計上する場合が多いと考えられる。

　しかし，どの時点で費用を認識すべきかについて基準上明確な定めがないため，実務上の判断は非常に難しいと考えられる。

　たとえば，リース契約に基づく中途解約違約金（規定損害金）であれば，取締役会等における決議の時点でリース解約に係る費用・損失の発生可能性は高いと考えられるが，機関決定時から解除契約の締結時まで，いつの時点で当該事象が発生しているかについて検討の余地があると考えられる。このように引当金に含まれる個々の費用（損失）ごとにそれぞれ認識のタイミングについて検討することが必要である。

（3） 繰入・戻入の会計処理

　店舗閉鎖損失引当金等の繰入・戻入の会計処理については，それほど論点はない。繰入については，その計上の要件を満たした段階で繰り入れられる。

　また，店舗閉鎖損失引当金等の戻入については，実際の支出額が確定した時

306 第Ⅱ部 引当金別 会計上の論点と実務ポイント

に，戻入処理することになる。

4 実務上のポイント

（1） 移転・閉鎖の決定と固定資産の減損の関係

リストラクチャリングによって事業所の移転または閉鎖を行う場合，固定資産の除売却が行われることがあるが，リストラクチャリングの機関決定を行った時点で固定資産の減損の兆候に該当する（減損適用指針13項(1)）。よって通常であれば，固定資産の除売却損については，実際に除却または売却される前に減損損失として認識されることになる。

また，リストラクチャリングの意思決定後，当該固定資産を継続して使用する場合であっても，事業所の再編等に伴って，固定資産の耐用年数および残存価額の見積りを再度検討する必要があると考えられる。

（2） 引当金に含めることができないと考えられる項目

店舗閉鎖や本社等の移転を行う際に，実務上論点となることが多いが，引当金の要件を通常は満たしていないと考えられる項目について，以下においてそれぞれ検討する。

① 移転費用

「移転費用引当金」という名称で計上していたとしても，前記「22 事業構造改善引当金 1 概要（2）会計処理の考え方 ② 移転費用」で述べたとおり，移転費用それ自体の発生は実際の移転作業時であることから，引当金の要件を満たすことは通常ないと考えられることに留意する必要がある。

② 移転または閉鎖を決定した事業等から生じる事業損益等

将来に見込まれる費用（損失）の見積りに際して移転または閉鎖を決定した事業所等から発生する将来の事業損益や，移転または閉鎖の過程で発生する資産の売却益を将来に見込まれる費用（損失）と相殺することは，当該収益が収益の認識要件である実現主義の原則を満たしていないため，認められないものと考えられる。

③　移転先で発生する費用

　移転等に際して以下のような費用が発生する場合があるが，当期以前の事象に起因して発生した費用ではないため，いずれも通常は引当金の要件を満たさないものと考えられる。

- ●移転先のオフィス用に購入した備品の代金
- ●パーテーションの取付け等移転先の工事に係る費用
- ●実際に本社の移転等はまだであるが，改装工事等のために賃貸借契約を実際の入居よりも前に締結しており，当該契約に基づいて発生した家賃[1]

1　移転先の賃借契約にフリーレント期間があるが，解約不能条項の付いた賃貸借契約であり，フリーレント期間であっても発生主義に基づいて費用を認識することが妥当な場合に認識した当該費用を含む。

308　第Ⅱ部　引当金別　会計上の論点と実務ポイント

24 リストラクチャリングに係る割増退職金に関する引当金

1 概要

（1）　具体的事例

　リストラクチャリングに伴う人員整理の一環として，従業員の配置転換，子会社等への転籍，希望退職者の募集に伴う割増退職金の支払いを行う場合があり，このような人員整理等に要する費用または損失を事業構造改善引当金や退職給付引当金等に含めて計上する場合がある。

　割増退職金については，早期退職金制度を設けている場合，選択率等を退職給付債務の計算の際の計算基礎として織り込み，通常の退職給付債務の算定に反映するケースや，期末ごとの見込額を退職給付債務計算の枠外で退職給付費用として計上するケースがある。

　また，冒頭に記載したように，リストラクチャリング等により臨時的かつ一時的に割増退職金を支払うケースが考えられる。

　本24では，主にリストラクチャリングに係る割増退職金について計上される引当金を取り扱う。

（2）　会計処理の考え方

　一時的に支払われる早期割増退職金は，勤務期間を通じた労働の提供に伴って発生した退職給付という性質を有しておらず，むしろ将来の勤務を放棄する代償，失業期間中の補償等の性格を有するものとして捉えることが妥当である。よって，退職給付見込額の見積りには含めず，従業員が早期退職金制度に応募し，かつ，当該金額を合理的に見積ることができる時点で費用処理するとされている（退職給付適用指針10項）。

　従業員が早期退職金制度等に応募し，割増退職金の金額を合理的に見積ることができるようになったが，金額がまだ確定はしていないという場合には，引当金の認識要件を満たすことがあると考えられ，引当金が計上される。

2 ▎事例分析

　リストラクチャリングに係る早期割増退職金は，通常当該項目だけで引当計上されることはないと考えられる。このため，以下では科目名等について他章と同様の定量的な分析は実施せず，定性的な記述に留めている。

（1）　会計方針の記載

　関連する引当金の会計方針の記載において，リストラクチャリングに係る臨時の早期割増退職金について明示的に記載することは実務上なされていないと思われる。リストラクチャリングに係る早期割増退職金に直接関係するものではないが，退職給付関係の注記の「採用している退職給付制度の概要」の項目に早期割増退職金を支払う場合がある旨注記している会社は一般的によく見られる。

（2）　科目名

　科目名について，特に論点はなく，退職給付引当金に含めて計上するか，他の費用（損失）と一括して事業構造改善引当金等に含めて計上していると考えられる。

（3）　損益計算書表示区分

　リストラクチャリングに係る早期割増退職金以外の通常の早期割増退職金については，売上原価または販売費及び一般管理費に退職給付費用として計上していると考えられる。

　一方，リストラクチャリングに係る臨時の早期割増退職金については，割増退職金として特別損失に計上している事例と，他の費目と併せて事業構造改革費用として特別損失に計上している事例が多く見られた。

　これら両者の違いは，当該割増退職金の臨時性および財務諸表に与える影響の重要性によるものと考えられる。

　連結損益計算書または損益計算書に関する注記より，リストラクチャリングに係る割増退職金の計上が確認できる事例は，以下のとおりである。

310 第Ⅱ部 引当金別 会計上の論点と実務ポイント

特別退職金の名称を付した科目で開示している例

会社名：フォスター電機㈱（2018年3月31日：有価証券報告書）

（連結損益計算書関係）

〜略〜

※5 特別退職金

〜略〜

当連結会計年度（自 平成29年4月1日 至 平成30年3月31日）

　事業の効率化と固定費の削減を図るために，フォスターエレクトリック Co.,（ホンコン）Ltd. の退職者に対し支給した割増退職金です。

事業構造改善に係る費用科目の内訳として開示している例

会社名：沖電気工業㈱（2018年3月31日：有価証券報告書）

（連結損益計算書関係）

〜略〜

※7 事業構造改善費用

　当連結会計年度において，プリンター事業の構造改革を実施したことに伴い，2,526百万円を特別損失に計上しております。その内訳は，次のとおりであります。

特別退職金	1,658	百万円
コンサルティング費用等	418	
解約違約金	289	
その他	161	
計	2,526	

---

3 会計処理等

（1） 計算（見積）方法

　割増退職給付の額については，設定された希望退職制度の規程に従って，要支出額を見積ることになる。

　希望退職制度への募集期間や労使間の協議によって，期末日に対象者が特定できていない場合等には，実務上見積りが困難であると思われるが，修正後発

事象に該当するかについても考慮しながら，最善の見積りを行うことが求められる。

（2） 計上のタイミング

リストラクチャリングに係る割増退職金は，退職給付適用指針にあるとおり，原則として，従業員が早期退職金制度に応募し，当該金額を合理的に見積ることができる時点で費用処理が行われる。

しかし，臨時の早期退職金制度を設定することを機関決定した後，従業員への通知，労使間での制度に関する合意，実際の募集の開始，または募集期間の終了といった一連の過程のどのタイミングで引当金の要件を満たすと考えられるかは明確な定めがなく，論点となると考えられる（後記「4 実務上のポイント」も参照のこと）。

（3） 繰入・戻入の会計処理

注解18における引当金の要件を満たした時点で退職給付引当金または事業構造改善引当金が計上され，その後は支出が生じるまでの決算期ごとに金額の見直しを行っていくことになる。

戻入については，割増退職金に係る支払額が確定した時点で引当金の取崩しが行われ，未払金へ振り替えられることになる。

4 実務上のポイント

リストラクチャリングに係る割増退職金に関する引当金については，後発事象との関係が実務上の重要な論点となる。

事業または子会社等の整理に伴い退職（転籍を含む。）従業員の募集が行われる場合，割増退職金の費用（引当）処理は，従業員が早期退職金制度に応募し，当該金額を合理的に見積ることができる時点で行われる（退職給付適用指針10項，退職給付制度移行取扱いＱ3のＡなお書き）。

しかし，実務上早期退職金制度の募集の計画は，労働組合や官庁との関係等から計画通りに進まないこともあり，また，期末日をまたいで早期退職金制度の募集が行われることもあることなどから，費用（引当金）の発生のタイミングが論点となる。

企業会計基準委員会の作成した「リストラクチャリングに関連する会計処理

312 第Ⅱ部 引当金別 会計上の論点と実務ポイント

の調査・検討」[1] では，早期割増退職金の計上時期の検討に際して，①機関決定，②従業員への周知，③募集開始，④募集完了の段階に分けている。

この区分に準じた，ケースごとの処理および論点については以下のとおりである。

（1）　期末日までに募集が完了しているケース

期末日までに，早期退職金制度に関する機関決定から募集までが完了している場合，従業員の応募がなされ，金額を合理的に見積ることができると考えられるため，応募した従業員に係る割増退職金について，引当金を計上することになる。

（2）　期末日までに募集が開始されているが，完了していないケース

期末日までに応募した従業員に係る割増退職金については，金額を合理的に見積ることができる場合，引当金を計上することになる。このケースで，（会社法に係る会計監査人の）監査報告書日までに募集が完了している場合，期末日から完了までの間に応募した従業員に係る割増退職金については，期末日の時点で割増退職金の制度についての機関決定がなされており，割増退職金の発生の実質的原因は期末日に存在していると考えられるため，通常は修正後発事象に該当し，金額を合理的に見積ることができる場合，引当金を計上することが考えられる。

（3）　期末日までに機関決定がなされているが，募集が開始されていないケース

期末日までに早期退職金制度の機関決定がなされているものの，募集が開始されていない場合，「従業員が早期退職金制度に募集し」という要件を満たさないことから，引当金は計上されない。しかし，このケースで（会社法に係る会計監査人の）監査報告書日までに募集が完了している場合，募集開始時点から完了までの間に応募した従業員に係る割増退職金については，期末日の時点で割増退職金の制度についての機関決定がなされており，割増退職金の発生の実質的原因は期末日に存在していると考えられるため，通常は修正後発事象に

---

[1]　2014年7月10日開催　第21回基準諮問会議　資料(1)-3

該当し，金額を合理的に見積ることができる場合，引当金を計上することが考えられる。

（4） 期末日までに機関決定がなされていないケース

期末日までに機関決定がなされていないケースでは，期末日時点で事象が発生していないことから，通常は引当金の4要件を満たすことはないと考えられる。一方で，後発事象取扱い5(3)の開示後発事象の例示として，「大量の希望退職者の募集」が列挙されており，事象発生の時期として取締役会決議等の決議があった時とされている。このため，期末日後（会社法に係る会計監査人の）監査報告書日までの間に早期退職金制度が取締役会等によって決議されている場合には，少なくとも開示後発事象として，募集の旨および目的等，所定の注記が求められることになる。

314　第Ⅱ部　引当金別　会計上の論点と実務ポイント

25　ポイント引当金

1　概要

（1）　具体的事例

　わが国では，外食産業を含む小売業，通信業，航空業や鉄道業などの運輸業，金融業，さらにその他のサービス業などの業種において，企業の販売促進や顧客囲い込みの手段の1つとして，ポイント制度[1]を導入しているケースがある。ポイント制度は，商品の購入またはサービスの利用の都度，一定のポイントが付与され，一定の条件を満たしたのち，次回以降の商品の購入またはサービスの利用時にポイントを使用できるような制度として構築されていることが一般的である。

　このようなポイント制度について，わが国には個別の会計基準等が存在していないため，個々のポイントの性質やポイント制度の内容などによって，各社で以下のような異なる会計処理が採用されているものと考えられる[2]。

---

① ポイントを発行した時点で費用処理を行う方法
② ポイントが使用された時点で費用処理を行うとともに，期末に未使用ポイント残高に対して過去の実績等を勘案して引当金を計上する方法
③ ポイントが使用された時点で費用処理を行うが，引当金の計上は行わない方法

　最近では，ポイント制度が定着し，過去の実績データも蓄積してきたことや，ポイント引当金としての会計慣行が充分に成熟してきたことなどにより，将来において商品またはサービスと交換されるポイントの未使用残高に対して，過去の実績等を勘案してポイント引当金を計上する事例（上記②）が多くなって

1　航空業では，マイレージ制度やフリークエント・フライヤーズ・プログラム（FFP）などとも呼ばれ，ポイントに代えて飛行距離に応じた「マイル」を貯める制度となっている。
2　「ポイント及びプリペイドカードに関する会計処理について（改訂）」金融庁　P.1

25　ポイント引当金　315

いるものと考えられる（引当金研究資料2(2)【ケース7】参照）。

（2）　会計処理の考え方

　前記「（1）具体的事例」に掲げた②のいわゆるポイント引当金を計上する考え方を始め，①から③として記載した費用として計上する処理は，ポイントの付与という取引を，付与の原因となった商品またはサービスの提供という取引（販売取引）と別個のものとして捉える考え方である。すなわち，ポイントの付与を当初売上取引の構成要素としてではなく，顧客への販売促進に資する別個の取引として取り扱うものである（収益認識研究報告Ⅱ【ケース11】(d)）。このときポイントは，商品の販売またはサービスの提供という過去の事象に起因して発生し，将来のポイント使用時に商品またはサービスとの交換において商品等の無償提供や値引きなどの費用が発生する。また，ポイント制度が，約款や広く周知された撤回不可能な方針等に基づいて行われている場合には，当該費用の発生可能性は高いと判断されるため，将来の使用見込みを合理的に見積った上で引当金を認識することになると考えられる（引当金研究資料2(2)【ケース7】(b)）。

　この他に，付与したポイントや将来の商品等との交換を，値引きや割戻しなどと同様，当初売上取引の販売条件の1つとして捉える考え方がある（収益認識研究報告Ⅱ【ケース11】(d)）。この考え方によると，当初売上取引と別個に引当金計上されるのではなく，将来，ポイントと引換えに引き渡される商品等を実質的に販売価額の一部減額と捉え，当初販売時点で前受金として処理することになる（引当金研究資料2(2)【ケース7】(b)）[3]（図表Ⅱ-25-1参照）。

　わが国では，これら2つの考え方のうち，前者の考え方を採用し，引当金計上をしているケースが現状では多いのではないかと考えられる[4]。

---

[3]　現行の国際財務報告基準では，このようにポイントの付与を当初売上取引の構成要素として捉え，将来の商品等の引渡しに係る負債を認識する考え方が取られており（IFRS第15号 B39項からB43項），わが国でも収益認識会計基準の適用後は同様の会計処理となる。詳細は，後記「5 収益認識会計基準の影響」を参照のこと。

[4]　2013年7月16日　第18回基準諮問会議　資料(3)-4「ポイント引当金（実務対応専門委員会による評価）」P.7

316　第Ⅱ部　引当金別　会計上の論点と実務ポイント

図表Ⅱ−25−1 ポイント制度に係る会計処理の比較（イメージ）

引当金方式				繰延収益方式			
（借）　売掛金	100	（貸）　売　　上	100	（借）　売掛金	100	（貸）　売　　上	82
（借）　販売費	20	（貸）　引当金	20			前受金	18

（＊）　仕訳の金額は仮の数字である。

2 事例分析

　ここでは，2017年4月から2018年3月に決算を迎えた東証一部上場会社1,912社の有価証券報告書のうち，連結財務諸表もしくは個別財務諸表またはその双方にポイント引当金等[5]が計上されている会社（日本基準適用会社に限る。また，比較情報においてのみ計上されているケースを含まない。以下，本25において「対象会社」という。）185社を母集団として，開示事例分析を実施した結果を記載する。

（1）　会計方針の記載

　引当金として計上している金額に関して，「利用実績率に基づき，将来利用されると見込まれるポイントに対する所要額」や「将来行使されると見込まれる額」などといった一般的な記述に留まる例が多く，このような記載が対象会社中166社に上った[6]。その他19社については，計上額につき比較的細かく記載されており，その記述の概要につき，図表Ⅱ−25−2にまとめている。

（2）　科目名

　対象会社における連結貸借対照表または貸借対照表上の科目名は，図表Ⅱ−

5　「ポイント」が科目名に付されている引当金の他，「販売促進引当金」という科目名で計上している会社のうち，会計方針の記載よりポイント制度に係る引当金であることが判明した会社を対象会社に含めている。なお，販売促進引当金の計上会社のうち，配布した金券や販売促進券を対象としている会社については，分析の対象に含めていない。

6　166社の中には，株主優待を含むとしている会社が1社あった。また，「謝礼ポイントの支払に備えるため」「購入したポイントに対して計上」としている会社が各1社含まれており，これらはいわゆるポイント制度と異なる「ポイント引当金」と推測されるものの，本項の分析には含めている。

25 ポイント引当金 317

図表Ⅱ−25−2 ポイントに係る引当金の会計方針の記載内容	
会計方針の記載	会社数（社）
将来の値引額に対して計上	15
原価相当額を計上	3
買物券の利用に備えて計上	1
合計	19

図表Ⅱ−25−3 ポイントに係る引当金の科目名	
科目名	会社数（社）
ポイント引当金	175
販売促進引当金	9
ポイント金券引当金	1
合計	185

25−3のとおりである。

　また，連結貸借対照表または貸借対照表上の表示区分であるが，対象会社のうち148社が流動負債に，10社が固定負債に表示しており，2社だけ流動負債と固定負債の双方に表示していた。なお，銀行業（対象会社のうち25社）は負債の流動・固定の分類がなく，分析に含めていない。

（3） 損益計算書表示区分

　ポイントに係る引当金の繰入額について，連結損益計算書または損益計算書の表示区分を調査したところ，72社が販売費及び一般管理費に区分（注記を含む。）していた。このうち2社については，個別財務諸表においてのみ，当該引当金の繰入額を区分掲記（注記を含む。）しており，1社については，連結損益計算書では販売費及び一般管理費に区分しているものの，損益計算書では営業外費用に表示していた。また，これ以外の5社について，「ポイント販促費」（3社），「ポイント販売促進費」（1社），「ポイント関連費用」（1社）という科目が販売費及び一般管理費に掲記されている例があったが，ポイントに係る引当金の繰入額を含んでいるかどうかは明確には読み取れなかった。

318 第Ⅱ部 引当金別 会計上の論点と実務ポイント

その他の108社について，連結財務諸表または個別財務諸表を確認したものの，ポイントに係る引当金の繰入額（戻入額）の表示区分は判然としなかった。

（4） その他

① 業種別分析

対象会社185社を業種別に分類した結果は，図表Ⅱ－25－4のとおりである。

図表Ⅱ－25－4 **ポイント引当金等を計上している業種**

業種	会社数（社）
小売業	83
銀行業	25
サービス業	17
情報・通信業	16
卸売業	10
繊維製品	6
その他金融業	5
陸運業	4
その他製品	4
化学	4
その他（＊）	11
合計	185

（＊） 1～3社がポイント引当金等を計上している業種として，機械，不動産業，精密機器，食料品，電気機器，電気・ガス業がある[7]。

② 計上額100億円超の会社

対象会社のうち，連結貸借対照表計上額または貸借対照表計上額が100億円を超える会社（8社）を図表Ⅱ－25－5に示している。

---

7 空運業については，（連結）貸借対照表などからポイント引当金等を計上している点が明示的にはわからないものの，マイルに相当する負債を計上しているものとされている（日本経済新聞 2006年1月19日 朝刊17面）。

25 ポイント引当金　319

会社名	連結/個別	業種	金額（百万円）
㈱クレディセゾン	連結	その他金融業	101,319
㈱三井住友フィナンシャルグループ	連結	銀行業	22,244
イオン㈱	連結	小売業	19,435
三井住友トラスト・ホールディングス㈱	連結	銀行業	18,457
㈱三菱 UFJ フィナンシャル・グループ	連結	銀行業	17,836
イオンフィナンシャルサービス㈱	連結	その他金融業	14,466
㈱ビックカメラ	連結	小売業	11,567
㈱丸井グループ	連結	小売業	11,445

図表Ⅱ−25−5 ポイント引当金等を100億円以上計上している会社一覧

3 会計処理等

（1） 計算（見積）方法

　会社の採用するポイント制度によって算定方法は異なるが，一般的なポイント引当金残高の算定式は以下のようになる。

> ポイント引当金＝ポイント未使用残高×（1−失効率）×$\dfrac{1\,\text{ポイント当たり}}{\text{の単価}}$

① ポイント未使用残高

　文字どおり，顧客に付与したポイントのうち，未使用の期末残高がこれに当たる。なお，ポイントを金券に交換するような制度になっている場合，金券に交換した時点で負債計上するケースとそうでないケースがあり，後者の場合，未使用の金券をポイント換算し，ポイント未使用残高に含める。

② 失効率

　ポイント引当金の算定に際して用いられる「失効率」は，期末日時点のポイ

320　第Ⅱ部　引当金別　会計上の論点と実務ポイント

ント残高に対して将来に失効すると見込まれる比率として算出される。すなわち，発行ポイントに対する失効ポイントの割合ではない点に留意が必要である。

また，上記の式にある失効率については，基本的に過去の使用実績などに基づいて算定する。失効率は，期末後の最善の見積りとして行われる必要があるが，たとえば，当期1年間の失効ポイントに基づく失効率を使用する，または過去3年ないし5年の実績を用いて算出するなど，期末日時点のポイント残高の失効率として適切な数値を見積る必要がある。

なお，制度内容を大きく変えたような場合には，将来の失効率が大きく変わることもあり，そのような場合には，単純に過去の実績を用いるのではなく，最善の見積りとして将来の失効率を見込む必要がある。

③　1ポイント当たりの単価

ポイント引当金の金額算定で最も重要な見積要素がこの単価である。

単価の見積りにおいては，大きく以下の2つの考え方がある[8]。

> ⅰ　ポイント付与により生じた義務を「顧客がポイントを使用した時点で商品等（自社商品・他社商品のほか，他社ポイントなどを含む。）を引き渡す義務またはサービスを提供する義務」と捉えて，原価ベースで引当を行う考え方
> ⅱ　ポイント付与により生じた義務を「顧客がポイントを使用した時点で関連する売上取引に対して値引き等を行う義務」と捉えて，売価ベースで引当を行う考え方

ⅰの「原価ベース」での引当は，以下のような，ポイントの使用に対応する売上取引が存在しない場合に適合すると考えられる。

> ● 小売店で付与されたポイントが他社のポイントに交換される。
> 　（当該他社に対して，事前に定めた単価でポイント代金を支払う。）
> ● 搭乗により付与されたマイルが提携する他の航空会社の航空券に交換される。
> 　（当該他社に対して，事前に定めた単価でマイル代金を支払う。）
> ● クレジットカードの利用により貯めたポイントが商品や他社ポイントと交換される。

8　2013年7月16日　第18回基準諮問会議　資料(3)-4「ポイント引当金（実務対応専門委員会による評価）」P.7

25　ポイント引当金　321

> ●商品に貼り付けられたシールがメーカーに送付され，キャンペーン商品を送付する。

　一方，小売店で貯めたポイントをその小売店での値引きに利用するケースや，搭乗により付与されたマイルで同一航空会社の無償航空券と交換するようなケースでは，ポイントの使用に対応する売上取引があることから，会社の方針により，前記のⅰかⅱの方法を選択することになる。

　また，単価の算定は，単一の単価として設定されるとは限らず，将来のポイントの使用方法の見積りにより，複数の単価として設定されることも考えられる（後記「4　実務上のポイント（3）複数の単価の設定」を参照のこと）。

（2）　計上のタイミング

　ポイント引当金は，顧客に対してポイントを付与した時点で義務が発生するため，その時点で計上されることになる。

　なお，実務的には，他の引当金と同様に決算日（年度・四半期・月次）ごとに会計処理されるものと考えられる。

（3）　繰入・戻入の会計処理

　ポイント引当金は，期末残高の増減に応じて，繰入・戻入が行われることが一般的である。このため，実際にポイントが使用された都度，取崩しが行われるようなことはない。また，失効したポイントに対する会計処理も，期末処理の中でまとめて行われるものと考えられる。

　会計処理を具体例で示すと設例Ⅱ-25-1のとおりである。

設例Ⅱ-25-1　ポイント引当金の会計処理

［前提条件］

① 　10,000の商品を現金で販売し（原価率70％とする。），10％分（1,000）のポイント（1,000ポイント）を付与した。なお，付与されたポイントは，1ポイント当たり1の値引きを受けることができる。

② 　期中に500ポイント（金額換算で500相当）が当社商品の購入（値引）に使用された（1,000の商品を販売し，現金500を受領した。なお，対応する原価

322　第Ⅱ部　引当金別　会計上の論点と実務ポイント

は700とする。）。

③　期末において，将来のポイント使用見込を見積った結果，未使用残500ポイントのうち50ポイントが失効すると見込まれた（ポイント残高に対する失効率10％）。

④　ポイント引当金の算定は原価ベースで行うこととし，原価率は70％を用いる。

⑤　税効果会計は考慮しない。

［会計処理］

①　ポイント付与時

（借）現　　　　　金 (※1)10,000	（貸）売　　上　　高 (※1)10,000
（借）売　上　原　価 (※2)7,000	（貸）商　　　　　品 (※2)7,000

（※1）　10,000…前提条件①参照

（※2）　7,000＝売上高10,000×原価率70％

　なお，付与時点ではポイントに関する会計処理は行われない。

②　ポイント使用時

（借）現　　　　　金 (※1)500 　　　売上値引または 　　　販売促進費(※3) (※2)500	（貸）売　　上　　高 (※1)1,000
（借）売　上　原　価 (※1)700	（貸）商　　　　　品 (※1)700

（※1）　1,000，500，700…前提条件②参照

（※2）　差額により算出

（※3）　ポイント使用部分を費用として処理する。なお，ポイントの性質をどのように捉えるかにより，次の2つの費用処理方法が考えられる。

> ⅰ　現金値引きと同様の効果を有するものと捉え，売上値引きとする考え方
> ⅱ　将来の販売促進効果を有するものと捉え，販売促進費とする考え方

③　期末時

（借）ポイント引当金繰入額 (※)315	（貸）ポイント引当金 (※)315

（※）　315＝期末ポイント残高500ポイント×失効率（1－10％）
　　　　　　×1ポイント当たりの単価0.7（1ポイント＝1×原価率70％）

4 実務上のポイント

（1） 業種別の原価率の設定

前記「3 会計処理等（1）計算（見積）方法 ③ 1ポイント当たりの単価」にて記載した「原価ベース」でポイント引当金の見積りを行う場合，適切な原価率を算定することが重要となる。

小売業などでは，実際の商品の原価率をベースに見積りを行うことが考えられる。また，陸運業や航空業などの運輸業では，損益計算書上での原価率ではなく，1ポイント（マイル）当たりの追加原価（限界費用）（1ポイント（マイル）の利用・搭乗で追加的に要する費用）を算出し，当該単価で引当を行うことが考えられる。

（2） 他社との提携

ポイント制度は，当初は自社の中だけでのクローズな制度として生み出されたが，現在では相互利用や相互交換といった形で，よりオープンな制度として構築されることも多い。このような制度の発展は，会計処理にも大きな影響を及ぼしてくる。

① ポイント交換の会計処理

ポイント交換元の企業が会員に対して発行したポイントを，会員の依頼に基づき，ポイント交換先の企業のポイントに交換するといった例が多く見られる。このようなポイント交換に際しては，ポイント交換元の企業からポイント交換先の企業に対して，あらかじめ決めておいた契約等により，ポイント交換先企業が会員に対して発行したポイントの対価を支払うことになるが，会計処理は以下のようになる。

- ●ポイント交換元企業は，ポイント交換先企業への支払対価を販売促進費として費用処理するとともに，対応するポイント引当金を取り崩す。
- ●一方，ポイント交換先企業はポイント交換元企業から受領した金額を売上として計上する。

324 第Ⅱ部 引当金別 会計上の論点と実務ポイント

② ポイントの相互利用の際の会計処理

ポイントは，単に他企業間で交換されるだけでなく，ポイントプログラムの運営主体以外のサービスを利用してポイントが貯まったり，ポイントプログラムの運営主体以外のサービスで利用できたりするようなケースも増えている。一例であるが，タクシーに乗って通信会社や小売店舗のポイントが貯まったり，空港のレストランで食事をして航空会社のマイルで支払ったりするようなケースがこれに当たる。ポイントの付与・利用のパターンを図表Ⅱ-25-6にまとめている。

図表Ⅱ-25-6	ポイントの付与・利用のパターン

		付与	
		自社	他社
利用	自社	ⅰ	ⅱ
	他社	ⅲ	ⅳ

ⅰは一番オーソドックスなパターンであり，設例Ⅱ-25-1に記載した会計処理が行われる。

また，他社で付与されたポイントを自社で利用するケースであるⅱでは，他社でポイントを付与した段階であたかもポイントを販売したかのように処理し，ポイント残高に対して引当金を計上することが考えられる。ただし，ポイントの販売を商品券の販売と同視するのであれば，提携先からの入金額を前受金として処理することも考えられる。いずれの場合でも，提携先との精算は，あらかじめ契約等で定められた単価で行われることが想定される。

さらに，他社でポイントが利用されるとき（ⅲおよびⅳ）には，ポイントが利用された段階で提携先から請求がなされるため，当該支払った金額を販売促進費等で費用処理することになると考えられる。なお，期末時点で将来他社において利用されると見込まれる部分については，当該精算単価で引当計上することが考えられる（後記「（3）複数の単価の設定」参照）。

（3） 複数の単価の設定

ポイント引当金の単価の見積りは，将来のポイントの利用方法に即して行わ

れる必要がある。単純に自社商品との交換が行われるようなケースだけとは限らず，たとえば，ポイント交換が可能な商品やサービスで原価率が著しく異なるようなケースや，他社とのポイント交換・相互利用があるようなケースでは，それら将来の負担を適切に見積って，ポイント引当金を算定する必要がある（図表Ⅱ-25-7参照）。

図表Ⅱ-25-7　ポイントの利用方法に応じた見積りの例

利用方法	交換比率	利用見込	単価（円）	加重平均単価（円）
自社商品との交換	1P＝1円	50%	0.7	0.35
自社サービスの提供	1P＝1円	20%	0.4	0.08
他社商品との交換	1P＝1円	30%	1	0.3
合計				0.73

（4）　税務上の取扱い

税務上，ポイント制度は金品引換券付販売に該当する。金品引換券は発行しただけでは損金と認められず，金品を引き換えた日の属する事業年度に損金と認められる（法基通9-7-2）。したがって，ポイント引当金を繰り入れても税務上の損金とはならないことに留意が必要である。

5 ▌収益認識会計基準の影響

（1）　影響の概要

前記「1　概要（2）会計処理の考え方」に記載のとおり，収益認識会計基準の適用によって，ポイント制度に関する会計処理は大きく変わることになる。すなわち，これまでのわが国の実務では，ポイント制度に係る将来の費用計上額等を引当金として計上する会計処理が広く行われていたところ，収益認識会計基準の適用後は，「追加の財またはサービスを取得するオプションの付与」に係る定めに従い，顧客が受け取るポイントを企業の義務として，ポイントが付与された取引に係る収益を按分する処理が義務付けられることになる。

（2） 収益認識会計基準の会計処理

　収益認識会計基準において，いわゆる「5ステップ」のうち，ステップ2では収益認識の単位である「履行義務の識別」が行われる。このステップでは，契約上の取引開始日において契約内容の分析を行って，契約に含まれるすべての財またはサービスを識別する必要がある（収益認識会計基準32項）。そして，識別すべき財またはサービスとして例示されているもののなかには「追加の財またはサービスを取得するオプションの付与（当該オプションが重要な権利を顧客に提供する場合）」というものがあり（収益認識会計基準129項(10)），いわゆるポイント制度については，この例示項目に該当することになると考えられる。

　この場合，顧客に付与したオプションが当該契約を締結しなければ顧客が受け取れない重要な権利を顧客に提供するときにのみ履行義務として取り扱われ，将来の財またはサービスが移転する時（すなわち，ポイントと引き換えに財やサービスが提供される時），またはオプションが消滅する時に収益が認識されることになる（収益認識適用指針48項）。具体的には，ポイントが付与される取引で顧客から受け取る金額を，当該取引で引き渡される財またはサービスと，将来のポイント利用によって提供される財またはサービスとに配分して，会計処理を行うことになる（図表Ⅱ-25-8参照）。

図表Ⅱ-25-8　ポイント制度に係る会計処理の新旧比較

収益認識会計基準適用前 （いわゆる引当金方式）	収益認識会計基準適用後 （いわゆる繰延収益方式）
ポイントが付与された取引において収益を全額認識し，将来の費用負担（または収益の減額）相当を引当金として計上	ポイントが付与された取引の対価を，当該取引と将来のポイント利用に按分して会計処理

（＊）　仕訳については，図表Ⅱ-25-1を参照のこと

　なお，追加の財またはサービスに対するオプションの価格が独立販売価格を反映している場合，企業は顧客に対して重要な権利を付与としているとはいえず，単に顧客に対して購入機会を提案しているに過ぎないと考えられる。この場合，既存の契約における取引価格を，追加の財またはサービスに対するオプ

25 ポイント引当金　327

ションに配分することなく，顧客がオプションを行使した時点で当該オプションに係る収益を認識することになる（収益認識適用指針49項）。

　収益認識会計基準適用後の具体的な会計処理を設例Ⅱ－25－2で確認していく。

設例Ⅱ－25－2　ポイント制度の会計処理（収益認識基準適用後）

［前提条件］

① 10,000（独立販売価格と一致）の商品を現金で販売し（販売額ベースの原価率は70％とする），10％分のポイント（1,000ポイント）を付与した。なお，付与されたポイントは，1ポイント当たり1の値引きを受けることができる。

② X1年度期中に500ポイント（金額換算で500相当）が当社商品の購入（値引き）に使用された（1,000の商品を販売し，現金500のみを受領した。なお，対応する原価は700とする。）。

③ 販売時点において将来のポイント使用見込を見積った結果，1,000ポイントのうち，50ポイントが失効すると見込まれた（ポイント発行に対する失効率5％）。

④ 商品の販売時点で見積ったポイントの独立販売価格は，③に記載した失効率も考慮して，1ポイント当たり0.95とされ，合計額は950（＝単価0.95×1,000ポイント）と算定された。

⑤ X2年度期末時点で将来の失効見込は30ポイントに更新された。なお，X2年度期中において200ポイント（金額換算で200相当）が当社商品の購入（値引き）に使用された（400の商品を販売し，現金200のみを受領した。なお，対応する原価は280とする。）。

⑥ 税効果会計は考慮しない。

［会計処理］

① ポイント付与時

（借）現　　　　　金 (※1)10,000	（貸）売　　上　　高 (※2)9,132
	契　約　負　債(※4) (※3)868
（借）売　上　原　価 (※5)7,000	（貸）商　　　　　品 (※5)7,000

（※1）　10,000…前提条件①参照

328　第Ⅱ部　引当金別　会計上の論点と実務ポイント

（※2）　9,132＝10,000×（商品の独立販売価格10,000÷10,950）

（※3）　868＝10,000×（ポイントの独立販売価格950÷10,950）

（※4）　「契約負債」とは，財またはサービスを顧客に移転する企業の義務に対して，企業が顧客から対価を受け取ったものまたは対価を受け取る期限が到来しているものをいい（収益認識会計基準11項），ここでは将来のポイント使用に係る履行義務に対して，すでに対価を現金で受け取っているため，契約負債の定義を満たしている。

（※5）　7,000＝商品の独立販売価格10,000×原価率70%

②　ポイント使用時（X1年度）

（借）	現　　　　　金	(※1)500	（貸）	売　　上　　高	(※3)957
	契　約　負　債	(※2)457			
（借）	売　上　原　価	(※1)700	（貸）	商　　　　　品	(※1)700

（※1）　500，700…前提条件②参照

（※2）　457＝868（会計処理①の（※3）参照）×（使用されたポイント500ポイント
　　　　　　÷使用されると見込むポイント950ポイント）

（※3）　957＝現金販売分500＋ポイント使用分457

③　ポイント使用時（X2年度（期末見積更新も反映しているものとする。））

（借）	現　　　　　金	(※1)200	（貸）	売　　上　　高	(※3)369
	契　約　負　債	(※2)169			
（借）	売　上　原　価	(※1)280	（貸）	商　　　　　品	(※1)280

（※1）　200，280…前提条件⑤参照

（※2）　169＝（使用されたポイント累計700ポイント
　　　　　　÷使用されると見込むポイント総数970ポイント×868）－既収益計上額457

（※3）　369＝現金販売分200＋ポイント使用分169

（3）　表示および開示

　これまで，会社が発行したポイントは，注解18の要件を満たすものとしてポイント引当金等の引当金が計上されていた。収益認識会計基準の適用後は，前記「（2）収益認識会計基準の会計処理」のとおり，独立販売価格の比率等でポイントに配分した額を「契約負債」として計上し，流動負債に表示する。

　なお，開示（注記）について現状で求められるものはなく，収益認識会計基準の原則適用時までに検討されることとなっている。

（4）　その他特有の論点等

①　税務上の取扱い

　収益認識会計基準の公表に合わせて，平成30年度税制改正において，税務上もポイント等を付与した場合の収益の計上の単位に関して法基通が改正され，前記「（2）収益認識会計基準の会計処理」に記載した会計処理と同様の税務上の処理となるように手当てがなされている。

　具体的には，次に掲げる要件のすべてに該当するときは，継続適用を条件に，自己が発行したポイント等について当初の資産の販売等と別の取引に係る収入の一部または全部の前受けとして取り扱うことができるとされ，前受処理されたポイント等は，原則としてその使用に応じて益金に算入される（法基通2－1－1の7）。

---

①　その付与した自己発行ポイント等が当初の資産の販売等の契約を締結しなければ相手方が受け取れない重要な権利を与えるものであること

②　その付与した自己発行ポイント等が発行年度ごとに区分して管理されていること

③　法人がその付与した自己発行ポイント等に関する権利につきその有効期限を経過したこと，規約その他の契約で定める違反事項に相手方が抵触したことその他の当該法人の責に帰さないやむを得ない事情があること以外の理由により一方的に失わせることができないことが規約その他の契約において明らかにされていること

④　次のいずれかの要件を満たすこと

ⅰ　その付与した自己発行ポイント等の呈示があった場合に値引き等をする金額が明らかにされており，かつ，将来の資産の販売等に際して，たとえ1ポイントまたは1枚のクーポンの呈示があっても値引き等をすることとされていること

ⅱ　その付与した自己発行ポイント等が当該法人以外の者が運営するポイント等または自ら運営する他の自己発行ポイント等で，ⅰに該当するものと所定の交換比率により交換できることとされていること

　特に，④ⅰの要件については，たとえば100ポイント単位で特典が利用できるまたは他社ポイントとの交換ができる，といった制度になっていることも多

330 第Ⅱ部 引当金別 会計上の論点と実務ポイント

いと考えられ，税務上の要件を満たすかどうか，慎重な検討が求められる。

　なお，一定期間を経過した後の未使用部分の取扱い（一括収益計上の可否）
については，商品引換券等の取扱いと同様とする規定が設けられている。すな
わち，付与の日から10年が経過した日等の属する事業年度終了の時において未
使用となっているポイントは，一括して益金に算入される（法基通 2 - 1 - 39
の 3 ）。

②　企業間のポイント交換

　前記「4　実務上のポイント（2）他社との提携」にも記載されているとおり，
企業のポイント制度は自社だけで完結する仕組みではなく，他社とのポイント
交換が盛んに行われるケースも多い。

ｉ　他社ポイントの付与

　他社のポイント制度に参加し，売上に際して当該他社ポイントが付与される
ケースの会計処理は，収益認識適用指針の［設例29］に示されている。企業が
参加している他社のポイントプログラムの代理人として，自社の売上に応じて
付与したポイントにつき回収した金額は，第三者のために回収した額であるた
め，取引価格には含まれないものとされている（収益認識会計基準 8 項，47項）。
すなわち，自社の観点から他社ポイントの付与が顧客に重要な権利を付与して
いないのであれば，他社ポイントの付与に関する顧客への履行義務を負ってい
ないと判断され，第三者（ポイントプログラムの運営会社）のために回収した
ものとして会計処理される（後記仕訳例参照）。

＜他社ポイントの付与に係る仕訳例＞

（借）　現　　　　　金	(※1)×××	（貸）　売　　上　　高	(※2)×××
		未　払　金	(※3)×××

（※ 1 ）　現金入金額で計上
（※ 2 ）　差額により算出
（※ 3 ）　ポイントプログラム運営主体への支払額をもって計上

25　ポイント引当金　331

ii　他社とのポイント交換（顧客が使用するポイントを選択できるケースな
ど）[1]

　収益認識会計基準において，他社ポイントの付与ではなく，他社とのポイント交換の会計処理は明確に示されてはいない。

　まず，ポイントが付与された企業とは別の企業から，ポイントと交換に財やサービスの提供を受ける権利を有する場合，ポイントを付与した企業において，本人か代理人かの検討が必要となる。すなわち，他の企業が財またはサービスの提供に関与しているため，ポイントを付与した企業においては，本人か代理人かの検討に係る定めに従い（収益認識適用指針39項以下），企業がいずれとして行動しているかを判断しなければならないと考えられる。このとき，企業が代理人として行動していると判断された場合には，企業の約定はポイント付与の手配であり，その支配が顧客に移転するポイントの付与時点で履行義務を充足していると考えられるため，当該時点で収益が純額で認識される。

　また，顧客がポイントを付与した企業またはその他の企業のいずれかから，ポイントと交換に財またはサービスの提供を受けることを選択できる場合，前記のように，ポイントを付与した企業では本人・代理人の論点の検討が必要となるとともに，当該履行義務の性質を考慮して会計処理を検討していく必要があると考えられる。つまり，事後的に顧客が財またはサービスの提供を受ける相手先を選択（決定）するまで，企業側としては財またはサービスを提供するために待機する義務があり，実際に財またはサービスを提供するか，顧客が財またはサービスの提供を受ける企業を決定（選択）し，待機する義務がなくなるまで，当該履行義務は充足されない。このため，ポイントを付与した企業としては，これらいずれかの時点か，またはポイントが失効するまで，収益を計上することはできないと考えられる。

1　本項については，『IFRS「新収益認識」の実務』新日本有限責任監査法人編，中央経済社，PP.203〜206を参考としている。

332　第Ⅱ部　引当金別　会計上の論点と実務ポイント

26 株主優待引当金

1 概要

（1）　具体的事例

　わが国では，特定の基準日に一定数以上の株式を保有している株主に対して，株主優待制度を採用している企業があり，株主優待として自社製品やサービスに使用できる株主優待券（商品券，割引券，無料券）等が提供されることが多い。

　自社製品やサービスに使用できる株主優待券等を株主に提供している場合に，株主優待券等の使用による費用負担に備えるため，過去の使用実績に基づき期末日後の使用により発生する費用の見積額を株主優待引当金として計上している事例が見られる。

（2）　会計処理の考え方

　株主優待は，会社法第454条等の定めに基づく剰余金の配当手続によるものではなく，また，その内容は所有株数に完全には比例しないことが一般的である点で配当とは異なっている。このため，配当ではなく，費用として処理することになると考えられる（引当金研究資料2⑾【ケース25】(b)）。また，株主優待の付与基準日が属する期間と費用発生期間が異なるため，注解18の引当金計上の要否を検討する必要がある。

　将来，株主優待として，商品の引渡しや役務の提供が必要であれば，将来の費用発生が見込まれるが，これは当期以前に株主優待を付与したことに起因しているため，注解18の引当金の要件である，①将来の特定の費用または損失であること，②その発生が当期以前の事象に起因するものであること，③発生の可能性が高いこと，は満たしていると考えられる。このため，株主優待の過去の使用実績等から，費用の発生見込額を合理的に見積ることができる場合には，引当金の計上が要求される。

26 株主優待引当金 **333**

2 ┃ 事例分析

　ここでは，2017年4月から2018年3月に決算を迎えた東証一部上場会社1,912社の有価証券報告書における第一【企業情報】の第6【提出会社の株式事務の概要】の「株主に対する特典」において，株主優待の内容を記載している会社（日本基準適用会社に限る。以下，本26において「対象会社」という。）859社を母集団として，開示事例分析を実施した結果を記載する。

（1）　会計方針の記載

　連結貸借対照表もしくは貸借対照表またはこれらの双方において株主優待に係る引当金を計上していることが有価証券報告書から読み取れる会社は，対象会社のうち71社（連結財務諸表と個別財務諸表の双方に計上している会社は1社としてカウントしている。）であり，これは株主優待制度を設けている会社（対象会社）の8.3％に当たる。ただし，後述のように他の引当金と合算して計上している会社もあるため，その他の会社が株主優待に係る引当金を計上していないとは必ずしもいえないと思われる。

　会計方針の記載は，前記の71社すべてで株主優待の使用に備えるために，将来の見込額を引当計上している旨が記載されており，過去の実績等に基づいて将来見込額を算出している旨を併せて記載している会社も22社あった。ただし，株主優待引当金の具体的な見積方法を記載している会社はなかった。

　ここからは，前記の71社すべてで，株主優待に係る具体的な見積方法を記載することはせず，一般的な記載に留まる点が読み取れる。

　以下は，株主優待引当金について，会計方針の記載を行っている会社の開示事例である。

会社名：㈱白洋舍（2017年12月31日：有価証券報告書）

（連結財務諸表作成のための基本となる重要な事項） 〜略〜 　4　会計方針に関する事項 〜略〜 　（3）　重要な引当金の計上基準 〜略〜

334 第Ⅱ部 引当金別 会計上の論点と実務ポイント

③ 株主優待引当金
　将来の株主優待制度の利用に備えるため，株主優待制度の利用実績に基づき，当連結会計年度末における株主優待制度利用見込額を計上しております。

（2）　科目名

　株主優待に係る引当金を計上している71社における当該引当金の連結貸借対照表または貸借対照表上の科目名について，株主優待引当金としている会社が69社，株主優待費用引当金としている会社が2社であった。なお，上記のすべての会社が株主優待に係る引当金を流動負債に計上していた。理由は，株主優待の利用期間が1年内であることが考えられる。

　一方，連結損益計算書または損益計算書上の科目名については，71社のうち株主優待引当金繰入額としている会社が56社，株主優待費用引当金繰入額としている会社が1社であり，その他の会社は区分掲記されていなかった。

（3）　損益計算書表示区分

　株主優待に係る費用は，区分掲記していた57社すべてで販売費及び一般管理費に区分されていた。株主優待に係る費用および引当金繰入額は，IR費用と考えられることから，販売費及び一般管理費に区分するのが合理的であると判断していると思われる。

3 ｜ 会計処理等

（1）　計算（見積）方法

　引当計上すべき金額は，将来，株主優待が利用されることに関連して発生する費用であり，予測が困難であることが想定されるため，過去の実績額等を参考とすることが考えられる。また，株主優待が利用されることに関連して発生する費用は，株主優待の内容によって異なるため，以下において，株主優待の種類ごとに場合分けして検討を行う。

① 自社製商品や他社商品を株主全員に持株数に応じて無償で提供する場合

　株主優待が利用されることに関連して発生する費用は，自社製品の製造コス

ト，自社商品・他社商品の仕入コストであり，実際に送付する商品数に製造コストまたは仕入コストを乗じて発生費用を見積る。

② 自社業務と関連性のない他社商品やサービスを優待価格（無償を含む。）で提供する場合

株主優待が利用されることに関連して発生する費用は，株主が他社商品やサービスを優待価格で利用した際に，他社から請求される費用であるが，優待価格での提供は必ずしも利用されるとは限らないため，優待の残高だけでなく，過去の利用実績も考慮する。

すなわち，過去に発行した同様の株主優待で他社から請求された費用総額を発行した株主優待の額や個数で除し，実績割合を計算し，当該実績割合に新規に発行した株主優待の額や個数を乗じることで発生費用を見積るものである。

$$
株主優待引当金 = \left(優待費用（実績） \div \frac{対応する優待数}{（未利用のものを含む。）} \right) \times 優待残高
$$

（＊）　実績優待費用を実際に使われた優待数で除して算出した単価に，優待残高と過去の利用率を乗じる方法も考えられる。

③ 自社商品を優待価格（無償を含む。）で提供する場合

株主優待が利用されることに関連して発生する費用は，株主が自社商品を優待価格で購入した際の売上値引額であるが，優待価格での提供は必ずしも利用されるとは限らないため，優待の残高だけでなく，過去の利用実績も考慮する。

株主優待の権利を表する優待券等を株主に付与している場合，過去に発行した同様の優待券等のうち利用期限までに利用されたものを集計し，当該利用済み優待券等の合計を発行した株主優待の額や個数で除し，利用割合を計算する。当該利用割合に，新規に発行した株主優待の額や個数を乗じることで発生費用を見積るものである。

$$
株主優待引当金 = \left(値引額（実績） \div \frac{対応する優待数}{（未利用のものを含む。）} \right) \times 優待残高
$$

（＊）　実績優待費用を実際に使われた優待数で除して算出した単価に，優待残高と過去の利用率を乗じる方法も考えられる。

④ 自社のサービスを優待価格（無償を含む。）で提供する場合

　株主優待が利用されることに関連して発生する費用は，株主が自社のサービスを優待価格で利用した際に発生する費用であるが，発生費用の見積り方法は前記「③ 自社商品を優待価格（無償を含む。）で提供する場合」と大きな違いはない。

　ただし，前記「③ 自社商品を優待価格（無償を含む。）で提供する場合」の費用は優待される売上値引額であるが，自社のサービスを優待価格（無償を含む。）で提供する場合の費用は，株主優待の提供によって，追加的に発生する費用とすることが考えられる。この場合には，株主優待が利用されることに関連して発生する費用が何かを適切に判断し，株主優待の利用のいかんで発生する費用が変わらない固定費までを集計しないよう注意する必要がある。たとえば，口座管理手数料，パーク入園料，ホテル宿泊料の優待の場合，固定的な人件費や減価償却費は集計せず，優待の利用で追加的に発生する電気代やアメニティ代等の費用だけを集計することが考えられる。

　なお，いずれの場合でも発行年度ごとの使用実績の特性を考慮する必要があるため，過去数年の実績割合の平均値を使用することが考えられる。

　以上を踏まえ，具体的な見積額の計算方法に関して設例を用いて確認する。前記「① 自社製商品や他社商品を株主全員に持株数に応じて無償で提供する場合」は，実際に要する費用を計算することで見積額を算出するだけであるため，それ以外の場合の計算方法を示す。

　なお，株主優待引当金の実績率の計算方法を定めた会計基準はなく，実務的には複数の計算方法があると考えられるが，設例Ⅱ-26-1はその一例である。

設例Ⅱ-26-1　株主優待引当金の算定

[前提条件]

①　A社は株主優待制度を採用しており，決算日時点の株主に対して商品を選べるカタログギフトを贈呈している。

②　X3年度の株主に対する発行優待は2,500個である。

③　過年度の株主優待の利用率は以下の表のとおりである。

発行年度	発行優待（個）	利用実績（個）	利用率
X0	1,000	800	80%
X1	1,500	1,350	90%
X2	2,000	1,400	70%
平均			80%

④　カタログギフトおよび株主への発送見積費用は，発行優待1個当たり5で
　　ある。

⑤　A社は将来の最善の見積りとして，発行優待に過去3年間の平均利用率
　　および発送見積費用を乗じて株主優待引当金を設定しているものとする。

［会計処理］

　X3年度の株主優待引当金の算定は以下のとおりである。

（借）　株主優待引当金繰入額　(※)10,000　（貸）　株主優待引当金　(※)10,000

(※)　10,000＝2,500個（前提条件②参照）×80%（前提条件③参照）×5/個（前提条件④参照）

（2）　計上のタイミング

　株主優待制度は，基準日現在の株主に対して自社製品やサービスを提供する
ことを約するものであることから，期末日以前に株主優待の内容が株主に公表
されている場合，基準日時点において引当金を認識することになると考えられる。

　一方で，引当計上後に株主優待が利用されて費用が発生した時点，および利
用期限が到来した時点で，対応する引当金を取り崩すことになる。

（3）　繰入・戻入の会計処理

　株主優待引当金の繰入・戻入については，発行年度ごとかつ株主優待の種類
ごとに繰入額と戻入額を計上する方法が考えられる。また，種類等は異なるが
株主に対するサービスであることは同じであるため，差額補充法の考え方を採
用し，すべての引当金の過不足額を合算して，繰入または戻入計上する方法も
考えられる。

338 第Ⅱ部 引当金別 会計上の論点と実務ポイント

4 実務上のポイント

（1） 引当金計上の要否の判断

　株主優待制度を導入していても，株主優待導入初年度や優待券の発行数・使用数を管理していない等で将来の費用を合理的に見積ることができないケースや，テーマパークの入園券のように株主優待利用による追加的な費用発生がないケースでは，引当金を計上していないことが考えられる。

　前者については限定的に考え，可能な限り見積りを実施すべきであり，合理的な見積額の算定ができるように，早急にデータを整備，蓄積していくことも求められる。

　一方，後者については，前記「3　会計処理等（1）計算（見積）方法　④　自社のサービスを優待価格（無償を含む。）で提供する場合」で解説したように，注解18の引当金計上の要件である当期以前の事象に起因した将来の費用がないケースが考えられる。すなわち，株主優待が利用されたとしても，将来に発生する費用は変わらず，引当対象の費用はないとの判断になることもあるのである。

　株主優待利用時に発生する費用が株主優待の利用によって生じた費用なのか否かを適切に判断することが重要と思われる。

（2） 実績割合の算出方法

　株主優待利用に係る実績割合の算出方法は，株主優待の内容に応じて異なり，額面がある株主優待の場合は，額面金額で実績割合を算出する方法が考えられ，額面がない株主優待の場合は，株主優待の権利を個数と捉えて割合を算出する方法が考えられる。

　一方で，額面のない株主優待で優待の性質が異なる複数の優待を発行している場合は，性質ごとに実績割合を算出する必要があると考えられる。

（3） 実態の把握

　株主優待利用に係る実態や実務慣行を十分に把握することが必要で，利用期限が設けられている優待では失効率も考慮することが考えられるが，株主へのサービスの一環で，利用期限が過ぎた優待の利用を認めているような場合は，

利用実績率算定に使用する使用済み優待券の集計範囲を実際の利用停止時期に設定する，または利用期限が到来しても引当金の取崩しを行わないといった対応を取ることが必要である。

（4） 他社が発行する株主優待

他社が発行した株主優待を自社で利用できるが，その際に発生する費用を株主優待発行会社に請求できないケースがある。持株会社形態で持株会社が傘下の会社で利用できる株主優待を発行するケースが一般的に想定される。

このようなケースでは，株主優待の利用によって生じた費用を他社に請求できず自社で負担することとなり，自社で株主優待を発行した場合と同様の結果となるため，自社で引当金の計上が必要になると考えられる。

自社発行の株主優待だけでなく，他社発行の株主優待でも，自社で利用できるものがないか等の確認が重要となる。

（5） 税効果会計上の取扱い

導入している株主優待が交際費等に該当する場合には株主優待引当金は一時差異に該当しないため，税効果会計の対象とはならない。一方，対象の株主優待が一時差異に該当する場合には株主優待引当金は税効果会計の対象となり，繰延税金資産の計上の検討が必要となる。

なお，株主優待自体が一時差異に該当しない場合であっても，株主優待引当金の計算に発送費用等を含めており，当該部分が一時差異に該当する場合には，該当部分のみ繰延税金資産の検討が必要となる。

340 第Ⅱ部 引当金別 会計上の論点と実務ポイント

27 商品券・旅行券等に対する引当金

1 概要

（1） 具体的事例

　わが国の小売業や旅行業などにおいては，将来の商品やサービスの提供の対価として金銭で決済されない商品券や旅行券等（以下，本27において「商品券等」という。）を発行しているケースがあり，その発行時には現金受領額等に基づき，「商品券」などの科目で負債計上している。

　また，商品券等には使用期限が付されていないことがほとんどであるが，発行した商品券等が長期間使用されていない場合には，たとえ使用期限が定められていない場合であっても，負債計上を中止し，収益を認識することが一般的に行われている。

　一方で，2007年の租特法準備金・役退取扱いの改正により，負債計上を中止した項目に関して，引当金の要件との関係が整理されたことを契機として（詳細については後記「（2）会計処理の考え方」を参照のこと），長期間使用されていない商品券等に係る負債について，一定期間経過後にその計上を中止するものの，将来の使用に備え必要と認められる額を「商品券回収損失引当金」などの科目で計上している事例が見られる。

（2） 会計処理の考え方

　発行後長期間使用されていない商品券等につき，顧客が商品券等を使用する可能性があるという実態を踏まえ，会計上容認できるかどうかという問題はあるものの，負債計上を中止する会計処理は，税務上の取扱いも勘案し，実務慣行として定着しているケースがあると考えられる。

　税務上，商品券等に関する益金の算入時期は，原則として，商品券等を発行した日の属する事業年度であるが，商品券等を発行年度ごとに区分管理している場合に限って，商品の引渡し等に応じて益金とすることができるとされている。ただし，この場合には，商品券等の発行年度終了の日の翌日から3年を経

過した日の事業年度末に未回収商品券等の残高があればその額を益金算入する必要がある（2018年改正前法基通2－1－39）[1]。前記の実務慣行はこの取扱いに従った処理である。

このように実務慣行としての処理が行われており，最終的に顧客が商品券等を使用しない場合も想定されるため，負債計上の中止自体を否定する必要はないと考えられ，租特法準備金・役退取扱い3(3)でも，その旨記述されている。

そのうえで同取扱い3(3)では，負債計上の中止処理後でも，顧客が商品券等を使用した場合には，商品の引渡しや役務の提供をすることがあり，引当金の認識要件を満たしている可能性があるため，将来の使用に対する備えとして注解18の引当金計上の要否を検討する必要があるとも定められている。

商品券等が将来使用され，商品の引渡しや役務の提供を行った際には費用が発生するが，これは当期以前に未回収商品券等の負債計上を中止したことに起因している。よって，注解18の引当金の要件である，①将来の特定の費用または損失であること，②その発生が当期以前の事象に起因するものであること，といった要件は満たしていると考えられる。

このため，過去の商品券等の使用実績などから，③発生の可能性が高いことという要件を満たし，かつ，同じく使用実績等から，④費用の発生見込額を合理的に見積ることができる場合には，引当金の計上が要求される。

2 事例分析

ここでは，2017年4月から2018年3月に決算を迎えた東証一部上場会社1,912社の有価証券報告書のうち，連結財務諸表において，商品券等に対する引当金を記載している会社（日本基準適用会社に限る。また，比較情報においてのみ計上されているケースを含まない。以下，本27において「対象会社」という。）32社[2]を母集団として，開示事例分析を実施した結果を記載する。

1　収益認識会計基準および収益認識適用指針の公表に伴い，法基通が改正されている。詳細については後記「5　収益認識会計基準の影響（4）その他特有の論点等　①　法人税法上の取扱い」を参照のこと。

2　条件に当てはまる会社数は31社であるが，ある東証一部上場会社1社で当該引当金が2種類含まれているケースがあり，これはそれぞれを1社として取り扱っている。また，連結財務諸表では「その他の引当金」として掲記されているが，注記にて当該引当金を計上していることが読み取れる会社1社を含んでいる。

342 第Ⅱ部 引当金別 会計上の論点と実務ポイント

（1） 会計方針の記載

　対象会社のうち，すべての会社で，負債計上を中止した商品券等の使用による費用発生に備えるために，将来の見込額を引当計上している旨を記載しており，このうち28社では，過去の実績等に基づいて将来見込額を算出している旨を併せて記載していた。また，28社のうち１社では，具体的な見積方法も記載していた（以下の開示事例参照）。

　ここからは，商品券・旅行券等に対する引当金に関しては，一般的な会計方針の記載に留まる会社が多くを占めるものの，具体的な引当方法を記載する会社も見られることが読み取れる。

会社名：雪印メグミルク㈱（2018年３月31日：有価証券報告書）

（連結財務諸表作成のための基本となる重要な事項）
　　　　　　　　　　　　　　～略～
　4　会計方針に関する事項
　　　　　　　　　　　　　　～略～
　（3）　重要な引当金の計上基準
　　　　　　　　　　　　　　～略～
④　ギフト券引換引当金
　収益計上に伴い負債計上を中止したギフト券等の今後の引換行使に備えるため，年度別に経過年と各ギフト券の回収率を調査し，最終的な回収率を見積もることにより当連結会計年度末における引換行使見込額を計上しております。

（2） 科目名

　対象会社における引当金の科目名は，図表Ⅱ－27－１のとおりである。なお，引当金の計上区分は，流動負債が20社，固定負債が13社であった[3]。

（3） 損益計算書表示区分

　対象会社のうち，引当金繰入額を，営業外費用に区分している会社が10社あった。これは，負債計上を中止した商品券等に対する引当金の繰入を，未回

3　ある東証一部上場会社１社で同じ引当科目名称で流動負債と固定負債それぞれに計上しているケースがあり，これはそれぞれを１社として取り扱っている。

27　商品券・旅行券等に対する引当金　343

図表Ⅱ−27−1	商品券・旅行券等に対する引当金の科目名

科目名	会社数（社）
商品券回収損失引当金	5
商品券回収損引当金	5
商品券等引換損失引当金	5
商品券等回収損引当金	4
商品券等引換引当金(＊1)	3
旅行券等引換引当金	2
商品券等回収引当金	2
その他(＊2)	6
合計	32

（＊1）　流動負債・固定負債の両方に同一の科目名で計上している会社があり，1社として
　　　　集計している。
（＊2）　ギフト券引換引当金，未回収商品券引当金，未引換商品券等引当金，商品券等使用
　　　　引当金，旅行券引換引当金，その他の引当金という名称が1社ずつで合計6社。

収商品券等の負債計上の中止に対応したものと捉えているためと考えられる。
未回収商品券等の負債計上の中止は，商品の販売や役務の提供という本来の営
業取引によって生じたものではないため，営業外の取引（雑収入等）と考えら
れ，引当金の繰入も営業外の取引と判断しているものと考えられる。

　なお，未回収商品券等の負債計上の中止処理は，区分掲記されていた6社す
べてで，未回収商品券受入益の科目名で，営業外収益に計上されていた。

　一方，引当金の繰入額を販売費及び一般管理費に計上している会社も1社
あった。

3 会計処理等

（1） 計算（見積）方法

　引当計上すべき金額は，負債計上を中止した商品券等のうち，将来使用され
ることで発生する費用額であり，過去の実績を参考にする。すなわち，発行年
度ごとに，発行した商品券等が現在までに使用された割合を算出し，発行した

344 第Ⅱ部 引当金別 会計上の論点と実務ポイント

商品券等の額に乗じることで使用見込額を求め，負債計上を中止した商品券等の額が未回収見込額を超過する額を引当額とするのである。

引当額＝負債計上を中止した商品券等の額－商品券発行額×（1－使用割合）

また，回収実績に係る年度ごとの特性を排除することも必要である。これに関しては，過去数年の実績割合の平均値を使用する方法，引当金は保守的に計上すべきとして，過去の最高の実績率で引当額を算出する方法が考えられる。

以上を踏まえ，具体的な見積額の計算方法に関して設例を用いて確認する。

なお，商品券，旅行券等に対する引当金の見積額の計算方法を定めた会計基準はなく，実務的には複数の計算方法があると考えられるが，設例Ⅱ-27-1は，その一例である。

設例Ⅱ-27-1 未回収商品券等に関する引当金の算定

［前提条件］

過年度の商品券等の使用割合は以下のとおりである。

	発行年度	発行金額	回収金額	未回収金額	回収率	引当金計上金額（※1）
収益化した商品券	X0	200	176	24	88%	（※2）4
	X1	200	180	20	90%	（※3）0
	X2	200	172	28	86%	8
	X3	200	176	24	88%	4
	X4	200	170	30	85%	10
負債計上商品券	X5	200	160	（※4）40	80%	0
	X6	200	110	（※4）90	55%	0
	X7	200	60	（※4）140	30%	0
	X8	200	20	（※4）180	10%	0
合計						（※5）26

（※1） 「引当金計上金額」は，負債計上を中止した「未回収金額」から，過去最高の「回収率」である90％に「発行金額」を乗じた額を基に算出した未回収見込額を控除した金額である。

（※2）　24－（200－200×90％）＝ 4 …X0期発行商品券に係る要引当額

（※3）　20－（200－200×90％）＝ 0 …X1期発行商品券に係る要引当額なし

（※4）　商品券前受金　450＝40＋90＋140＋180

（※5）　商品券回収損失引当金　26＝ 4 ＋ 8 ＋ 4 ＋10

［引当金等の計算］

商品券前受金　　　　　　270（※4）参照

商品券回収損失引当金　26（※5）参照

（2）　計上のタイミング

　商品券等に対する引当金は，未回収商品券等の負債計上を中止したことに伴って必要とされる引当金であるため，商品券等の負債計上を中止した時点で計上することが合理的であると考えられる。

　また，引当計上後に商品券等が使用された時点，および使用期限が到来した時点で，対応する引当金を取り崩すことになる。

（3）　繰入・戻入の会計処理

　負債計上を中止した商品券等に対する引当金の繰入・戻入については，発行年度ごとかつ商品券等の種類ごとに，繰入額と戻入額を差額補充法により計上する方法が考えられる。また，すべての商品券等に対する引当金の過不足額を合算して，繰入額または戻入額を差額補充法により計上する方法も考えられる。

　なお，未回収商品券等の負債計上の中止，および負債計上を中止した商品券等に対する引当金の繰入の計上区分は，前記「2 事例分析（3）損益計算書表示区分」に記載のとおりであるが，引当金の取崩しについては，商品券等の使用に伴う取崩しは売上高に，引当実績率の低下に伴う取崩し等その他の取崩しは引当金の繰入と同様の区分に計上することが考えられる。

4 ▌実務上のポイント

（1）　実態の把握

　発行した商品券等につき，使用可能期間経過後に，商品の引渡しや役務の提供を全く行わないことを会社が決めており，その旨を顧客等に十分に周知させ，

346 第Ⅱ部　引当金別　会計上の論点と実務ポイント

かつ，実態もそのような状況にある場合には，時効等に伴って負債計上を中止した商品券等に関しては，引当金計上の問題は生じないものと考えられる。しかしながら，時効後，あるいは使用期限を定めて周知している場合でも，実務慣行として，商品の引渡しや役務の提供を行っている場合には，引当金計上が必要になることも考えられる。

（2）　過去の使用実績等の把握

過去の使用実績が把握できない場合や商品券等が番号管理・個別管理されていない場合（たとえば，負債計上を中止した商品券等は簿外であるとして管理していない場合等）には，合理的な見積りを行うことができない可能性もあるが，把握できる範囲で最善の見積りを行って会計処理することが求められる。

すなわち，見積りが困難な場合でも，租特法準備金・役退取扱い3(3)また書きで「合理的な算定が可能となるよう，早期に対応することが必要」とされているように，合理的な見積額の算定ができるように，早急に過去のデータの精査を進め，データを整備，蓄積していくことが必要である。また，把握できる範囲で最善の見積りを行って会計処理している場合においても，より合理的な算定が可能となるように見積方法を見直していくことが必要である。

（3）　見積計算の方法

引当金の見積計算は商品券等の額面を基に算出することになる。これは，引当金計上が未回収商品券等の負債計上の中止処理に対応した会計処理であること，商品券等が使用された際には商品券等の額面分の将来費用が生じることを根拠にしていると考えられる。

5 ┃ 収益認識会計基準の影響

（1）　影響の概要

収益認識会計基準および収益認識適用指針（以下，本27においてこれらを合わせて「収益認識会計基準等」という。）の適用によって商品券等の会計処理は変わることになる。

基本的には，非行使部分以外の会計処理は従来の会計処理と同様に，非行使部分の会計処理は従来と異なる会計処理となる。

（2） 収益認識会計基準の会計処理

① 非行使部分以外の会計処理

収益認識会計基準等において，将来において財またはサービスを移転する履行義務について，顧客から支払を受けた時に，支払を受けた金額で契約負債を認識し，財またはサービスを移転し，履行義務を充足した時に，当該契約負債の消滅を認識し，収益を認識することとされた（収益認識適用指針52項）。

すなわち，商品券等を発行した段階では，従来は「財貨の移転の完了」という実現要件を満たさないため収益認識は認められなかったが，収益認識会計基準等の適用後も「財またはサービスを移転し，履行義務を充足」という要件を満たさないため，従来と同様に商品券等の発行時点での収益認識は認められない。

また，顧客が商品券等を使用し，商品の引渡しや役務の提供の段階で商品券等の負債計上を中止し，収益を計上する点は従来の会計処理と同様である。

② 非行使部分の会計処理

顧客が権利行使しないと見込まれる部分（非行使部分）の処理については，従来の実務では，前記「1 概要（2）会計処理の考え方」に記載したとおり，税務の容認基準に従い足掛け5年目の事業年度に商品券の負債計上を中止して収益計上すると同時に，収益認識後に商品券が使用される場合に備え，損失の発生額を過去実績等より合理的に見積って，「商品券回収損失引当金」などを引き当てる実務が一般的であった。

この点，収益認識適用指針第53項から第55項では，発行した商品券などが顧客によって使用されない場合の取扱いについて定められている。使用されない非行使部分については，企業が将来において権利を得ると見込めるかどうかで収益認識のタイミングが異なることになる。

すなわち，将来において権利を得ると見込める場合は，顧客の権利行使のパターンと比例的に収益を認識することになり，見込めない場合は，顧客が残りの権利を行使する可能性が極めて低くなったときに収益を認識することとされた（図表Ⅱ－27－2参照）。いずれの会計処理を採用する場合でも，収益認識会計基準等の適用後は「商品券回収損失引当金」などの引当金は計上されないこととなる。

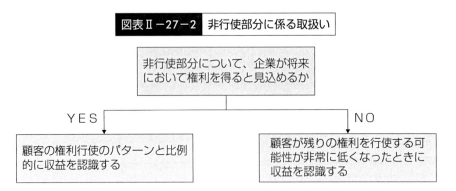

③ 代替的な取扱い

　商品券等の会計処理に係る公開草案に対して、一定期間経過後の一時点で負債の消滅を認識して収益を計上する従来の実務を代替的な取扱いとして容認して欲しいという意見が寄せられたが、収益認識適用指針に基づく非行使部分の見積りについては、実務において著しく困難となるとの意見が聞かれていないことを踏まえ、商品券等に係る会計処理に代替的な取扱いを定めないこととされた（収益認識適用指針187項）。

④ 企業が将来において権利を得ると見込む場合の具体的な処理

　契約負債における非行使部分について、企業が将来において権利を得ると見込む場合には、当該非行使部分の金額について、顧客による権利行使のパターンと比例的に収益を認識することになる（収益認識適用指針54項）。

　比例的な収益認識とは、たとえば、商品券1,000円分のうち10％である100円を非行使部分と見込んだ場合、1年目に630円（使用率70％（＊1））、2年目に270円（使用率30％（＊2））が使用されたとしたら、非行使部分のうち、1年目には100×70％＝70円を、2年目には100×30％＝30円を収益として計上する方法である。

（＊1）　使用額630円÷（発行価額1,000円－非行使部分100円）×100％＝70％
（＊2）　使用額270円÷（発行価額1,000円－非行使部分100円）×100％＝30％

　ここで注意する必要があるのが使用率の計算である。使用率は発行額から非行使部分を除いた金額に対する回収率を算定する計算になっており、従来の商品券回収損失引当金の計算で使用した、発行価額全体に対する回収率とは計算

27　商品券・旅行券等に対する引当金　349

が異なる点である。

　設例Ⅱ－27－2において，従来の商品券等の実務処理，将来の権利を見込む
場合の収益認識会計基準等による商品券等の会計処理の一例を記載する。

設例Ⅱ－27－2　企業が将来において権利を得ると見込む場合の比例的な収益処理

［前提条件］

① 　A社は1枚当たり1のギフト券を1,000枚，合計1,000を顧客に発行した。

② 　過去の経験から，発行済ギフト券のうち10％である100分が非行使部分に
　　なると見込まれる。

③ 　発行時より1年後に360，2年後に180，3年・4年後に90が使用され，商
　　品と引き換えられた。

④ 　設例は簡略化のため消費税等を考慮せず，商品の売上原価への振替仕訳も
　　省略する。

	従来の会計処理	収益認識会計基準等の会計処理
商品券発行時 （×年）	（借）現金1,000　（貸）商品券1,000	（借）現金1,000　（貸）契約負債1,000
商品券行使時 （×＋1年）	（借）商品券360　（貸）売上360	（借）契約負債360　（貸）売上360 （借）契約負債40　（貸）雑収入40 (※1)
商品券行使時 （×＋2年）	（借）商品券180　（貸）売上180	（借）契約負債180　（貸）売上180 （借）契約負債20　（貸）雑収入20 (※2)
商品券行使時 （×＋3年）	（借）商品券90　（貸）売上90	（借）契約負債90　（貸）売上90 （借）契約負債10　（貸）雑収入10 (※3)
商品券行使時 （×＋4年）	（借）商品券90　（貸）売上90	（借）契約負債90　（貸）売上90 （借）契約負債10　（貸）雑収入10 (※3)
益金算入時期 （×＋4年の末日）	（借）商品券280　（貸）雑収入280 （借）商品券回収損失引当金繰入額180 　　　（貸）商品券回収損失引当金180	非行使部分100がゼロになるまで，上記と同様の会計処理が以降の年度も継続する。

（※1）　40＝非行使部分100×行使割合｛行使額360÷（発行価額1,000－非行使部分100）｝

（※2）　20＝非行使部分100×行使割合｛行使額180÷（発行価額1,000－非行使部分100）｝

（※3）　10＝非行使部分100×行使割合｛行使額90÷（発行価額1,000－非行使部分100）｝

350 第Ⅱ部 引当金別 会計上の論点と実務ポイント

⑤ 企業が将来において権利を得ると見込まない場合の具体的な処理

契約負債における非行使部分について，企業が将来において権利を得ると見込まない場合には，当該非行使部分の金額について，顧客が残りの権利を行使する可能性が極めて低くなった時に収益を計上することになる（収益認識適用指針54項）。当該顧客が残りの権利を行使する可能性が極めて低くなった時が，税法上の益金算入要件と一致する際は，税務上の調整は不要となるが，一致しない場合には税務上の調整が必要となる。

（3） 表示および開示

収益認識会計基準等の適用に伴い，今後は「商品券回収損失引当金」などの引当金は計上されず，顧客から支払を受けた金額は契約負債として計上することとなる。

（4） その他特有の論点等

① 法人税法上の取扱い

収益認識会計基準等を踏まえ，法基通2−1−39も改正されている。改正前は例外とされていた商品引換券等との引き換えにより商品を引き渡した時に益金算入する処理は，改正後は原則処理に変更されている。

また，一定期間経過後に一括益金算入する取扱いも残っており，商品券の発行日から10年（改正前は足掛け5年）が経過した日の属する事業年度終了の時（10年経過日等）に未計上となっている商品券に係る対価の額を，一括して益金算入しなければならならない。ただし，10年経過日の前でも次に掲げる一定の事実が生じた場合には，未計上となっている商品券に係る対価の額を一括して益金算入することとされている。

27　商品券・旅行券等に対する引当金　351

① 法人が発行した商品引換券等をその発行に係る事業年度ごとに区分して管理しないこと，または管理しなくなったこと
② その商品引換券等の有効期限が到来すること
③ 法人が継続して収益計上を行うこととしている基準に達したこと（注）
（注）　たとえば，発行日から一定年数が経過したこと，商品引換券等の発行総数に占める未引換券の数の割合が一定割合になったことその他の合理的に定められた基準のうち法人が予め定めたもの（会計処理方針その他のものによって明らかとなっているものに限る）。

　非行使部分の金額について，顧客による権利行使のパターンと比例的に収益を認識する会計処理が，改正後の法基通で認められるのかどうかがポイントとなるが，一定の要件を満たす場合は，認められるとされている。

　すなわち，法人が商品券等を発行するとともにその対価の支払を受ける場合において，非行使部分があるときは，その商品券等の発行の日から10年経過日等（10年が経過した日。なお，同日前に前記①～③の事実が生じた場合には当該事実が生じた日）の属する事業年度までの各事業年度においては，当該非行使部分に係る対価の額に権利行使割合を乗じて得た金額から，すでにこの取扱いに基づき益金の額に算入された金額を控除する方法，その他のこれに準じた合理的な方法に基づき計算された金額を益金の額に算入することができるとされている（法基通2-1-39の2本文）。

　また，非行使部分の見積りを行う場合には，過去における権利の不行使の実績を基礎とするなど合理的な方法により見積られたものであること，およびその算定の根拠となる書類を保存していることを要するため，留意が必要である（同通達の(注)1）。

　また，10年経過日等の属する事業年度において，非行使部分に係る対価の額のうち本文により益金の額に算入されていない残額を益金の額に算入することとされている点に留意する必要がある（同通達の(注)2）。

② 消費税法上の取扱い

　消費税の取扱いについては国税庁から公表された「収益認識基準による場合の取扱いの例」の設例ケース5に商品券等の取扱いが記載されている。原則として，商品券等の発行時は不課税扱いになるため消費税の課税関係は発生しな

352 第Ⅱ部 引当金別 会計上の論点と実務ポイント

い。

　また，商品券等の行使時において，商品と引き換えられた行使額が消費税の課税対象となるのは従来の商品券使用時と同様である。一方で，非行使部分について比例的に収益を認識する場合や，残りの権利を行使する可能性が極めて低くなった時に計上する雑収入については，消費税法上の譲渡等がないため，不課税取引になると考えられる。

28 災害損失引当金

1 概要

（1） 具体的事例

　地震，洪水，火災等の災害や事故により企業の建物や設備等が滅失または損壊し，撤去・取壊費用等が生じる場合があるが，期末日後に発生する費用については，災害損失引当金が計上される。具体的には，以下の事例が考えられる。

- 被災した建物や設備等に関して，将来発生する撤去・取壊費用，復旧・原状回復や修繕に要する費用
- 被災した販売用不動産の復旧費用，または棚卸資産の損傷や廃棄等に伴う支出

（2） 会計処理の考え方

　被災した建物や設備等に関する撤去費用等は，決算日までに実際の撤去が実施され，代金が決済されていないものは未払金等により費用計上する。一方，建物の修繕や資産の撤去に関し，期末日後に実施が予定されているものについては，注解18の要件を満たすことを条件に引当金として計上する。

　将来の建物や設備等の撤去・取壊費用については，撤去・取壊を行う以外に選択肢がない場合には，引当金を認識することになると考えられる。

　また，将来の復旧・原状回復や修繕に要する費用についても，関連する支出が原状回復や修繕を超えて価値を増加させる場合，すなわち，資本的支出となる額を除き，引当金を認識することになると考えられる（引当金研究資料2⑪【ケース26】(b)）。

354 第Ⅱ部 引当金別 会計上の論点と実務ポイント

2 ┃ 事例分析

（1） 会計方針の記載

① 引当金研究資料における事例分析

　引当金研究資料において，東日本大震災後の2011年3月期の有価証券報告書に災害損失引当金を計上している417社について，会計方針等の記載内容を調査している。当該調査によると，東日本大震災のような極めて甚大な被害を引き起こした状況においても「東日本大震災により被災した資産の復旧費用等の支出に備えるため，当該損失見積額を計上しております。」や「東日本大震災により被災した資産の撤去，修繕費用及び原状回復費用等に備えるため，将来の支出見込額を計上しております。」などの定型的な記述が392社（94.0％）に達していた。

② 直近の有価証券報告書における事例分析

　2017年4月から2018年3月に決算を迎えた東証一部上場会社1,912社における有価証券報告書のうち，連結財務諸表もしくは個別財務諸表またはこれらの双方において，災害に係る引当金が計上されている会社（日本基準適用会社に限る。また，比較情報においてのみ計上されているケースを含まない。以下，本28において「対象会社」という。）は，18社であった。なお，連結財務諸表および個別財務諸表の双方に計上しているケースは1社としてカウントしている。

　対象会社の会計方針の記載を分析した結果は図表Ⅱ－28－1のとおりであり，事例1および事例2の定型的な記述が17社（94.4％），事例3の会計方針を記載していない事例が1社（5.6％）であった。また，東日本大震災のように災害の具体名を記載していたのは10社であった。

　災害損失引当金は経常的に計上される性質のものではない。前事業年度に引当金を計上し，「重要な会計方針」において「引当金の計上基準」を開示していたが，当事業年度において引当金計上の対象となる事実がなくなり，引当金を計上しないことがある。この場合，当事業年度における「重要な会計方針」として「引当金の計上基準」を開示する必要はないと考えられる。詳しくは前記「第Ⅰ部 第3章 表示・開示 3 各財務諸表における引当金に関する注記事

28 災害損失引当金 **355**

図表Ⅱ-28-1	災害に関する引当金に関する会計方針の記載分析

事例	会計方針等の記載内容	会社数（社）
1	災害により被災した資産の復旧等の費用の支出に備えるため，必要と認められる見積額を計上している。	12
2	災害に伴い，今後発生が見込まれる費用および損失について，合理的に見積った金額を計上している。	5
3	会計方針を記載していない事例	1
	合計	18

項（1）引当金の計上基準の注記」を参照のこと。

（2） 科目名

対象会社の科目名を分析した結果は，図表Ⅱ-28-2のとおりである。

2018年3月末時点において災害に関する引当金を計上している18社のうち13社（72.2％）は引当金を流動負債に計上している。残り5社（27.8％）は固定負債（または流動負債および固定負債の双方）に計上しており，いずれも陸運業または電気・ガス業であった。

図表Ⅱ-28-2	災害に関する引当金の科目名

表示区分	表示科目	会社数（社）
流動負債	災害損失引当金	13
固定負債	災害損失引当金	2
流動負債および固定負債	災害損失引当金	1
	災害復旧費用引当金	2
合計		18

（3） 損益計算書表示区分

災害損失引当金繰入額等の表示区分について，東日本大震災のときに公表された会長通牒平成23年第1号「東北地方太平洋沖地震による災害に関する監査

対応について」（以下，本図において「会長通牒平成23年第1号」という。）で
は，原則として，特別損失として計上するものとされていた。ただし，「経常
的な費用として会計処理することを否定するものではない」とも書かれており，
一般的な特別損失への区分の要件も勘案しつつ，適切な判断を行う必要がある
と考えられる。対象会社のうち，連結損益計算書注記によれば，引当金繰入額
のあった4社中3社が災害による損失に含めて特別損失に計上していた。また，
1社は，災害による損失と災害損失引当金繰入額等を区分し計上していた。

3 ▎会計処理等

（1） 計算（見積）方法

　地震，洪水，火災等の災害や事故を原因として，期末日後に実施される損壊
資産の撤去費用，資産の原状回復費用等に要する金額を合理的に見積り，引当
金の額を算定する。算定にあたっては，客観的な見積りを行い，その根拠を明
確にしておく必要がある（詳細は後記「4　実務上のポイント（3）具体的な
計算方法」参照）。

（2） 計上のタイミング

　当期以前に発生した災害を直接の原因とする費用については，注解18の要件
を満たすことを条件に引当金を認識する。
　つまり，①決算日までに発生していない将来の費用であって，②当期以前に
発生した災害を直接の原因としており，③将来発生する可能性が高い費用・損
失（損壊資産の撤去費用や資産の原状回復費用等）で，④金額を合理的に見積
ることができる場合には引当金を認識する。

（3） 繰入・戻入の会計処理

　災害損失引当金は，引当金計上の要件を満たした段階で引当金（繰入額）を
営業外費用または特別損失に計上する。
　期末時点で見積りの変更があった場合は，引当金の繰入または戻入を行う。
いずれの場合も，会計上の見積りの変更となり，原則として，営業外費用また
は営業外収益として認識する（詳細は後記「4　実務上のポイント（5）見積
差額の取扱い」参照）。

また，被災した建物等の撤去，修繕が完了し，実績が確定した時点でそれに対応する額を取り崩すこととなるが，実績が確定したときの見積金額との差額は，同様に営業外損益として認識することになる。

4 ┃ 実務上のポイント

（1） 被害状況の把握

大規模な災害が発生した場合は，初期段階に災害対策本部を設置し被害状況を把握することが必要である。東日本大震災時には，津波による被害が沿岸部の広範囲にわたったことに加え，本社は被災した営業所と数日間にわたり連絡がとれない状況であった。結果，全社の被害状況の把握にかなりの日数を要することになった。また，災害時には情報が錯綜することが多く，状況が刻々と変化するため，関係部署との連絡を密にすることが重要である。

日本公認会計士協会から災害に伴う会計処理に関する文書として，「阪神・淡路大震災に係る災害損失の会計処理及び表示について」および会長通牒平成23年第1号が公表されている。その後も各地で大きな地震や台風などによる災害が発生しているが，新たな通知は公表されていない。会長通牒平成23年第1号に記載されているとおり，あくまで処理方法は例示であり，個々に判断することを求めているものの，上記通知を参考として会計処理に必要な資料の収集等の準備を行うことはできるものと考えられる。

（2） 引当金の認識範囲

災害の影響が広範囲となる場合に，どこまでを災害損失引当金の対象とすべきかの判断に迷う場合が多いと考えられる。

期末日以前に発生した災害を直接の原因とし，期末日後に発生する費用について，期末日時点でどの範囲まで引当金を認識すべきかどうかという問題である。

判断のポイントは，当期以前に発生した災害を直接の原因とする費用または損失であるかどうかである。

たとえば，地震により内部が崩壊し復旧不可能になった建物の撤去費用や津波で2階まで浸水し使用不可能になった社屋の撤去費用は，当期以前に発生した災害を直接の原因とする費用であることから，災害に関する引当金を認識す

358 第Ⅱ部 引当金別 会計上の論点と実務ポイント

ることに異論はないと考える。

　一方，災害を受けて本社等を移転する場合，期末日に移転していない場合の移転費用については，引当金の要件を満たさないのが一般的と考えられるため，実際の移転時に認識することになる（前記「23 店舗閉鎖損失引当金・移転費用引当金・本社移転損失引当金等」参照）。これは，一般に移転するか否かは経営上の判断によるところが大きく，災害の発生との因果関係が必ずしも直接的とはいえないためである（引当金研究資料2⑾【ケース26】(b)）。

　なお，移転方針が決定し，金額的に重要性が高いと見込まれる場合は，注記において概要を説明することが望ましい。災害を受けて本社等の撤去・取壊しを行う以外に選択肢がない場合には，引当金を認識することになると考えられる。

　取引先や従業員に対する見舞金，復旧支援費用または返品受入に要する費用等についても，一般に災害の発生との因果関係が必ずしも直接的といえない。よって，期末日までに現金支出等の額を社内で意思決定し，これを取引先や従業員等に通知しているような場合を除き，費用はいまだ発生していないと考えられることから，引当金の要件を満たさないのが一般的である（引当金研究資料2⑾【ケース26】(b)）。

（3）　具体的な計算方法

　災害が発生した場合は，データ収集や会計上の見積りが困難なケースが想定される。東日本大震災時には，会計システムが浸水し決算値が確定できない事例も発生した。また，震災後，福島第一原子力発電所周辺は，立入りが制限され，現地調査が困難な状況であった。

　こうした状況の下でいかに金額を合理的に見積るかがポイントとなる。見積りの前提によって計上すべき金額が大きく異なることから，算定にあたっては，可能な限り最善の見積りを行い，その根拠を明確にしておく必要がある。合理的な見積りを行うため，被災した建物等の撤去，修繕に要する費用の見積書を入手することが考えられる。災害時は，被災した現場の調査が困難な状況になることも多く，見積書の金額が暫定的になってしまうことが想定される。このような場合には，複数の業者から見積書を入手する，入手した見積金額と過去の実績とを比較するなどの方法をとり，見積りの精度を高めることを検討すべきである。

中には，見積書自体を外部から入手することができず，内部の建設部門から見積書を入手する場合もあろう。このような場合には，過去の実績と比較するなど合理的な見積りであることの検証結果を残しておく必要がある。

東日本大震災は，3月決算の期末日直前に発生し，かつ，極めて甚大な被害の中，見積書も暫定的なものが多く，翌期に復旧工事を行った際には，大きな乖離が出てしまった事例もあった。

なお，東日本大震災時は，「会計上の見積りの合理性については，適切に判断すべきであるが，今回の災害発生の状況から判断し，それぞれの会計事象に係る会計基準が想定する事実確認や見積りの合理性要件と比較し，ある程度の概算による会計処理も合理的な見積りの範囲内にあるものと判断できる場合もあると考えられる。」（会長通牒平成23年第1号Ⅰ）とされており，一定の方法で見積りがなされていた。

（4） 保険契約等

保険契約等により災害による損失の一部または全部が補填される場合がある。受取保険金が確定していない場合は，その金額を合理的に見積ることができないため，これを収益または費用もしくは損失の補填として認識することは一般に困難と考えられる。受取保険金が確定した場合には，当該補填分を差し引いた純額で引当金を測定する処理，または当該補填分を資産として別に計上する処理のいずれの方法もあると考えられる（引当金研究資料2⑾【ケース26】(b)）。

なお，固定資産や棚卸資産に対する損害保険の付保による保険金の受取りについて，仮に受取保険金の確定までにかなり時間を要する場合には，実務的対応として保険に関してその付保状況を注記において説明することが考えられるとされている（会長通牒平成23年第1号Ⅲ1(1)①）。

（5） 見積差額の取扱い

引当金の見積差額については，過去の財務諸表作成時において入手可能な情報に基づき最善の見積りを行った場合には，当期中における状況の変化により会計上の見積りの変更を行った時の差額，または実績が確定したときの見積金額との差額は，その変更のあった期，または実績が確定した期に，その性質により，営業損益または営業外損益として認識することになる（過年度遡及会計基準55項）。

360 第Ⅱ部 引当金別 会計上の論点と実務ポイント

　災害発生時には，多くの制約条件の中で見積りを行うため，当初想定されない事象が発生し，実績と見積りとの間の差額に金額的重要性がある場合も考えられる。たとえば，東日本大震災時には，被災した建物の解体撤去費用の一部を地方自治体が負担する方針を決定し，災害損失引当金の戻入が生じたケースがあった。また，決算時には，現地の調査が進まなかった地域において，除却・取替えの意思決定を前提に，災害損失引当金の見積りをしたものの，翌年度，現地調査の進展に伴い，除却・取替えではなく修繕することになったため，災害損失引当金の追加繰入が生じたケースもあった。このようなケースでは，引当金を計上した時点では，入手可能な情報に基づいて最善の見積りがなされているのであれば，実績が確定した期の特別損益として計上することは例外的に認められるものと考える。

　しかし，特別な状況の変化によって重要な見積差額が発生した場合を除き，実績が確定したときの見積金額との差額は，営業外損益として認識するのが原則である。

29 偶発損失引当金

1 概要

(1) 具体的事例

　偶発損失は偶発事象の1つであり，偶発事象とは，利益または損失の発生する可能性が不確実な状況が貸借対照日現在すでに存在しており，その不確実性が将来事象の発生することまたはしないことによって，最終的に解消されるものをいう。将来利益の発生する可能性のあるものを偶発利益，損失の発生する可能性のあるものを偶発損失という。収益計上は実現主義を基礎としていることから，偶発利益については会計上何ら処理されず，注記等での開示の対象ともされない。

(2) 会計処理の考え方

　偶発損失を含む偶発事象（債務保証および保証類似行為を除く。）の会計処理および開示は，発生の可能性と金額の合理的な見積りの可能性によって，次頁の図表Ⅱ-29-1のように分類することができる。

　発生の可能性が高く金額を合理的に見積ることができる偶発損失については，引当金の4要件を満たすため，将来事象の発生に伴って負担することになる偶発損失の額を合理的に見積り，引当金として計上しなければならないが，それ以外の偶発債務は発生可能性が低いものと重要性の乏しいものを除き，財務諸表に注記されることになる（連結財規39条の2，連結財規ガイドライン39の2，財規58条，財規ガイドライン58，会社計算規則103条1項5号）。

　この偶発損失引当金は，将来の損失に備えて計上する負債性引当金である。

　なお，前記「⑯ 訴訟損失引当金」，「⑰ 独占禁止法等の違反に関連する引当金」，「⑱ 債務保証損失引当金」は，いずれも偶発損失に対する引当金であると考えられるが，それぞれの箇所で解説している。

図表Ⅱ-29-1　偶発事象の会計処理および開示の取扱い（債務保証等を除く。）

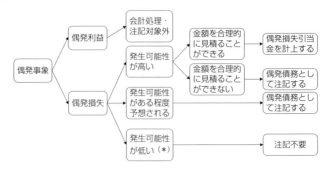

（＊）　債務保証においては，基本的に発生可能性が低いものについても，当事者間での契約等により義務が生じていることから注記が行われる。他方，本29が対象としているような債務保証以外の偶発債務（たとえば，仲裁等）については，発生可能性が低い場合などにおいて，企業に義務があるのかどうかという点が不確実であるという状況と性質があることから，注記が不要と判断されるケースがあるとされている（偶発事象研究報告2(3)④）。

2　事例分析

（1）　会計方針の記載

　「偶発損失引当金」の勘定科目で開示している会社は，2017年4月から2018年3月に決算を迎えた東証一部上場会社1,912社の有価証券報告書のうち，連結財務諸表もしくは財務諸表またはこれらの双方において68社（日本基準適用会社に限る。また，連結財務諸表と個別財務諸表の双方に計上している会社は1社としてカウントし，比較情報においてのみ計上されているケースを含まない。）あり，そのうち57社が銀行業となっている。

　銀行業の偶発損失引当金については，責任共有制度に基づく信用保証協会に対する負担額を引き当てているとしているケースが多くを占めた。

　銀行業の会社において，偶発損失引当金の計上基準を記載している開示事例は以下のとおりである。

会社名：武蔵野銀行㈱（2018年3月31日：有価証券報告書）

注記事項
【連結財務諸表作成のための基本となる重要な事項】
〜略〜
4．会計方針に関する事項
〜略〜
（12）偶発損失引当金の計上基準
　偶発損失引当金は，信用保証協会等に対する責任共有制度負担金及び保証協会負担金等の支払いに備えるため，過去の実績に基づき，将来の支払見込額を計上しております。

　銀行業以外の会社での計上基準を分析すると，訴訟損失引当金の性格を含むと考えられるものが多く，また，有価証券報告書の開示からのみでは正確な内容が把握できない事例もある。
　銀行業以外の会社において，偶発損失引当金の計上基準を記載している開示事例は以下のとおりである。

会社名：ルネサスエレクトロニクス㈱（2017年12月31日：有価証券報告書）

【注記事項】
（連結財務諸表作成のための基本となる重要な事項）
〜略〜
4．会計方針に関する事項
〜略〜
（3）重要な引当金の計上基準
〜略〜
⑤　偶発損失引当金
　訴訟や係争案件などの将来発生する可能性のある偶発損失に備えるため，偶発事象ごとに個別のリスクを検討し，合理的に算定した損失見積額を計上しております。

364　第Ⅱ部　引当金別　会計上の論点と実務ポイント

会社名：㈱熊谷組（2018年3月31日：有価証券報告書）

【注記事項】
（連結財務諸表作成のための基本となる重要な事項）
　　　　　　　　　　　　～略～
4．会計方針に関する事項
　　　　　　　　　　　　～略～
（4）　重要な引当金の計上基準
　　　　　　　　　　　　～略～
④　偶発損失引当金
　将来発生する可能性のある偶発損失に備えるため，偶発事象毎に個別のリスクを検討し，合理的に算定した損失見込額を計上している。

（2）　科目名

　本29では，「偶発損失引当金」という勘定科目で開示している事例を調査の対象としている。

　偶発損失引当金は負債性引当金であり，他の同様の引当金と同じく，ワンイヤールールに従い，流動負債または固定負債に計上する。

（3）　損益計算書表示区分

　偶発損失引当金繰入額は，その金額，発生事由等に応じ，適切な区分で計上する。たとえば，通常の営業循環過程の中で生じる事象に対する引当金であれば営業費用と考えられ，それ以外のケースでは通常は営業外費用とされ，さらに，臨時損失を引き当てる場合には，特別損失とすることも考えられる。

　この点，銀行業の偶発損失引当金繰入額は，その他経常費用としているケースが多く，その他の業種においては，特別損失としているケースが多くを占めた。

3┃会計処理等

（1）　計算（見積）方法

　偶発損失引当金は，見積りが非常に困難な引当金の1つと考えられる。見積りが可能となる場合は，事象がある程度確定した段階であることが多く，偶発

事象の発生直後に，負担額を合理的に見積ることは困難なケースが多いと考えられる。

　見積りが可能となった時点における，引当金の額は以下のとおりとなる。

> 偶発損失引当金計上額＝当該偶発損失が顕在化した場合の損失見込額

（2）　計上のタイミング

　偶発事象が貸借対照表日現在発生しており，その損失見込額が合理的に見積可能となった時点で計上すべきと考えられる。

（3）　繰入・戻入の会計処理

　繰入については，将来の負担額と見積られた額のうち当期までの負担額を，発生事由等に応じ，適切な区分で計上する。

　引当金は計上したが結果として損失を負担する必要がなくなった場合や，見積りより低い負担額で決着した場合などには引当金を戻し入れる処理を行うが，その場合，過年度遡及会計基準に基づき，その性格に応じて営業損益または営業外損益として処理することになる（過年度遡及会計基準55項参照）。

4 ▎実務上のポイント

　偶発損失引当金は，注記による開示との関係が重要となる。

　偶発損失引当金として計上したもの以外に，偶発損失は生じているが金額や発生可能性を具体的に見積ることができず，財務諸表において引当金を計上できない場合がある。その場合には，発生可能性が低いものを除き財務諸表に注記することとなる。

　偶発損失が生じているが引当金を計上せず，財務諸表に注記している例には以下のようなものがある。

366 第Ⅱ部 引当金別 会計上の論点と実務ポイント

会社名：サンデンホールディングス㈱（2018年3月31日：有価証券報告書）

【注記事項】

〜略〜

（連結貸借対照表関係）

〜略〜

注4．偶発債務

当連結会計年度（2018年3月31日）

　米国司法省との間で合意した司法取引に関連し，北米において損害賠償を求める民事訴訟（集団訴訟）等が提起されております。訴訟の結果によっては当社グループの業績に影響を与える可能性がありますが，現時点においてその金額を合理的に見積ることは困難であり，当社グループの経営成績及び財政状態に与える影響は明らかではありません。

---

30 修繕引当金・特別修繕引当金

1 ┃ 概要

（1） 具体的事例

　修繕引当金または特別修繕引当金とは，会社が保有する有形固定資産について，将来発生する修繕の支出に備えるために計上される引当金をいう。

　わが国では，石油元売業，鉄鋼メーカー，船舶業，ガス業等を中心に，修繕引当金や特別修繕引当金が計上されている。これらは，法律に基づく定期点検や大型設備に係る定期的な修繕に要する費用の支出に備えて計上されていることが多い（引当金研究資料2(6)【ケース15】(a)）。

（2） 会計処理の考え方

　現在の設備の利用によって，次回の修繕や特別修繕（修繕（引当金）と特別修繕（引当金）の相違については，後記「4　実務上のポイント（1）毎期継続的に行われる修繕に関する引当金計上」を参照のこと）が必要となり，その際，費用が発生する可能性が高く，その金額を過去の経験等に基づいて合理的に見積ることができる場合には，定期点検が法律に基づくものであるかどうか，あるいは，大型設備に係る定期的な修繕に該当するかどうかにかかわらず引当金を認識することになると考えられる（引当金研究資料2(6)【ケース15】(b)）。

2 ┃ 事例分析

　本30では，2017年4月から2018年3月に決算を迎えた東証一部上場会社1,912社の有価証券報告書のうち，連結財務諸表もしくは財務諸表またはこれらの双方において，「修繕」を科目名に含む引当金（以下，本30において「修繕引当金等」という。）を計上している会社（日本基準適用会社に限る。また，比較情報においてのみ計上されているケースを含む。以下，本30において「対象会社」という。）75社を母集団として，開示事例分析を実施した結果を記載する。

　なお，連結財務諸表および個別財務諸表の双方に計上しているケースは，1

368 第Ⅱ部 引当金別 会計上の論点と実務ポイント

社としてカウントしている。

（1） 会計方針の記載

　会計方針の分析に先立ち，実際に使用されている修繕引当金等の勘定科目，業種およびその会社数は図表Ⅱ－30－1のとおりであった。

図表Ⅱ－30－1 修繕に係る引当金の科目名および計上している業種

科目名	業種	会社数（社）
修繕引当金	化学	13
	電気機器	3
	サービス業	3
	建設業	3
	その他	13
	小計	35
特別修繕引当金	海運業	8
	石油・石炭製品	3
	その他	16
	小計	27
ガスホルダー修繕引当金	電気・ガス業	6
	その他	2
	小計	8
定期修繕引当金	輸送用機器	1
船舶特別修繕引当金	建設業	2
	倉庫・運輸関連業	1
	小計	3
一括借上修繕引当金	建設業	1
建物修繕工事引当金	小売業	1
熱供給事業設備修繕引当金	電気・ガス業	1
合計		（＊）77

（＊）　母集団75社のうち，2社が2つの科目名を使用していた。

30　修繕引当金・特別修繕引当金　369

　勘定科目は複数あるが，会計方針の記載内容については科目によって大きな違いはなく，一部簡略な記載はあるものの，設備の将来の修繕費用の支出に備えるため，将来発生すると見積られる修理費用のうち，当連結会計年度または当事業年度の負担額を計上している旨を記載している。

　修繕費用の支出については，貯油槽，船舶，線路保守用車両等，修繕の対象となる設備名を具体的に記載している事例もあった。また，修繕費用の見積額の算定方法に触れている事例が12社あり，すべて過去の修繕実績等（および修繕計画に基づいているものも含む。）に基づいて算定している旨の記載であった。

　さらに，見積額のうち当期への負担額の按分基準について記載している事例が22社あり，すべて期間（次回修繕までの期間等）に基づいて算定している旨の記載であった。

　修繕引当金等の会計方針に関する開示例を以下に記載する。

会社名：日東紡績㈱（2018年 3 月31日：有価証券報告書）

【注記事項】
（連結財務諸表作成のための基本となる重要な事項）
〜略〜
4　　会計方針に関する事項
〜略〜
（3）　重要な引当金の計上基準
〜略〜
③　修繕引当金
　当社及び一部の連結子会社は製造設備の定期的修繕に備えるため，前回の修繕費用を基礎として次回の修繕費用を見積り，次回の改修までの期間に按分して繰り入れております。

（2）　科目名

　前記図表Ⅱ-30-1で示したとおり，勘定科目は，修繕引当金および特別修繕引当金で過半数を占めている。

　また，修繕引当金等は，ワンイヤールールに基づいて表示される。対象会社の流動，固定の開示の状況は図表Ⅱ-30-2に示すが，各社の状況に応じて流

370 第Ⅱ部 引当金別 会計上の論点と実務ポイント

動負債，固定負債に区分計上されている。

| 図表Ⅱ－30－2 修繕に係る引当金の科目名別の流動・固定区分 |

科目名	表示区分	会社数（社）
修繕引当金	流動負債	7
	固定負債(＊)	28
	小計	35
特別修繕引当金	流動負債	0
	固定負債(＊)	27
	小計	27
建物修繕工事引当金	流動負債	1
	固定負債(＊)	1
	小計	2

（＊） 固定負債と流動負債の双方に表示されているケースを含む。

なお，前記図表Ⅱ－30－1のうち，図表Ⅱ－30－2に記載されていない引当金に関して，すべて固定負債に表示されていた。

（3） 損益計算書表示区分

修繕引当金等に係る繰入額は，定期的に行われる固定資産の修繕に伴う支出に備えて毎期継続的に計上される費用であるため，通常実施される修繕と同様に，製造原価あるいは販売費及び一般管理費に計上するのが一般的であると考えられる。対象会社においても修繕引当金等繰入額を製造原価あるいは販売費及び一般管理費に計上している事例が多い。

3 会計処理等

（1） 計算（見積）方法

各期の修繕引当金等の繰入額は，修繕に要する費用の見積額と各期への按分割合を見積り，両者を乗じて求められる。

各期で計上する金額は以下の算式のとおりであり，設例Ⅱ-30-1において具体的な計算方法を示す。

$$
\begin{array}{l}
\text{各期で計上する} \\
\text{修繕引当金繰入額}
\end{array}
=
\begin{array}{l}
\text{修繕に要する} \\
\text{費用の見積額}
\end{array}
\times \text{各期への按分割合}
$$

設例Ⅱ-30-1　修繕引当金の計算（各期への按分基準を期間とした場合の設例）

［前提条件］

　5年周期で定期的に行われる修繕に備え，修繕費20,000を各事業年度に配分し，特別修繕引当金を計上する。

［引当金の計算］

　$4,000 = 20,000 \times 0.2^{(※)}$

（※）　$0.2 = 1 年（当期）÷ 5 年$

なお，修繕に要する費用の見積額の算定方法としては，以下のような方法が考えられる。

- 過去に修繕を行ったことがある場合には，前回の修繕費用を基礎として金額を見積る。
- 新しい設備や機械装置については，類似の資産の修繕費を基礎として金額を見積る。
- 業者に修繕費用の見積りを依頼し，その金額を基礎とする。

また，修繕の見積額の各期への按分割合の算定方法としては，以下のような方法が考えられる。

① 期間を按分基準とする場合

$$
\text{各期への按分割合} = \frac{\text{各事業年度の月数}}{12} ÷ \text{修繕が行われる周期}
$$

修繕が行われる周期は，以下の事項を考慮して合理的に決定する必要がある。

372　第Ⅱ部　引当金別　会計上の論点と実務ポイント

i　法定に基づく定期点検に伴い修繕が見込まれる場合には，定期点検が行われる周期

ii　自主点検等に伴い修繕が見込まれる場合は，企業の合理的な長期経営計画に基づく年数（この場合は恣意性が介入するおそれがあるため，修繕の周期に係る専門家の見解，あるいは過去に修繕を実施した事実がある場合にはその周期等を参考にする必要がある。）

② 稼働時間（生産量）を按分基準とする場合

$$各期への按分割合 = \frac{各事業年度の稼働時間（あるいは各事業年度の生産量）}{総稼働時間（総生産量）}$$

総稼働時間等は，会社の生産計画，対象資産の生産能力等を反映した合理性のあるものでなければならない。

　設備の摩耗が，時の経過に伴って発生する場合には，按分基準として期間を用いるのが合理的であり，一方，設備の稼働に伴って発生する場合には稼働実績（あるいはそれによって得られた生産量）を按分基準とすることも可能であると考えられる。

　ただし，按分基準として稼働実績（生産量）を用いるためには，設備の総稼働時間（総生産量）と当期の稼働時間（生産量）を合理的に見積る必要があり，また，建物等のように稼働時間が存在しない資産には，この基準を使うことはできない。企業は実態に即した合理的な基準を選択する必要がある。

（2）　計上のタイミング

　注解18に従って判断することになる。修繕費用は将来の特定の費用または損失であり，その修繕の原因が主に修繕の対象となった固定資産の使用という過去の事象に起因しているものと考えられる。当該要件を満たしている場合で，発生の可能性が高く，金額を合理的に見積ることが可能な場合には，修繕引当金等を計上しなければならない。

　具体的には，法律に基づく定期点検の場合には，対象固定資産を有している限り将来も点検が実施されることは確実であるため，定期点検に係る費用を次回の定期点検までの期間にわたり，引当金として計上する必要がある。また，定期点検の結果として修繕が行われることが見込まれる場合，修繕費用を過去の実績に基づいて合理的に見積ることが可能であると考えられるため，修繕費

用を修繕が行われる期間にわたり，引当金として計上する必要がある。実務上は，前回の修繕費用を引当金として期間按分し，それを超える費用が発生した場合には発生した期の費用として計上することが考えられる。

また，企業の自主点検の場合には，法律による点検の義務はないが，企業の合理的な経営計画の中で点検の実施により修繕が見込まれ，かつ，修繕に要する金額を合理的に見積ることができる場合には，修繕費用について引当金を計上する必要がある。

（3） 繰入・戻入の会計処理

修繕引当金等（同繰入額）は，引当金の要件を満たした段階で計上され，その後，引当金の対象となった修繕が行われた事業年度に引当金を取り崩す処理を行う。適切な期間損益計算の観点から修繕引当金は，修繕が行われるまでの期間にわたり，按分して繰入されていく。

なお，計上した引当金額は毎期見直しを行うが，見直しをした結果，修繕に係る費用の見積額が，当初の見積額よりも増加，あるいは減少するケースがある。さらには引当の対象となった資産を廃棄した等の場合，過去に引き当てた金額が過大になるケースがある。

見直しの結果生じた見積差額は，会計上の見積りの変更となり，原則として営業損益として計上することになると考えられる（過年度遡及会計基準55項）。このため，四半期を含む決算においては，修繕費用の見積額の見直しのほか，修繕の対象となる資産の有無および次回点検までの期間に変更がないかどうか等を確認し，常に最善の見積りを行う必要がある。

4 ▌実務上のポイント

（1） 毎期継続的に行われる修繕に関する引当金計上

会計基準等において修繕引当金と特別修繕引当金を明確に区分している定めはない。

一般的に，修繕引当金とは，企業が所有する有形固定資産に修繕が必要な事実（たとえば，毎期修繕工事を行う計画があり，実際に修繕を行っていた事実）が発生していたにもかかわらず，当期にたまたま修繕が行われず，翌期以降に生じる修繕費を当期に見積って計上する引当金をいう[1]。一方，特別修繕引当

金とは，数年に1度，法令に基づく点検等に伴い定期的に特別な大規模修繕が必要であり，その修繕に要する費用を各期間に配分することが合理的であるときに，将来の修繕に要する費用の支出に備えて設定される引当金をいう。

　数年に1度，定期的に行われる特別な修繕は，通常金額的な重要性も高いことが多く，期間損益計算の適正性を図る目的からも，引当金の要件を満たす場合には特別修繕引当金として計上をする必要がある。

　一方，毎期継続的に行われる修繕については，実務上，修繕引当金を計上せずに，修繕が実際に行われた期に修繕費として費用計上している会社も見受けられる。これは，実際は修繕作業の過程で追加費用が発生する等，修繕費用を合理的に見積ることが困難であるためであり，また，翌期以降の経営環境の変化によって修繕の時期を変更する，修繕を止めて代替資産を購入する等，必ず修繕が実施されるといい切れない面があるためと思われる。しかしながら，引当金の要件を満たす場合には修繕引当金として計上をする必要があることに留意する。

（2）　修繕引当金等の計上の対象

　修繕引当金等は将来発生する修繕，改修等に要する費用の支出に備えるために計上される引当金であるから，計上の対象となるのは，固定資産の機能を維持管理するため，あるいは原状を回復させるための修繕費用である。資産の使用可能期間を延長させる，あるいは資産の機能や価値を増加させる資本的支出は，取得価額に加算された後，減価償却を通じて費用化されるものであり，修繕引当金等の対象にはならない。

（3）　複数の資産に対して引当金を計上している場合

　複数の資産に対して，それぞれに対応する法律等に基づいて修繕引当金等を計上している場合がある。この場合，これらの資産に対する引当金は，計上の根拠となる法律および計算方法もそれぞれで異なるものであるから，仮にある資産に対して引当金の目的外取崩しが存在していても，他の資産の引当金の繰入や引当不足に充当することはできないと考えられる。

1　『財務会計論（三訂版）』飯野利夫著，同文舘出版，PP.9-21〜22

（4）　法人税法の取扱いとの関係

　法人税法上，基本的には，修繕引当金等（繰入額）は損金の額に算入することは認められておらず，引当金を計上した場合には別表で加算申告調整が必要になる。

　ただし，特別修繕のうち，特定船舶を保有する場合で損金経理の方法によって特別修繕準備金を積み立てた場合（剰余金の処分により積立金として特別修繕準備金を積み立てた場合を含む。）に限り，積立限度額以下の金額を損金の額に算入することが認められている（租税特別措置法57条の8）。

　したがって，財務会計上の修繕引当金等のうち，税務上の特別修繕準備金の要件を満たすもので，かつ，積立限度額の範囲内の金額であれば損金の額に算入することが認められているが，準備金の要件を満たさないもの，または要件を満たしていても限度額を超過しているものについては一時差異として認識され，税効果会計の適用を受けることになる。

31 利息返還損失引当金

1 概要

(1) 具体的事例

　利息返還損失引当金とは，消費者金融会社等が，「出資の受入れ，預り金及び金利等の取締りに関する法律」（以下，本31において「出資法」という。）の範囲内にはありながら，利息制限法の上限を超えて収受したいわゆる「グレーゾーン金利」の返還請求に起因して生じる返還額に備えて設定する引当金のことをいう。

　2006年1月13日および19日に「貸金業の規制等に関する法律」（以下，本31において「貸金業規制法」という。）第43条・みなし弁済規定の適用に係る最高裁判決が出され，貸金業規制法が要求しているみなし弁済の適用条件を満たしていない貸付金に係る利息制限法の上限金利を超過して支払った利息は無効であるとの判断が示された。そして，この最高裁判決を受けて，債務者等から利息制限法の上限金利を超過して支払った利息の返還を受けることが増加すると予想され，会計的にも以下のような具体的な対応が求められるようになった。

　利息返還請求に関する会計監査上の問題に対応するため，日本公認会計士協会から2006年10月13日付で，業種別委員会実務指針第37号「消費者金融会社等の利息返還請求による損失に係る引当金の計上に関する監査上の取扱い」（以下，本31において「利息返還損失引当金取扱い」という。）が公表された。

　その後，2006年12月20日付で改正貸金業規制法が公布，2010年6月18日に完全施行された。この貸金業規制法の改正により，金利負担の軽減という考え方から出資法の上限金利が20％に引き下げられてグレーゾーン金利が撤廃され，上限金利は利息制限法の水準（貸付額に応じ15％〜20％）となった。当該法改正に対応するため，2012年5月15日に利息返還損失引当金取扱いが改正され，現状はこれに基づいて会計処理されているのが一般的である。

（2） 会計処理の考え方

利息返還損失引当金取扱いにおける利息返還に係る会計処理は，図表Ⅱ－31－1のとおりである。

図表Ⅱ－31－1 利息返還に係る会計処理のまとめ

ケース	会計処理
① 債務者等から利息制限法の上限金利を超過して支払った利息の返還の請求があり，決算日現在において，和解が成立する等により返還金額が確定している場合	返還金額を「未払金」として負債計上する。
② 債務者等から利息制限法の上限金利を超過して支払った利息の返還の請求があるが和解に至っていないものが存在する場合	返還が必要となる金額を見積り，当該金額を「引当金」として計上する。
③ 請求はないが過去に返還実績がある等により今後返還の請求が見込まれる場合	返還が必要となる金額を見積り，当該金額を「引当金」として計上する。

2 事例分析

ここでは，2017年4月から2018年3月に決算を迎えた東証一部上場会社1,912社の有価証券報告書のうち，連結財務諸表もしくは個別財務諸表またはこれらの双方に利息返還損失引当金を計上している会社（日本基準適用会社に限る。また，比較情報においてのみ計上されている会社を含まない。以下，本31において「対象会社」という。）38社を母集団として，開示事例分析を実施した結果を記載する。

（1） 会計方針の記載

一般的な記載方法として，以下のような注記が考えられる。

378　第Ⅱ部　引当金別　会計上の論点と実務ポイント

会社名：アコム㈱（2018年3月31日：有価証券報告書）

【注記事項】
（連結財務諸表作成のための基本となる重要な事項）
　4　会計方針に関する事項
（3）　重要な引当金の計上基準
④　利息返還損失引当金
　将来の利息返還損失に備えるため，当社は，過去の返還実績を踏まえ，かつ最近の返還状況を考慮する等により返還額を合理的に見積もり計上しております。

会社名：㈱クレディセゾン（2018年3月31日：有価証券報告書）

【注記事項】
（連結財務諸表作成のための基本となる重要な事項）
　4．会計方針に関する事項
（4）　重要な引当金の計上基準
利息返還損失引当金
　将来の利息返還の請求に備え，過去の返還実績等を勘案した必要額を計上しております。

（2）　科目名

　利息返還損失引当金等の適当な名称をもってワンイヤールールに従い，流動負債または固定負債に計上する必要がある。

　なお，銀行業の貸借対照表には流動・固定分類がないため，負債の部に計上することになる。

　また，その他の業種では，固定負債のみに計上されている例が11社と最も多いものの，流動負債のみに計上している会社が1社，流動負債と固定負債の双方に計上している会社が2社あった。

　対象会社を業種別に見ると，銀行業（23社）やその他金融業（消費者金融業）（7社）のほか，小売業（8社）においても計上されている。

（3）　損益計算書表示区分

　消費者金融会社等の連結損益計算書または損益計算書においては，営業費用

（その他の営業費用）に利息返還損失引当金繰入額という名称で表示するのが一般的であるが，改正貸金業規制法が2010年6月18日に完全施行され，グレーゾーン金利が撤廃されたことにより，近年は引当金の戻入となるケースも散見される。一方，銀行業の連結損益計算書または損益計算書においては，その他経常費用の区分にその他の経常費用に含めて表示するのが一般的である。

3 ▍会計処理等

（1） 見積方法と計上タイミング

引当の対象となるのは，グレーゾーン金利により貸し付けられた貸付金である。将来返還が見込まれる額を計算するにあたっては，期末に当該貸付金残高のある場合と完済・償却により期末に当該貸付金残高がない場合に分類して計算することになる。この場合の見積りの基礎となるのは，債務者等からの合理的見積期間に係る利息返還請求件数の返還実績率や平均返還額等を属性別に把握した実績データである。

返還実績率の算定は，合理的見積期間に対応する過去の期間を算定期間とする。そして，その期間の期首における貸付金口座数を分母とし，その分母の口座数のうち算定期間内に受けた利息返還請求件数を分子として計算する。合理的見積期間が複数年となる場合には，合理的見積期間に対応する過去の算定期間における返還実績率の平均値をもって返還実績率とすることも考えられる。

ただし，ここで留意しなければならないのは，将来の利息返還請求件数を見積るにあたっては，上記で算定した過去の返還実績率を補正して計算する必要があるということである。なぜなら，利息返還損失引当金は，会社が期末時点で有する将来の利息返還損失に備えるために設定される引当金であり，過去の利息返還額の発生状況をもとにして，将来の利息返還損失額を合理的に見積ったうえで一括して計上されていなければならないからである。

以下では，①貸付金残高がある場合と②貸付金残高がない場合に分けて，具体的な計算方法を解説する。

① 貸付金残高がある場合

i 延滞債権

延滞債権については，延滞日数等をもとにいくつかの区分に分類し，合理的

見積期間に係る区分ごとの利息返還請求件数の返還実績率（補正後）に平均返還額を乗じて，引当額を算出する。

なお，融資を受けた債務者が法的整理や私的整理の状況にある場合には，平均返還額ではなく，債務者ごとに個別に再計算した返還見込額に返還実績率を乗じて，引当額を算出する。この場合の合理的見積期間は，延滞発生から債務整理に至るまでの平均期間とすることが考えられる。

$$区分ごとの延滞債権口座数 \times \begin{matrix}合理的見積期間に係る \\ 返還実績率（補正後）\end{matrix} \times 平均返還額$$

ii 正常債権

正常債権については，正常債権の状況で利息返還請求を受ける場合の利息返還請求件数と期首時点の正常債権から延滞債権へ転移した後に利息返還請求を受ける場合の利息返還請求件数を合わせて合理的見積期間に係る返還実績率（補正後）を算出し，これに平均返還額を乗じて，引当額を算出する。期中に延滞状況になり利息返還請求を受ける場合も正常債権の状況で利息返還請求を受ける場合に含めることに留意が必要である。

この場合の合理的見積期間については，貸付金の平均回収期間または平均利用期間とすることが考えられる。これは，貸付残高がある期間中には，債務者等から利息返還請求を受ける可能性があるからである。

$$正常債権口座数 \times 合理的見積期間に係る返還実績率（補正後）\times 平均返還額$$

② 貸付金残高がない場合

この場合には，会社が債務者等から利息の返還請求を受けた場合に対応が必要となる過去に完済または償却した貸付金を対象として引当金を算出する。すなわち，年度ごとの完済・償却件数と年度ごとの完済・償却した債務者等からの合理的見積期間に係る利息返還請求件数から返還実績率（補正考慮後）を算出し，これに平均返還額を乗じて，引当額を算出する。

この場合の合理的見積期間については，完済・償却後の利息返還請求を受けるまでの年数等を勘案して決定する。その際には，利息返還請求を受けた案件についての完済・償却からの経過年数およびその発生率等合理的な基準に基づく必要があることに留意が必要である。

$$\text{過去完済・償却件数} \times \frac{\text{合理的見積期間に係る}}{\text{返還実績率(補正後)}} \times \text{平均返還額}$$

(2) 繰入・戻入の会計処理

繰入・戻入の会計処理について,固有の論点はなく,注解18における引当金の要件を満たした段階で決算時に引当金を計上することになる。

なお,より合理的な見積りを行うため,利息返還損失引当金の計上額は,利息返還実績等の状況に応じて決算期ごとに見直す必要がある。そのためには,取引期間,貸付金残高,他社の借入状況等の属性分類による区分を行い,より精緻に検討しなければならない。

4 ▌実務上のポイント

利息返還請求による損失の前提となる利息制限法の上限金利を超過して支払った利息部分の返還額については,以下のような2つの考え方がある。

> 考え方1
>
> 　貸付金残高の有無にかかわらず利息制限法を超過して支払った利息部分の総額を引き当てるべきである。
>
> 考え方2
>
> 　貸付金残高に充当した後,実際に債務者等に対して支払われる現金返還部分のみを引き当てるべきである。

利息返還に係る返還額は,利息制限法の上限金利を超過して支払った利息の返還を債務者等が消費者金融会社等に請求することによって生じたものであり,貸付金残高への充当については債務者等への返還方法でしかない。

このため,　考え方1　のとおり,利息制限法の上限金利で引き直し計算した場合に貸付金残高に充当される利息部分を含めた返還すべき利息総額を引当計上の対象とすべきである。

したがって,返還請求に伴う現金返還部分のみを引当計上の対象とするものではないことに留意が必要である。

382 第Ⅱ部　引当金別　会計上の論点と実務ポイント

32 睡眠預金に対する引当金

1 | 概要

（1）　具体的事例

　睡眠預金とは，顧客が銀行等に預け入れたまま，長期間にわたって入出金取引のない状態になっている預金をいい，休眠預金や休眠口座とも呼ばれる。

　預金は，預金契約によって発生する，預金者の銀行等に対する金銭債権であることから，他の債権と同様に消滅時効が適用される。具体的には，銀行は商法上の商人に該当するため，銀行に対する預金は，商事債権として5年で時効になり（商法522条），信用金庫や信用組合は商人に該当しないため，信用金庫や信用組合に対する預金は，民事債権として10年[1]で時効になる（民法167条1項）と解釈されることがある（図表Ⅱ-32-1参照）。

図表Ⅱ-32-1　債権の消滅時効期間

債権の種類	消滅時効期間	根拠法令
商事債権	5年	商法第522条（＊1）
民事債権	10年	民法第167条第1項（＊2）

（＊1）　商法第522条は，2020年4月1日の民法改正により削除され，新民法第166条第1項第1号が適用されることになる。

（＊2）　民法第167条第1項は，2020年4月1日の民法改正により改められ，新民法第166条第1項第1号が適用されることになる。新民法第166条第1項第1号では，①債権者が権利を行使することができることを知った時から5年間行使しないとき，②権利を行使することができる時から10年間行使しないときに時効によって消滅するとされている。

1　2018年1月より休眠預金等活用法が施行され，2009年1月1日以降の取引で10年以上にわたってその後の取引のない預金は，民間公益活動に活用されることになった。これにより，2019年3月期を最後に，負債計上を中止し利益計上を行う睡眠預金はなくなることになる。

預金債務の契約上の義務，すなわち払戻義務が消滅するのはどの時点かについては，法律上の解釈が定まっておらず，睡眠預金についても，法律上の債務が消滅したとはいい切れないのが現状である。

実務上，長期間滞留している預金債務を貸借対照表上で整理するために，銀行等においては，一定の年数を定めて睡眠預金を定義し，最終取引日から当該年数が経過した預金については負債認識を中止し，収益として認識する実務が定着している。

その一方で，睡眠預金に該当し負債計上を中止した預金であっても，預金者からの請求があれば窓口で払戻しに応じているケースが多く，金融機関はこの払戻しに備えるために引当金を計上している。これが睡眠預金に対する引当金である。

（2） 会計処理の考え方

睡眠預金に対する引当金の計上が必要か否かを判断するにあたり，注解18に照らして検討してみると，以下のようになり，引当金の要件を満たしているため，計上が必要と考えられる。

---

① 将来の特定の費用または損失であるか

　負債認識を中止した後に睡眠預金の返還請求に応じた場合，銀行等に費用が発生することになるため，将来の特定の費用であるといえる。

② その発生が当期以前の事象に起因するか

　当該費用は，顧客が銀行等に預け入れたまま，長期間にわたって入出金取引を行わなかったこと，およびその睡眠預金について銀行側が負債認識を中止したことによるものであり，当期以前の事象に起因しているといえる。

③ 発生の可能性が高いか

　一口座ごとに払戻しが生じる可能性を見積ることは現実的でないが，過去の払戻実績をもとにすれば，負債認識を中止した睡眠預金のうちどれくらいの払戻しが生じる可能性があるかを見積ることができ，その一部については払戻しの可能性が高いといえる。

④ 金額を合理的に見積ることができるか

　③のとおり，過去の払戻実績をもとにすれば，負債認識を中止した睡眠預金のうちどれくらいの払戻しが生じる可能性があるかを見積ることができる。

384　第Ⅱ部　引当金別　会計上の論点と実務ポイント

2 事例分析

（1）　会計方針の記載

　一般的な記載方法として，以下のような注記が考えられる。

会社名：㈱滋賀銀行（2018年3月31日：有価証券報告書）

【注記事項】
（連結財務諸表作成のための基本となる重要な事項）
　5　会計方針に関する事項
（7）　睡眠預金払戻損失引当金の計上基準
　当行の睡眠預金払戻損失引当金は，負債計上を中止した預金について，預金者からの払戻請求に備えるため，将来の払戻請求に応じて発生する損失を見積もり，必要と認める額を計上しております。

会社名：㈱九州フィナンシャルグループ（2018年3月31日：有価証券報告書）

【注記事項】
（連結財務諸表作成のための基本となる重要な事項）
　4　会計方針に関する事項
（6）　睡眠預金払戻損失引当金の計上基準
　睡眠預金払戻損失引当金は，負債計上を中止し利益計上を行った睡眠預金の払戻請求に備えるため，過去の支払実績等を勘案して必要と認められる額を計上しております。

（2）　科目名

　通常は「睡眠預金払戻損失引当金」という名称で貸借対照表に計上されている。2017年4月から2018年3月に決算を迎えた東証一部上場会社1,912社の有価証券報告書（日本基準適用会社に限る。また，比較情報においてのみ計上されている会社を含まない。）において，連結財務諸表を作成している会社のうち81社の連結貸借対照表に睡眠預金払戻引当金が計上されており，すべて銀行業を営む会社またはその持株会社であった。

（3）　損益計算書表示区分

　銀行業の連結損益計算書上，その他経常費用の「その他の経常費用」に含めて表示するが，金額に重要性があれば，その他経常費用の区分に「睡眠預金払戻損失引当金繰入額」という名称で区分掲記するのが一般的である。

3 会計処理等

（1）　計算方法と計上タイミング

　負債計上を中止後（雑益処理後）にどれくらいの期間が経過すると払戻しが落ち着き，ほとんど払戻しが生じなくなるかについての仮定を置くことで，過去の雑益処理額から今後生じる可能性の高い払戻額を見積ることができる。すなわち，負債計上を中止後（雑益処理後）に当該期間を経過していない部分について引当金の設定対象とし，未発生部分を引当計上するのである。

　なお，上記仮定を設定するにあたっては，合理的な仮定とするために，過去の払戻実績をベースにするのが一般的である。

　実際の計算方法としてはさまざまな方法が考えられるが，計算方法の一例としては，設例Ⅱ-32-1のような方法が挙げられる。

設例Ⅱ-32-1　睡眠預金払戻損失引当金の会計処理

［前提条件］
① 　X21年度における睡眠預金払戻損失引当金を算定する。
② 　負債計上を中止後（雑益処理後）10年で払戻しが落ち着き，それ以降に生じる払戻しは僅少であり，考慮する必要がない。
③ 　負債計上を中止後（雑益処理後）10年以内に生じた払戻実績率の平均は20％である。
④ 　負債計上を中止後（雑益処理後）10年が経過していない年度（X12年度～X21年度）における雑益処理累計額は2,000である。
⑤ 　③の雑益処理累計額2,000のうち，X13年度からX21年度においてすでに200の払戻しが生じている。
⑥ 　税効果会計は考慮しない。

386　第Ⅱ部　引当金別　会計上の論点と実務ポイント

［引当金の計算］

③の雑益処理累計額2,000から最終的に生じる見込みの払戻し

　　400＝2,000×20％

③の雑益処理累計額2,000からすでに生じている払戻額　200

　　⇒今後払戻しが生じ得るため，引き当てる必要がある金額

　　200＝400－200

（2）　繰入・戻入の会計処理

①　雑益の計上

　一定の年数を定めて睡眠預金を定義し，最終取引日から当該年数が経過した預金については負債認識を中止し，収益として認識する。なお，その年数については，10年としているケースが多いようである。

＜仕訳＞

負債認識中止時（雑益処理時）

（借）　預　　　　　　　金　　×××	（貸）　その他の経常収益（雑益）　　×××	

②　引当金の繰入

　負債認識を中止した睡眠預金のうちどれくらいの払戻しが生じる可能性があるかについて，過去の実績等をもとにして決算時に算定して，繰り入れる。

＜仕訳＞

引当金繰入時

（借）　その他の経常費用 　　　　　睡眠預金払戻損失 　　　　　引 当 金 繰 入 額　　×××	（貸）　睡眠預金払戻損失引当金　　×××	

③　払戻

　過去に負債計上を中止して利益計上した睡眠預金を払い戻した場合には，引当金を取り崩す処理を行う。

＜仕訳＞

払戻時

| (借) | 睡眠預金払戻損失引当金 | ××× | (貸) | 預 | 金 | ××× |
| (借) | 預 | 金 | ××× | (貸) | 現 | 金 | ××× |

④　引当金の戻入

決算時に算定した要引当額が既引当額を下回る場合には，引当額の戻入を行うことになる。

＜仕訳＞

引当金戻入時

| (借) | 睡眠預金払戻損失引当金 | ××× | (貸) | その他の経常収益 (睡眠預金払戻損失 引当金戻入益) | ××× |

4 ▌実務上のポイント

引当金の算定にあたってはさまざまな仮定が必要となり，見積りの要素が介入するため，その精度については不確実性が高いといえる。このため，見積りの妥当性を事後的に検証するため，負債計上中止後（雑益処理後）の全期間において発生した払戻額と引当額との比較を行い，十分な水準であったかどうかを検証することが必要である。この検証は，バックテストと呼ばれ，検証の結果，引当額に過不足が認められる場合には，仮定の設定を見直すなど，実態を反映するよう適切な対応が必要である。

補　論

収益認識会計基準の概要

　2021年4月1日以後開始する連結会計年度および事業年度の期首から収益認識会計基準が原則適用となり（なお，早期適用に係る定めが設けられている。），一部の引当金に関しては，これまでの実務が大きく変わることになる。前記第Ⅱ部の各節では，必要に応じて「5　収益認識会計基準の影響」として，そのインパクトを解説しているが，この補論では前記第Ⅱ部各節の記載の理解の助けになるよう，それらの前提となる収益認識会計基準の概略を必要な範囲で解説する。

1 収益認識会計基準の開発の背景

　従前，わが国において収益認識（売上）に係る包括的な会計基準は制定されていなかった。このため，企業会計原則に定められる「実現主義」の原則に従い，商品等の販売または役務の給付によって「実現」したものに限って，収益が認識されてきた（企業会計原則　第二　三　B）。収益認識に係る具体的なガイダンス（会計基準の定め）は一部のものを除いては設けられておらず，税務上の規定も参考としつつ，業界慣行も含め，適切な実務が醸成されてきた。

　そのようななかで，以下の背景から収益認識に関する会計基準の開発が進められることとなった（収益認識会計基準92項）。

- 前記のとおり，わが国において収益認識に係る包括的な会計基準がこれまでは開発されてこなかったこと
- 国際的な会計基準において包括的な収益認識に係る会計基準が開発され，適用される流れとなったこと
- 収益が企業の経営成績を示すうえで重要な財務情報であること

補　論　389

　その後，企業会計基準委員会（ASBJ）は，国内外の企業間の財務諸表の比較可能性の観点から，国際財務報告基準（IFRS）第15号「顧客との契約から生じる収益」の基本的な原則を取り入れることを出発点として会計基準を開発する方針を決定し，最終的に2018年3月に企業会計基準第30号「収益認識に関する会計基準」（収益認識会計基準）として公表されるに至ったものである。

2 ▎適用範囲・主要な用語の定義

（1）　適用範囲

①　収益認識会計基準に定められる適用範囲

　収益認識会計基準は，開発に際してベースとなったIFRS第15号の名称にもあるとおり「顧客との契約から生じる収益」を対象としている。すなわち，「顧客」との契約から生じるものではない取引や事象から生じる収益はその対象とならない（収益認識会計基準3項，102項）。

　ここで「顧客」とは，対価と交換に企業の通常の営業活動により生じたアウトプットである財またはサービスを得るために当該企業と契約した当事者と定義されており（収益認識会計基準6項），通常の営業活動以外から生じるものについては収益認識会計基準の対象とならないものと考えられる。

　なお，金融商品会計基準の適用範囲に含まれる金融商品に係る取引や，リース会計基準の適用範囲に含まれるリース取引などは，収益認識会計基準の適用範囲から除外されている（収益認識会計基準3項）。

②　適用範囲と引当金の会計処理との関係

　引当金との関係でいくと，売上に関連して顧客との間で（すなわち，顧客に対して）計上されるような，たとえば，製品保証引当金，売上値引（割戻）引当金，返品調整引当金，ポイント引当金，商品券に関する引当金といったものが，収益認識会計基準の適用の影響を受けることになる。

（2）　用語の定義

　収益認識会計基準における用語の定義も，開発に際しての方針と整合的に，IFRS第15号のそれを基本的に取り入れることとしている。具体的な用語の定義は，図表補-1に示している。

390

| 図表補－1 | 収益認識会計基準における用語の定義 |

用語	定義	収益認識会計基準での項番
契約	法的な強制力のある権利および義務を生じさせる複数の当事者間における取決めをいう。	5項
顧客	対価と交換に企業の通常の営業活動により生じたアウトプットである財またはサービスを得るために当該企業と契約した当事者をいう。	6項
履行義務	顧客との契約において，次の(1)または(2)のいずれかを顧客に移転する約束をいう。 (1) 別個の財またはサービス（あるいは別個の財またはサービスの束） (2) 一連の別個の財またはサービス（特性が実質的に同じであり，顧客への移転のパターンが同じである複数の財またはサービス）	7項
取引価格	財またはサービスの顧客への移転と交換に企業が権利を得ると見込む対価の額（ただし，第三者のために回収する額を除く。）をいう。	8項
独立販売価格	財またはサービスを独立して企業が顧客に販売する場合の価格をいう。	9項
契約資産	企業が顧客に移転した財またはサービスと交換に受け取る対価に対する企業の権利（ただし，債権を除く。）をいう。	10項
契約負債	財またはサービスを顧客に移転する企業の義務に対して，企業が顧客から対価を受け取ったものまたは対価を受け取る期限が到来しているものをいう。	11項
債権	企業が顧客に移転した財またはサービスと交換に受け取る対価に対する企業の権利のうち無条件のもの（すなわち，対価に対する法的な請求権）をいう。	12項
工事契約	仕事の完成に対して対価が支払われる請負契約のうち，土木，建築，造船や一定の機械装置の製造等，基本的な仕様や作業内容を顧客の指図に基づいて行うものをいう。	13項

受注制作のソフトウェア	契約の形式にかかわらず，特定のユーザー向けに制作され，提供されるソフトウェアをいう。	14項
原価回収基準	履行義務を充足する際に発生する費用のうち，回収することが見込まれる費用の金額で収益を認識する方法をいう。	15項

　これらの用語のうち特に重要なものは，「契約」「顧客」「履行義務」ではないかと思われる。収益認識会計基準は「『顧客』との『契約』」を対象とするものであるため，当然にその適用範囲を明確化するために「顧客」と「契約」の定義は重要となる。このうち，「契約」については，いわゆる契約書と呼ばれるような書面によるものに限られず，口頭や慣行によるものも含まれるが，他方で経済的な実質を伴っていなければならないとされている（収益認識会計基準19項）。

　また，「履行義務」という概念は，収益認識会計基準の適用によって新たに導入される考え方であるが，形式的な契約単位ではない「収益認識の単位」となるものであり，この識別が非常に重要となってくる。

3 ▌収益認識会計基準の基本的な考え方（5ステップ）

（1）　会計処理の基本となる原則

　収益認識会計基準に示された基本となる原則は，約束した財またはサービスの顧客への移転を，当該財またはサービスと交換に企業が権利を得ると見込む対価の額で描写するように，収益の認識を行うことである（収益認識会計基準16項）。

　この基本原則も，IFRS第15号と整合的に定められ，会計基準の根幹をなしているものであり，会計基準の適用に際して常に意識すべき重要な原則である。

（2）　5ステップアプローチ

　前記「（1）会計処理の基本となる原則」に記載した基本原則を達成するために，収益認識会計基準ではIFRS第15号と同様の5つのステップによる収益認識の手順を定めている（収益認識会計基準17項）（図表補-2参照）。

| 図表補－2 | 収益認識における5つのステップ |

5ステップ	具体的な手続
① 契約の識別	顧客との契約の識別
② 履行義務の識別	①で識別した契約に含まれる履行義務の識別
③ 取引価格の算定	識別した履行義務に対する契約全体の取引価格の算定
④ 履行義務への取引価格の配分	契約において約束した財またはサービスのそれぞれの独立販売価格の比率に基づき，履行義務へ取引価格を配分
⑤ 履行義務の充足による収益の認識	④で配分された価格に基づき，履行義務が充足された時，または充足するにつれて収益を認識

　図表補－2を補足すると，最初に「① 契約の識別」（ステップ1）および「② 履行義務の識別」（ステップ2）において，形式的な契約単位ではなく，その実態に応じた「収益認識の単位」を決定することになる。続いて，「③ 取引価格の算定」（ステップ3）と「④ 履行義務への取引価格の配分」（ステップ4）において，「収益を認識する金額」が決定（測定）されることになる。最後に，「⑤ 履行義務の充足による収益の認識」（ステップ5）において，「収益認識のタイミング」が決定されることにより，実際に収益が認識されることになる。

　この5ステップによる収益認識を具体例に落とし込んだものを図表補－3に示しているので，参考とされたい。

補　論　393

図表補−3	5ステップの具体的な適用

（例）会社は当期首に顧客と事務用機器の販売とその後2年間の保守サービスをワンセットとした内容の契約を締結し，当期首に事務用機器を引き渡した。また，当期首から当期末まで保守サービスを提供する。契約書に記載された対価は総額で120であった。

ステップ1 契約の識別	ステップ2 履行義務の識別	ステップ3 取引価格の算定	ステップ4 履行義務に取引価格を配分	ステップ5 履行義務充足による収益の認識
要件を満たす顧客との契約を識別	事務用機器の販売と保守サービスの提供を別個の履行義務として識別	契約全体の対価を120と算定	契約全体の取引価格を各履行義務に配分 • 事務用機器 100 • 保守サービス 20	履行義務の性質により収益認識時点を決定 • 事務用機器：一時点（引渡時など） • 保守サービス：一定期間（2年間）

	当期の収益	翌期の収益
事務用機器	100	－
保守サービス	10	10

4 ┃ その他の論点（本書に必要な部分のみ）

（1）　代替的な取扱い

　収益認識会計基準は，IFRS第15号の基本的な原則を取り入れることを出発点として原則的な取扱いを定めている。そのうえで，わが国で行われてきた実務等に配慮して，比較可能性を損なわない範囲で「代替的な取扱い」と呼ばれる定めを設けている（収益認識会計基準97項，98項）。

　具体的には，以下の項目につき，収益認識適用指針において代替的な取扱いが定められている（収益認識適用指針92項から104項）。

●契約変更における重要性が乏しい場合の取扱い（ステップ1）

- ●顧客との契約の観点で重要性が乏しい場合の履行義務の識別（ステップ2）
- ●出荷および配送活動に関する会計処理の選択（ステップ2）
- ●期間がごく短い工事契約等（ステップ5）
- ●船舶による運送サービス（ステップ5）
- ●出荷基準等の取扱い（ステップ5）
- ●契約の初期段階における原価回収基準（ステップ5）
- ●重要性が乏しい財またはサービスに対する取引価格の配分における残余アプローチの使用（ステップ4）
- ●契約に基づく収益認識の単位および取引価格の配分（ステップ1，2，4）
- ●工事契約等の収益認識の単位（ステップ1，2，4）
- ●個別財務諸表における有償支給取引（ステップ5）

（2） 本人・代理人の考え方

　ある財またはサービスの提供が行われるときに，企業と顧客以外の他の当事者が関わっているケースがある。このようなケースでは，企業が本人として行動しているのか，代理人として行動しているのかを判断する必要が出てくる。たとえば，他の当事者がその顧客に対して財またはサービスを提供する際に，企業がその手配を行っているに過ぎないようなときは，当該財またはサービスの提供にとって，企業は代理人として行動していると判断される可能性がある（収益認識適用指針42項）。

　企業が本人に該当するか，代理人に該当するのかにより，その会計処理は図表補－4のように異なってくる（収益認識適用指針39項，40項）。

図表補－4 本人と代理人の会計処理の相違

企業が本人のとき	財またはサービスの提供と交換に企業が権利を得ると見込む対価の総額を収益として認識する
企業が代理人のとき	財またはサービスの提供の手配によって企業が権利を得ると見込む報酬（手数料）の額（または受取額と支払額の純額）を収益として認識する

　企業が本人として行動しているのか，代理人として行動しているのかを判断するためには，財またはサービスに対する「支配」の有無がポイントとなる（収

益認識適用指針42項）。そして，その支配の有無を判断するために考慮すべき指標の例として，以下が掲げられている（収益認識適用指針47項）。

- ●企業が財またはサービスの提供に対して主たる責任を有しているか
- ●企業が財またはサービスに係る在庫リスクを有しているか
- ●企業が財またはサービスの価格裁量権を有しているか

（3） 変動対価

変動対価とは，顧客と約束した対価のうち，変動する可能性のある部分を指し（収益認識会計基準50項），収益認識のステップ3である取引価格の算定における論点である。

変動対価は，現時点で対価が確定していないため，契約に変動対価が含まれる場合には，取引価格の算定に見積りの要素が含まれることになる。

① 変動対価の識別

取引価格に変動対価が含まれる取引がないかどうかを検討することが出発点となる。そのような取引例として，値引き，リベート，返品，インセンティブ，業績に基づく割増金，ペナルティ等の形態で対価の額が変動するケースや，固定価格の販売であっても顧客に返品権があるような返品権付き販売等が挙げられている（収益認識適用指針23項）。

また，契約条件で明示される以外にも，以下のいずれかの状況で示されるようなケースもあるとされる（収益認識適用指針24項）。

- ●企業の取引慣行や公表した方針等に基づき，契約価格よりも価格が引き下げられるとの期待を顧客が有していること
- ●顧客との契約締結時，価格を引き下げるという企業の意図が存在していること

② 変動対価の額の見積り

変動対価の額は，以下のいずれかの方法のうち，対価の額をより適切に予測できる方法を用いて見積ることとされる（収益認識会計基準51項）。

- ●最頻値法：発生し得ると考えられる対価の額における最も可能性の高い単一の金額（最頻値）による方法
- ●期待値法：発生し得ると考えられる複数の対価の額を確率で加重平均した金額の合計額（期待値）による方法

③　変動対価の額の見積りの見直し

　見積った取引価格（変動対価）は，各決算日において見直しを行う（収益認識会計基準55項）。

5 ┃ 収益認識会計基準の適用時期

　収益認識会計基準は，2021年4月1日以後開始する連結会計年度および事業年度の期首から原則適用となる（収益認識会計基準81項）。

　また，早期適用が可能となっており，そのパターンは図表補－5に記載している（収益認識会計基準82項，83項）。

図表補－5　収益認識会計基準の早期適用のパターン

早期適用のタイミング	適用可能な年度（時期）
期首から	2018年4月1日以後開始する年度の期首から早期適用可能
期末から	2018年12月31日に終了する年度から2019年3月30日に終了する年度までにおける期末から

　なお，適用に際しては，遡及適用（過去から収益認識会計基準を適用していたかのように会計処理し，その影響は適用初年度の期首（有価証券報告書については前年度の期首）に反映）が原則とされるが（収益認識会計基準84項本文，85項），さまざまなパターンの経過措置が設けられている（収益認識会計基準84項ただし書き，86項，87項）。

　いずれの場合でも，過去の引当金の会計処理に関して，収益認識会計基準の遡及適用または経過措置の適用に合わせて，収益認識に係る会計処理とともに過去の処理または表示等を見直す必要がある。

■ 参考文献

- 『会計処理アドバンストQ&A』新日本有限責任監査法人編，中央経済社
- 『業種別会計シリーズ　自動車産業』新日本有限責任監査法人・自動車産業研究会編，第一法規
- 『業種別会計シリーズ　建設業』新日本有限責任監査法人・建設業研究会編，第一法規
- 『建設業会計提要』建設工業経営研究会編　大成出版社
- 『医薬品ビジネスの会計ガイドブック』新日本有限責任監査法人・医薬品業研究会・新日本アーンスト アンド ヤング税理士法人・アーンスト アンド ヤング・トランザクション・アドバイザリー・サービス株式会社編，中央経済社
- 『仕訳処理完全ガイド』新日本有限責任監査法人編，第一法規
- 『スタンダードテキスト財務会計論　基本論点編　第7版』佐藤信彦・河﨑照行・齋藤真哉・柴健次・高須教夫・松本敏史編著，中央経済社
- 『業種別アカウンティング・シリーズⅡ　4．自動車・電機産業の会計実務』有限責任あずさ監査法人編，中央経済社
- 『Q&A ソフトウェア業の会計実務－工事進行基準対応－』新日本有限責任監査法人・受注制作ソフトウェア産業研究会編，清文社
- 『日米欧　独占禁止法』越知保見著，商事法務
- 『米国・EU・中国　競争法比較ガイドブック』宮川裕光著，中央経済社
- 『独占禁止法（第5版）』村上政博著，弘文堂
- 『資産除去債務の実務　対象債務の抽出と会計処理』新日本有限責任監査法人・財団法人日本不動産研究所編，中央経済社
- 『ポイント制度の会計と税務－カスタマー・ロイヤルティ・プログラムのすべて－』新日本有限責任監査法人編，税務経理協会
- 『業種別会計シリーズ　小売業』新日本有限責任監査法人・小売業研究会編，第一法規
- 『財務会計論（三訂版）』飯野利夫著，同文舘出版
- 『勘定科目ハンドブック（第5版）』有限責任監査法人トーマツ編，中央経済社
- 『有価証券報告書の作成実務（第4版）』新日本有限責任監査法人編，中央経済社
- 『「経理の状況」作成マニュアル』新日本有限責任監査法人編，中央経済社
- 『最新財務諸表論（第11版）』武田隆二著，中央経済社
- 『引当金会計制度論　日本における引当金会計制度の史的変遷』横山和夫著，森山書店
- 『新版　財務諸表規則逐条詳解』松土陽太郎・藤田厚生・平松朗著，中央経済社
- 『問答式　建設業の税務と会計の実務』税務・会計実務研究会編，新日本法規出版
- 『業種別会計実務ガイドブック』新日本有限責任監査法人編，税務研究会出版局

398 参考文献

- 『過年度遡及処理の会計・法務・税務（第2版）』新日本有限責任監査法人・森・濱田松本法律事務所・新日本アーンスト アンド ヤング税理士法人編，中央経済社
- 『連結財務諸表規則　逐条詳解』平松朗・金子裕子・柳川俊成・大橋秀樹著，中央経済社
- 『「会社計算規則」逐条解説』郡谷大輔・和久友子・小松岳志著，税務研究会出版局
- 『2018年度版　会社法決算書作成ハンドブック』太田達也著，商事法務
- 『完全比較　国際会計基準と日本基準（第3版）』新日本有限責任監査法人編著，清文社
- 『何が変わる？　収益認識の実務－影響と対応－』新日本有限責任監査法人編，中央経済社
- 『IFRS「新収益認識」の実務』新日本有限責任監査法人編，中央経済社

- 「過年度遡及基準に関する追加的な論点について」『週刊経営財務』2011年10月10日号，中條恵美著，税務研究会
- 「従業員持株会を活用するスキーム（いわゆる日本版ESOP）に関する会計処理の検討」『企業会計』2010年4月号，秋葉賢一著，中央経済社
- 「退職給付として自社の株式を交付するスキームに関する会計処理の検討」『企業会計』2011年2月号，秋葉賢一著，中央経済社
- 「日本版ESOPの開示上の実務ポイント」『旬刊経理情報』2014年2月20日号，山澤伸吾著，中央経済社
- 「日本版ESOPの会計処理等に係る実務上の論点Q&A」『週刊経営財務』2014年3月10日号，吉田剛著，税務研究会
- 「日本版ESOPの開示に係る実務上の論点及び早期適用事例分析」『週刊経営財務』2014年5月12日号，山澤伸吾著，税務研究会
- 「業種に特有な会計及び税務処理シリーズ　第2回　ポイント引当金の会計と税務」『税経通信』2009年5月号，成田礼子著，税務経理協会
- 「ポイントサービス取引の会計処理アプローチ」『月刊會計』2010年7月号，野口教子著，森山書店
- 「ポイントプログラム会計のフレームワーク」『月刊會計』2011年6月号，大雄智・中村亮介・岡田幸彦著，森山書店
- 「会計デザイン」『月刊會計』2012年5月号，片岡幸人・岡田幸彦・窪田祐一著，森山書店
- 「業種に特有な会計及び税務処理シリーズ第1回　負債計上を中止した項目に係る引当金の会計と税務」『税経通信』2009年4月号，成田智弘著，税務経理協会
- 「引当金－商法（会社法）と企業会計の同床異夢」『季刊会計基準』2009年6月号，弥永真生著，第一法規
- 「座談会　会計制度委員会研究資料第3号『我が国の引当金に関する研究資料』に

ついて」『会計・監査ジャーナル』2013年9月号，日本公認会計士協会
- 「日本版ESOPの会計処理と開示の考え方」『旬刊経理情報』2010年9月20日号，吉田剛著，中央経済社
- 「『従業員向け』との違いは？　役員向け株式交付信託の会計処理のポイント」『企業会計』2018年8月号，吉田剛著，中央経済社

- 「金融検査マニュアル（預金等受入金融機関に係る検査マニュアル）」（金融庁）
- 「中小・地域金融機関向けの総合的な監督指針」（金融庁）
- 「ポイント及びプリペイドカードに関する会計処理について（改訂）」2008年7月2日，金融庁

- 「役員賞与の支給見込み額の貸借対照表科目」EY新日本有限責任監査法人HP　企業会計ナビ　会計情報トピックス
- 「東日本大震災における災害損失の会計処理上の論点」EY新日本有限責任監査法人HP　太田達也　著
- 「マネジメントのための『気になるポイント確認シリーズ』第6回　後発事象」（情報センサー　2013年3月号　中條恵美　著）　EY新日本有限責任監査法人HP
- 「会計上の変更及び誤謬の訂正に関する会計基準」　EY新日本有限責任監査法人HP　企業会計ナビ　解説シリーズ
- 「単体開示簡素化を図る財務諸表等規則等の改正ポイント」　EY新日本有限責任監査法人HP　企業会計ナビ　会計情報トピックス
- 「商品券等の会計と税務処理〜収益認識会計基準の適用下の実務〜」EY新日本有限責任監査法人HP　太田達也　著
- 「返品調整引当金・長期割賦販売等に係る延払基準の廃止と経過措置〜会計処理との関係〜」EY新日本有限責任監査法人HP　太田達也　著
- 「『収益認識会計基準』等の公表に伴う財務諸表等規則等の改正のポイント」EY新日本有限責任監査法人HP　企業会計ナビ　会計情報トピックス

【執筆者（五十音順）】

内川　裕介（うちかわ　ゆうすけ）

担当：第Ⅱ部　⑪完成工事補償引当金，⑯訴訟損失引当金

公認会計士　シニアマネージャー　第2事業部

ベンチャー・キャピタル業や出版業などの上場会社や公開準備会社の監査業務に携わる傍ら，書籍執筆，法人HP（企業会計ナビ）に掲載する会計情報コンテンツの企画・執筆に従事している。

主な著書（共著）に『3つの視点で会社がわかる「有報」の読み方（最新版）』（中央経済社）がある。

大久保　知行（おおくぼ　ともゆき）

担当：第Ⅱ部　㉗商品券・旅行券等に対する引当金

公認会計士　マネージャー　第2事業部

これまで食品製造業，金融機関，石炭加工業，出版業等の監査業務および非監査業務に従事する一方，公開準備会社に対する監査業務および上場支援業務等にも従事している。

また，法人内部の研修講師を務め，後進育成にも貢献している。

主な著書（共著）に『連結税効果の実務詳解』（中央経済社）がある。

太田　純江（おおた　すみえ）

担当：第Ⅰ部　第1章，第3章

公認会計士　アシスタントディレクター　マーケッツ本部　ナレッジ部

上場会社の監査業務に従事の後，ナレッジ部にて，開示事例調査，分析などの業務に従事。現在は，同部にて法人内のナレッジ共有のために会議開催，データベース運営，研修の企画などを主に担当している。

主な著書（共著）に本書初版のほか，『持株会社の運営・移行・解消の実務』（中央経済社）がある。

大雄　信（おおたか　まこと）

担当：第Ⅱ部　⑩製品保証引当金，⑬売上値引引当金・売上割戻引当金，⑳環境対策引当金，㉑リサイクル費用引当金

公認会計士　マネージャー　FAAS事業部

これまでテクノロジーおよびソフトウェアの監査業務に従事。現在はIFRSの導入支援業務や新会計基準（収益認識，リース等）の適用支援業務に従事している。

主な著書（共著）に本書初版がある。

尾田　智也（おだ　ともや）

担当：第Ⅱ部　⑥厚生年金基金解散損失引当金，⑧貸倒引当金（銀行業・保険業），㉛利息返還損失引当金，㉜睡眠預金に対する引当金

公認会計士　シニアマネージャー　金融事業部

自動車製造業や国際物流業，食品加工製造業，IT関連企業の監査業務や上場支援業務等を経験後，金融部門へ移籍し，銀行業の監査業務に従事してきた。

近年は，大手銀行および全国の金融機関に対する，組織開発，リスク管理態勢，業務プロセス改善に係るコンサルティングのプロジェクトマネージャーを務め，また，全国で多数の研修やセミナーに登壇している。

主な著書（共著）に本書初版のほか，『図解でスッキリ　デリバティブの会計入門』（中央経済社），『自己株式の会計・法務と税務』（清文社）など多数。

佐久間　大輔（さくま　だいすけ）

担当：第Ⅱ部　⑦貸倒引当金（一般事業会社（銀行業・保険業以外）），㉚修繕引当金・特別修繕引当金

公認会計士　マネージャー　金融事業部

銀行業を中心に，リース業，信用金庫，信用組合等の監査業務，地域銀行の経営統合に関するコンサルティング等の業務に従事するほか，法人内外のセミナー講師なども務める。

主な著書（共著）に『ケース別　債務超過の会計実務』，『そこが知りたい！「のれん」の会計実務』，『ヘッジ会計の実務詳解Q&A』など多数。また，雑誌への寄稿も数多く行っている。

鈴木　真策（すずき　しんさく）

担当：第Ⅰ部　第2章　2　退職給付引当金，第Ⅱ部　①賞与引当金，②役員賞与引当金，④退職給付引当金

公認会計士　マネージャー　品質管理本部　会計監理部　兼　第4事業部

品質管理本部会計監理部において，会計処理および開示に関して相談を受ける業務，ならびに研修・セミナー講師を含む会計に関する当法人内外への情報提供などの業務に従事するとともに，国内事業会社の監査業務に従事。

主な著書（共著）に『何が変わる？　収益認識の実務－影響と対応－』，『会社法決算書の読み方・作り方（第13版）』（以上，中央経済社）がある。

清宮　悠太（せいみや　ゆうた）

担当：第Ⅱ部　⑫返品調整引当金，⑱債務保証損失引当金

公認会計士　マネージャー　企業成長サポートセンター　兼　第3事業部

これまで卸売業などの上場会社，金融機関等の監査業務を中心に従事。現在は，公開準備会社の会計監査業務を中心として，ベンチャー支援，上場支援業務等に従事している。その他，雑誌への記事寄稿，書籍の執筆活動，外部向け研修講師も行っている。主な著書（共著）に本書初版のほか，『設例でわかる　キャッシュ・フロー計算書のつくり方Q&A』，『取引手法別　資本戦略の法務・会計・税務』（以上，中央経済社）など多数。

西部　雅史（にしべ　まさし）

担当：第Ⅱ部　③役員退職慰労引当金，⑨投資損失引当金，㉙偶発損失引当金

公認会計士　シニアマネージャー　第5事業部

大手海運会社や外食産業などの上場会社の監査業務に従事する一方，上場支援業務や会計指導業務にも携わる。

東京実務補修所の運営委員として後進の育成にも務めた。

主な著書（共著）に本書初版のほか，『設例でわかる　キャッシュ・フロー計算書のつくり方Q&A』，『外食産業のしくみと会計実務Q&A』（以上，中央経済社）などがある。

平井　大輔（ひらい　だいすけ）

担当：第Ⅱ部　⑲関係会社に関する引当金，㉒事業構造改善引当金，㉓店舗閉鎖損失引当金・移転費用引当金・本社移転損失引当金等，㉔リストラクチャリングに係る割増退職金に関する引当金

食品製造業，出版業，素材産業などの上場会社の監査業務のほか，公開支援業務，IFRS移行支援業務，会計・税務の指導業務等の非監査業務にも従事している。

森谷　哲也（もりや　てつや）

担当：第Ⅱ部　⑭工事損失引当金・受注損失引当金，㉘災害損失引当金

公認会計士　シニアマネージャー　第4事業部　兼　監査統括本部　Digital Audit推進部

国公立大学法人，製造業，金融機関等の監査業務や上場支援業務，地方独立行政法人化支援業務等の非監査業務に従事。

主な著書（共著）に，本書初版のほか，『図解でスッキリ　収益認識の会計入門』（中央経済社），『よくわかる国立大学法人会計基準　実践詳解（第8版）』（白桃書房）がある。

山﨑　昇（やまざき　のぼる）

担当：第Ⅱ部　㉖株主優待引当金

公認会計士　シニアマネージャー　第1事業部

これまで製造業，卸売業，IT関連サービス，人材関連サービスの監査業務および非監査業務に従事する一方，公開準備会社に対する監査業務，上場支援業務等にも従事している。

また，法人内部の研修講師，外部向けセミナー講師も務めるほか，実務補習所運営委員会副委員長も務め，後進育成にも従事している。

主な著書（共著）に『連結税効果の実務詳解』（以上，中央経済社）などがある。

吉田　剛（よしだ　たけし）

担当：第Ⅰ部　第2章　1　役員退職慰労引当金，3　株式給付引当金，4　貸倒引当金，5　投資損失引当金，6　工事損失引当金，7　債務保証損失引当金，第4章，第Ⅱ部　⑤株式給付引当金，⑮不利な契約に係る引当金，⑰独占禁止法等の違反に関連する引当金，㉕ポイント引当金，補論

公認会計士　パートナー　品質管理本部　会計監理部　兼　第4事業部

食品製造業や石油・ガス開発業等の監査業務，ならびに会計に係る情報提供および法人内の質問対応等の業務に従事。

企業会計基準委員会（ASBJ）企業結合専門委員会　専門委員。また，日本公認会計士協会　会計制度委員会　副委員長並びに同委員会　インセンティブ報酬等検討専門委員会の専門委員長および同委員会　連結・企業結合等検討専門委員会の専門委員を務めるほか，法人内部の研修講師，外部向けのセミナー講師も多数務める。

著書（共著）に，本書初版のほか，『ヘッジ会計の実務詳解Q&A』，『連結手続における未実現利益・取引消去の実務』，『取引手法別　資本戦略の法務・会計・税務』（以上，中央経済社）など多数ある以外に，多くの法人書籍の企画・編集に携わる。また，雑誌等への寄稿，法人HPの企業会計ナビ「会計情報トピックス」の執筆なども数多く行っている。

【編集責任者】

井澤　依子

【レビューアー（五十音順）】

浅野　功

新居　幹也

有倉　大輔

池内　基明

井澤　依子

衣川　清隆
黒木　賢治
佐藤　森夫
關次　　勝
狹間　智博
福田　慶久
宮林　明弘
山田　大介
吉田　　剛

【編集】
吉田　　剛
鈴木　真策

〈編者紹介〉

EY | Assurance | Tax | Transactions | Advisory

EY 新日本有限責任監査法人について
EY 新日本有限責任監査法人は，EY の日本におけるメンバーファームであり，監査および保証業務を中心に，アドバイザリーサービスなどを提供している。詳しくは，www.shinnihon.or.jp。

EY について
EY は，アシュアランス，税務，トランザクションおよびアドバイザリーなどの分野における世界的なリーダーである。私たちの深い洞察と高品質なサービスは，世界中の資本市場や経済活動に信頼をもたらす。私たちはさまざまなステークホルダーの期待に応えるチームを率いるリーダーを生み出していく。そうすることで，構成員，クライアント，そして地域社会のために，より良い社会の構築に貢献する。

EY とは，アーンスト・アンド・ヤング・グローバル・リミテッドのグローバルネットワークであり，単体，もしくは複数のメンバーファームを指し，各メンバーファームは法的に独立した組織である。アーンスト・アンド・ヤング・グローバル・リミテッドは，英国の保証有限責任会社であり，顧客サービスは提供していない。

　本書は一般的な参考情報の提供のみを目的に作成されており，会計，税務及びその他の専門的なアドバイスを行うものではありません。EY 新日本有限責任監査法人及び他の EY メンバーファームは，皆様が本書を利用したことにより被ったいかなる損害についても，一切の責任を負いません。具体的なアドバイスが必要な場合は，個別に専門家にご相談ください。

こんなときどうする？
引当金の会計実務（第2版）

2014年9月10日	第1版第1刷発行	
2017年9月10日	第1版第7刷発行	
2019年7月1日	第2版第1刷発行	
2025年5月30日	第2版第4刷発行	

編　者　EY新日本有限責任監査法人

発行者　山　本　　　継

発行所　㈱中央経済社

発売元　㈱中央経済グループ
　　　　パブリッシング

〒101-0051　東京都千代田区神田神保町1-35
電話　03（3293）3371（編集代表）
　　　03（3293）3381（営業代表）
https://www.chuokeizai.co.jp
製版／昭和情報プロセス㈱
印刷・製本／㈱デジタルパブリッシングサービス

©2019 Ernst & Young ShinNihon LLC.
All Rights Reserved.
Printed in Japan

＊頁の「欠落」や「順序違い」などがありましたらお取り替えいたします
ので発売元までご送付ください。（送料小社負担）

ISBN978-4-502-30131-5　C3034

JCOPY〈出版者著作権管理機構委託出版物〉本書を無断で複写複製（コピー）す
ることは，著作権法上の例外を除き，禁じられています。本書をコピーされる場合
は事前に出版者著作権管理機構（JCOPY）の許諾を受けてください。
JCOPY〈https://www.jcopy.or.jp　eメール：info@jcopy.or.jp〉

一目でわかるビジュアルガイド

図解でざっくり会計シリーズ　全9巻

新日本有限責任監査法人 [編]　　　　　各巻1,900円＋税

本シリーズの特徴
- ■シリーズキャラクター「ざっくり君」がやさしくナビゲート
- ■コンセプトは「図とイラストで理解できる」
- ■原則，1テーマ見開き
- ■専門用語はできるだけ使わずに解説
- ■重要用語はKeywordとして解説
- ■「ちょっと難しい」プラスαな内容はOnemoreとして解説

1 税効果会計のしくみ
5つのステップでわかりやすく解説。連結納税制度や組織再編，資産除去債務など，税効果に関係する特殊論点についてもひと通り網羅。

2 退職給付会計のしくみ
特有の用語をまとめた用語集付き。改正退職給付会計基準もフォロー。

3 金融商品会計のしくみ
ますます複雑になる重要分野を「金融資産」，「金融負債」，「デリバティブ取引」に分けて解説。

4 減損会計のしくみ
減損会計の概念を携帯電話会社を例にしたケーススタディ方式でやさしく解説。

5 連結会計のしくみ
のれん・非支配株主持分・持分法などの用語アレルギーを感じさせないように，連結決算の基礎をやさしく解説。

6 キャッシュ・フロー計算書のしくみ
どこからお金が入り，何に使ったのか，「会社版お小遣い帳」ともいえる計算書のしくみを解説。

7 組織再編会計のしくみ
各章のはじめに組織再編の全体像を明示しながら解説。組織再編の類型や適用される会計基準，さらに各手法の比較まで言及。

8 リース会計のしくみ
リース取引のしくみや，資産計上するときの金額の算定方法等，わかりやすく解説。特有の用語集付。

9 決算書のしくみ
貸借対照表，損益計算書，CF計算書の構造から，決算書に表れる大小事件の読み方までわかりやすく解説。

■中央経済社■